智能交互设计与数字媒体类专业丛书

数字游戏创意设计

陈柏君　著

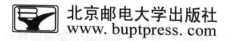

北京邮电大学出版社
www.buptpress.com

内 容 简 介

《数字游戏创意设计》是一本深入探讨游戏创作艺术的专著。本书详细介绍了数字游戏的概念、属性、游戏性来源，揭示了感官刺激、幻想世界和挑战系统这三大游戏性来源在游戏设计中的关键作用。本书通过对大量优秀商业游戏与独立游戏进行案例分析，并结合作者自己在独立游戏设计过程中的经验和教训，探索如何将创意转化为丰富的游戏体验，为读者提供实用的游戏创作方法与策略。本书不仅适合作为高等院校游戏策划类课程的教材，也可作为相关专业的学生、教师以及所有游戏爱好者深入理解游戏创意设计的重要参考资料。

图书在版编目（CIP）数据

数字游戏创意设计 / 陈柏君著. -- 北京：北京邮电大学出版社，2025. -- ISBN 978-7-5635-7409-4

Ⅰ. G898.3

中国国家版本馆 CIP 数据核字第 2025K1U438 号

策划编辑：姚 顺		责任编辑：姚 顺 杨玉瑶		责任校对：张会良		封面设计：七星博纳

出版发行：北京邮电大学出版社
社　　址：北京市海淀区西土城路 10 号
邮政编码：100876
发 行 部：电话：010-62282185　传真：010-62283578
E-mail：publish@bupt.edu.cn
经　　销：各地新华书店
印　　刷：保定市中画美凯印刷有限公司
开　　本：720 mm×1 000 mm　1/16
印　　张：17
字　　数：332 千字
版　　次：2025 年 1 月第 1 版
印　　次：2025 年 1 月第 1 次印刷

ISBN 978-7-5635-7409-4　　　　　　　　　　　　　　　　　定　价：59.80 元

·如有印装质量问题，请与北京邮电大学出版社发行部联系·

前　　言

本书是一本关于数字游戏设计的入门读物。数字游戏创作是一项复杂且需要多方协作的工作，通常包含：编程、二维美术设计、三维建模与动画制作、游戏剧情创作、音乐与音效制作设计等，这使得独立游戏创作一度被视为一项艰巨的工作。数字游戏的设计与开发要求设计师兼具数字技术与数字艺术的学科背景，拥有娴熟的游戏研发技能，并具备较强的设计思维与创新能力。独立游戏创作会消耗设计师大量的时间与精力，设计师的技术与心态都会面临严峻的考验。因而独立游戏创作需要设计师具备独立解决问题的能力，以及面对失败时百折不挠的决心与毅力。

不过，独立游戏创作在 AIGC（生成式人工智能）盛行的当下变得越来越可行。当 Sora 能够直接依据寥寥数语产生视频内容，当 ChatGPT 能够使用多种计算机语言编写游戏脚本程序，当 Midjourney、Stable Diffusion 能够在数秒内输出精美图片，当 Amper Music、Magenta Studio 能够迅速生成不同风格的音乐……这一切都在提示我们：人工智能大时代已经到来。游戏设计领域正经历着前所未有的变革。众所周知，"游戏设计技术"与"游戏设计艺术"这两个方向的课程通常处于不同的专业体系中，学生仅以本专业知识与技能的学习为重点，这使得他们难以获得全面的游戏设计所需技能。对于游戏设计专业毕业的学生而言，也只能系统地学习某一个领域的知识，创作独立游戏仍是一件非常困难的事情。只有兼备扎实的编程技能与美术知识的专业人士才可能独立创作游戏。而如今，人工智能为独立游戏创作提供了全新的工具与平台，高校游戏设计相关专业也越发重视技艺交叉、跨专业学习与全方位素养的培养。无论技术水平如何，无

数字游戏创意设计

论是否具有专业团队，任何人都可能在人工智能的辅助下生成游戏创意并进行技术研发。人工智能的应用不仅为游戏行业吸引了众多的创作型人才，也为广大的游戏爱好者提供了实现梦想的机会。现在，每个人都能在游戏创作的舞台上施展自己的才华，"人人都能成为游戏设计师"不再是梦！

AIGC虽然能够帮助更多设计师进行独立游戏的创作与研发，但游戏的个性创意却是AIGC无法替代设计师完成的。创意是游戏的灵魂，是一款游戏区别于其他游戏的核心所在。独特的个性创意将赋予游戏永久的生命。本书旨在围绕个性创意这一核心，为初入游戏设计领域的人们提供设计指引。无论是刚刚结束高考而进入游戏设计专业的大学生，还是一名期望尝试独立游戏创作的游戏爱好者，本书都将助其快速入门。

本书从游戏性生成的三个重要维度——"感官刺激""幻想世界""挑战系统"——探讨如何进行游戏创意设计。感官刺激对于营造游戏氛围、唤起体验者的情绪具有重要作用，决定了体验者对游戏的最初印象。本书从视觉刺激与听觉刺激两个方面对感官刺激进行了探讨。幻想世界决定了游戏的艺术价值，这部分包括游戏角色设计、游戏交互叙事设计与游戏空间设计。挑战系统是游戏娱乐属性与教育属性的重要来源，本书围绕游戏目标、游戏挑战、游戏规则与游戏机制四大核心元素，为读者提供游戏核心元素的创意设计思路。

基于通俗易懂的原则，本书在探讨如何进行游戏创意设计时，列举了大量优秀商业游戏及独立游戏案例。此外，作者还结合自己创作的独立游戏作品，对本书提出的设计理念进行解读，为读者提供实用的游戏设计方案。

本书的出版得到了北京邮电大学中央高校基本科研业务费专项资金项目（项目编号：2023RC02）的资助。由于个人能力有限，书中难免存在不足和疏漏之处，敬请读者朋友大力斧正。

陈柏君

目 录

第 1 章 数字游戏概述 ………………………………………………………… 1
1.1 数字游戏的概念 ……………………………………………………… 1
1.2 数字游戏的属性 ……………………………………………………… 3
1.2.1 娱乐属性 ………………………………………………………… 5
1.2.2 媒介属性 ………………………………………………………… 7
1.2.3 艺术属性 ………………………………………………………… 12
1.2.4 教育属性 ………………………………………………………… 16
1.2.5 现实属性 ………………………………………………………… 24
1.3 数字游戏的游戏性来源 ……………………………………………… 28
1.3.1 感官刺激 ………………………………………………………… 30
1.3.2 幻想世界 ………………………………………………………… 31
1.3.3 挑战系统 ………………………………………………………… 33

第 2 章 数字游戏感官刺激设计 ……………………………………………… 40
2.1 游戏视觉刺激设计 …………………………………………………… 41
2.1.1 游戏色彩设计 …………………………………………………… 41
2.1.2 游戏摄像机控制 ………………………………………………… 65
2.2 游戏听觉刺激设计 …………………………………………………… 93
2.2.1 非交互性声音 …………………………………………………… 94
2.2.2 交互性声音 ……………………………………………………… 96

第 3 章 数字游戏幻想世界创造 ……………………………………………… 104
3.1 游戏角色设计 ………………………………………………………… 104

3.2 游戏叙事设计 …… 122
　3.2.1 渐进型叙事与突现型叙事 …… 124
　3.2.2 互动电影与数字游戏的叙事模式 …… 127
　3.2.3 数字游戏与互动电影叙事模式的差异 …… 148
　3.2.4 数字游戏交互叙事策略 …… 151
3.3 游戏空间设计 …… 155
　3.3.1 狭小空间与开放空间 …… 155
　3.3.2 游戏空间与情绪唤起 …… 157
　3.3.3 游戏空间与叙事隐喻 …… 165
　3.3.4 游戏空间与文化复现 …… 167

第4章 数字游戏挑战系统搭建 …… 172

4.1 游戏目标设计 …… 172
　4.1.1 强制性目标与非强制性目标 …… 173
　4.1.2 游戏目标的呈现方式 …… 175
4.2 游戏挑战设计 …… 184
　4.2.1 主观挑战与客观挑战 …… 184
　4.2.2 游戏挑战的营造方式 …… 185
　4.2.3 不同类型的挑战融合 …… 204
4.3 游戏规则设计 …… 206
　4.3.1 操作规则与结构规则 …… 206
　4.3.2 输入媒介决定操作规则 …… 207
　4.3.3 游戏规则的呈现方式 …… 214
　4.3.4 从玩具到游戏的设计 …… 225
4.4 游戏机制设计 …… 228
　4.4.1 游戏机制的概念 …… 228
　4.4.2 四种游戏机制 …… 230
　4.4.3 基于操作规则设计游戏机制 …… 236

第5章 游戏创作实践——以音乐游戏《摇篮曲》为例 …… 240

5.1 游戏机制设计 …… 241
　5.1.1 基于音高设计游戏机制 …… 242

5.1.2　基于时间持续性设计游戏机制 …………………………… 243
5.2　操作规则设计——将乐器作为玩具 ……………………………… 247
5.3　游戏挑战设计 …………………………………………………… 251
5.4　感官刺激设计与幻想世界创造 …………………………………… 254

参考文献 ………………………………………………………………… 257

附录　游戏列表 ………………………………………………………… 258

后记 …………………………………………………………………… 264

第1章 数字游戏概述

在正式开启游戏设计之旅前,本章将针对数字游戏的概念、属性、游戏性来源进行梳理。首先,本章从广义与狭义两个层面对游戏进行界定,帮助读者对数字游戏形成基本的了解。其次,将提出数字游戏的五大属性——娱乐属性、媒介属性、艺术属性、教育属性与现实属性,并针对每种属性提炼出游戏与现实生活之间的特殊关系,以帮助读者全方位、多维度地理解何为游戏性。最后,围绕"感官刺激""幻想世界""挑战系统"三个方面对游戏性来源进行详述,带领读者深入探索游戏的内核,由表及里地理解游戏性的生成原理。本章内容可为日后游戏创作实践奠定重要的知识基础。

1.1 数字游戏的概念

什么是游戏?游戏几乎陪伴了每个人的成长。或许你对它过于熟悉,以至于不知该如何界定它。当人们还处于咿呀学语的幼儿阶段时,捉迷藏、过家家、丢手绢、老鹰捉小鸡便是不可缺少的娱乐活动。当人们进入义务教育阶段后,每每进入课间时分,女孩们会在一起踢毽子、跳皮筋,男孩们则可能玩着卡牌对战类游戏或聚在一起下象棋。

我们可从广义与狭义两个层面来理解游戏。广义的游戏体现在生活的方方面面。荷兰著名历史学家、语言学家约翰·赫伊津哈(Johan Huizinga)在其著作《游戏的人》中提出"文明是在游戏中并作为游戏兴起并展开的"[1]。很多被人们视为高度严肃的活动实际上也具有游戏属性,甚至可被直接当作游戏,例如,体育竞技、法庭辩论、艺术表演等等。在英语中,"奥林匹克运动会"被称为 Olympic Games,

---

[1] HUIZINGA J.游戏的人[M].多人,译.杭州:中国美术学院出版社,1998:1.

其中 Games 恰恰是"游戏"的意思;而"演奏乐器"的英文表述则是 Play Musical Instruments,其中 Play 也代表着"玩耍""嬉戏"。这一点在阿拉伯语、日耳曼语族、斯拉夫语族诸语言中也成立,这种东西方语义上的汇通难以用"借用"或"巧合"来解释①。原始社会的宗教、祭祀活动也通常被视为早期的游戏,周朝贵族教育体系六艺中(礼乐射御书数)的"射"也具有很强的游戏属性②。因此,广义的游戏渗透在人类文明的各个角落,赫伊津哈认为"文化乃是以游戏的形式展现出来,从一开始它就处在游戏当中……在文化的最早阶段里蕴含有游戏的特质,文化在游戏氛围和游戏形态中推进。在游戏与文化的双生联合体中,游戏是第一位的。它是一种可以被客观认识和具体定义的事实,然而文化只是一个我们的历史判断力强加给特定情形的术语"③。

不过,很多读者眼中的"游戏"并非上述广义层面的游戏,而是指专门制作用来满足人们娱乐需求的产品,这便是狭义层面的游戏。根据游戏平台进行划分,狭义游戏可被分为非数字游戏与数字游戏,分别如图 1-1(a)、图 1-1(b)所示。相较于数字游戏,非数字游戏具有更为悠久的历史,古代的围棋、象棋都属于非数字游戏。发展至今,仍然有大量非数字化的桌面游戏(如麻将、扑克牌等)广受人们喜爱。数字游戏则是基于计算机图形图像技术,专门运行于计算机、智能移动设备、游戏主机、虚拟现实设备等数字化平台的游戏。此类游戏具有明确的、特殊的规则,人们在体验游戏的过程中,游戏系统将产生未知的、能够被量化的结果。体验者在游戏过程中将要应对不同程度的挑战,并且需要付出足够的努力才能够获得自己期望的游戏结果。不同的游戏结果将激发人们产生不同的情绪。④ 数字游戏还可被理解为一个包含冲突与对抗的系统,在该系统中,体验者需要完成规则指定的游戏目标。⑤

上述内容只是部分学者对游戏的概念界定,除此之外,还有大量研究者在不断求索"何为游戏?"这一复杂而深刻的问题。虽然学术界对数字游戏的概念界定以及游戏本体论的研究已经取得了丰硕的成果,但是仅通过寥寥数语来概括世界上如此纷繁多样的游戏是存在很大困难的。例如,冲突与对抗是很多动作类游戏的游戏性核心来源,但仍有一些游戏以轻松的社交为主题,甚至还有部分设计师在游戏中有意降低冲突与对抗的成分,使游戏成为一种精神疗愈的良药(被誉为"禅派

---

① HUIZINGA J. 游戏的人[M]. 多人,译. 杭州:中国美术学院出版社,1998:30-48.
② 陶侃. 游戏的本质及与教育的关系探微[J]. 北京广播电视大学学报,2010,15(1):58-64.
③ 同①49.
④ JULL J. Half-real: Video Games between Real Rules and Fictional Worlds[M]. Cambridge, Massachusetts: The MIT Press, 2011: 6-7.
⑤ ADAMS E,DORMANS J. 游戏机制:高级游戏设计技术[M]. 石曦,译. 北京:人民邮电出版社,2014:1.

设计师"的陈星汉的游戏作品便具有这个特点)。同时,虽然"目标"在绝大部分游戏中是必不可少的元素,但沙盒游戏(一种给予体验者高自由度和创作空间的游戏,体验者可以在游戏的开放世界中探索、建造,甚至自定义各种游戏元素)和不少开放世界游戏(体验者可以在一个广阔的游戏世界中探索,与大量物品互动。游戏通常设计了多种类型的游戏任务,体验者拥有非常高的自由度)恰恰降低了强制性游戏目标的比重,支持体验者按照自己的意愿开展游戏行为。此外,大部分学者对于数字游戏的概念界定都未提及交互叙事与空间设计,是因为这些元素不重要吗?显然不是,这两部分元素是营造游戏性甚至塑造艺术价值的关键内容。因此,本书的重点并不在于探讨数字游戏的概念界定方法,更加关注的是游戏性生成的机理是什么,游戏性由哪些部分构成,以及如何在游戏设计过程中有效营造游戏性?这些内容将在接下来的章节中重点探讨。不过,这并不代表对数字游戏的概念研究就不重要。恰恰相反,完整而深刻地认识游戏、理解游戏是一切创作实践的基础。当前学术界较为常见的游戏概念界定也正体现了游戏必不可少的元素(诸如"规则""挑战""目标"等),而这部分内容也将作为本书的核心内容之一进行重点探讨。

(a) (b)

图 1-1 非数字游戏与数字游戏

(图片来源:网络平台)

1.2 数字游戏的属性

娱乐属性虽然是数字游戏最显著的特性,但并非数字游戏的唯一属性。规模庞大的体验者群体使得数字游戏成为相较于电视等主流媒体更为有效的传播媒介。中国音像与数字出版协会游戏出版工作委员会发布的《2023年中国游戏产业报告》显示,2023年我国游戏市场实际销售收入达到3 029.64亿元(首次突破3 000

亿元）；游戏体验者规模则达到6.68亿，创下历史新高。[①] 这个数字意味着接近一半的中国人都是游戏体验者！这使得游戏的媒介属性越发受到社会的关注。而通过游戏传播优秀传统文化也成为近年来诸多游戏研究者和设计师探讨的话题——采用年轻人喜爱的方式讲好不同民族的故事，让来自不同国家的游戏体验者倾听彼此的声音，了解各国独特的文化。

游戏在教育领域也具有令人瞩目的应用价值。虽然游戏经常被人们视为"严肃"学习活动的对立面，但是学习与游戏自古以来便不分彼此，儿童与其他动物的幼崽也恰恰是通过游戏来学习基本的生存技能。将知识传授与技能训练融入数字游戏，学生能够在游戏这一具象而生动的环境中学习抽象的知识和概念，并且在安全的虚拟空间中反复开展科学实验。在人工智能技术的加持下，游戏还可隐性地捕捉体验者的操作路径，评估其知识水平与思维能力，并基于游戏关卡的自动化生成技术进行因材施教，实现千人千面的智慧教育目标。

伴随着游戏交互叙事与空间设计研究的不断发展，设计师不再仅仅追求游戏的娱乐价值，而是通过游戏讲述一个又一个生动的故事，在游戏世界中构造极具美感和隐喻作用的虚拟空间。这使得游戏体验者也不再仅仅追求克服困难后的成就感，而是更加期望游戏能够符合其日益提升的审美品位，并满足其更高层次的情感需求。游戏也因此逐渐成为一种独特的新型艺术。

虽然游戏被视为独立于现实生活之外的另一个世界，但当游戏机制从虚拟世界走进现实空间，开始服务于人们的日常生活、工作与学习时，游戏与现实的边界变得越发模糊，二者的相互渗透与融合彰显了游戏的现实属性。综合以上几点，数字游戏的多重属性如图1-2所示。

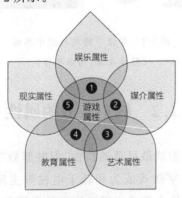

图1-2 数字游戏的多重属性

[①] 中国音数协游戏工委.《2023年中国游戏产业报告》正式发布[EB/OL].(2023-12-15)[2024-04-20]. https://mp.weixin.qq.com/s/aRxt0_aJRUESRoSadgDZCQ.

1.2.1 娱乐属性

在数字游戏的诸多属性中,娱乐属性通常被视为最重要、最基本的属性。无论是否创造艺术价值,无论是否具有教育功能,无论是否传播重要信息,一旦作品缺乏娱乐属性,那么便不能被称为"游戏"。纵观数字游戏发展史,很多早期的作品并不具备媒介属性、艺术属性和教育属性,设计师精心雕琢的仅仅是最为淳朴的可玩性,然而这些作品也恰恰因其卓越的娱乐价值成为游戏史上的经典。

游戏的娱乐属性体现出其独立于现实生活的特点。赫伊津哈曾经在《游戏的人》中提出"魔法圈"(Magic Circle)的概念(有的版本也将其译为"巫术场")——"竞技场、牌桌、巫术场、庙宇、舞台、屏幕、网球场、法庭等等,在形式和功能上都是游戏场合。它包含特殊的规矩,如禁止污损、互相隔离、划分禁地、神圣化等,这一切是平常世界中的暂时天地,用以一项活动的举行。在游戏场地内,一种专狭的秩序当道……它创造秩序,它就是秩序。它把一种暂时而有限的完美带入不完善的世界和混乱的生活当中"[①]。在这段文字中,"巫术场"是指游戏虽发生于真实的物理空间中,但它与现实生活不同,它开辟了一个独特的场域,就像从现实空间中划分出另外一片天地一样,具有特殊的规矩和秩序,所有参与者必须严格遵守这种秩序。在 Rules of Play 一书中,作者 Salen 和 Zimmerman 引用了赫伊津哈的魔法圈这一概念,并进一步探讨了游戏与现实世界的边界——魔法圈与游戏的"现实属性"相关,这体现了人造的游戏世界与现实生活环境的相互交叉、相互影响。魔法圈创造了一种安全感,它不仅影响着游戏与外部世界间不同寻常的关系,也同时影响着游戏的内部机制与体验。[②]

魔法圈效应意味着游戏的数据与现实生活是不同步、不共享的,这使得体验者的失败与成功都被限制在游戏空间内,丝毫不影响现实生活。即使在体验恐怖求生类游戏时,人们扮演的游戏主角被僵尸按倒在地疯狂撕咬,体验者在现实世界中也仍然安然无恙。这种安全感使得人们不会像在现实世界中那般畏惧失败,所有体验者都可在游戏世界中大胆尝试、屡败屡战。以《超级马里奥兄弟》为例,人们方才因操作失误导致马里奥被食人花吞噬,但几秒后马里奥便再次复活,继续在人们的操作下活蹦乱跳。一些在现实世界中看似极为残酷和危险的事情,在游戏世界

---

① HUIZINGA J. 游戏的人[M]. 多人,译. 杭州:中国美术学院出版社,1998:11-12.
② SALEN K, ZIMMERMAN E. Rules of play: Game Design Fundamental[M]. Cambridge, Massachusetts: The MIT Press, 2003:95.

中也将变得趣味十足。例如,在现实生活中,人们在高速公路上的驾驶速度事关生命的安危,驾驶员必须全程保持充沛的精力并全神贯注,而在《极品飞车》系列中,所有的弯道超车、逆行闪避,甚至与其他车辆的碰撞都变得极具娱乐性,这是因为游戏提供了一个绝对安全的环境。不过,魔法圈效应虽然让游戏中的失败不足为惧,但也无法将游戏世界中人们取得的辉煌成就带入现实世界。例如,如图1-3所示,体验者可以在《模拟人生》系列中购买多套别墅,与心爱的人结婚并且生下多个孩子,但是体验者在游戏中的社会地位、收入、房产资源及社交关系都无法同步至现实生活。一个在游戏中资产过亿的体验者在现实世界中可能居住在贫民窟。这是游戏的一个重要特性,即游戏向体验者提供了一个安全的试错环境,即使因操作失误而导致游戏失败、游戏主角死亡,也支持体验者重新尝试。但是这也使得游戏与现实生活相互独立,体验者在游戏当中的成败都与现实生活无关。

图1-3 人们可在《模拟人生4》中盖一栋豪华别墅

(图片来源:Steam平台的游戏宣传图片)

然而,伴随着数字媒体技术的不断发展,游戏的魔法圈效应正在逐渐消解——游戏越来越真实,而现实世界中,人们的诸多活动的游戏性也越来越强。商业游戏大作中逼真的光影、细腻的树叶纹理、柔顺的动物毛发、细致的人物皮肤纹路,使体验者仿佛置身于真实世界中。当游戏世界的敌人向游戏主角攻击后,游戏主角的呻吟声似乎能将疼痛感直接传递给体验者。虚拟现实技术的出现则进一步加快了魔法圈消解的速度。体验者一旦戴上虚拟现实头盔,便仿佛全然置身于虚拟世界中。即便人们知晓此刻所看到的影像是独立于现实生活之外的游戏空间,但是当怪物们朝体验者进攻或当过山车飞速行驶时(如图1-4所示),人们仍旧会大声呼叫,仿佛处在现实空间中的自己正在遭遇危险。此外,虽然大部分游戏营造的感官刺激仅限于视觉刺激与听觉刺激,但越来越多的设计师正在尝试通过触觉刺激、味觉刺激,甚至嗅觉刺激给予体验者全方位的感官体验。这将使虚拟世界与现实世界的界限越来越模糊,而人们也越来越难以区分哪里是游戏以及哪里是现实。正如在电影《黑客帝国》中,被称为 Matrix 的虚拟现实系统直接连接人类的大脑,并向大脑传递真实的感官刺激信号。当男主角尼奥的化身在虚拟世界中遭受敌人的攻击时,他的大脑将接收相应的痛觉信号,导致现实世界中尼奥的肉体在未遇到任何伤害的情况下也会流血。

图 1-4 《史诗过山车》游戏场景

(图片来源:Steam 平台的游戏宣传图片)

1.2.2 媒介属性

游戏已成为人们(尤其是年轻群体)的重要精神消费产品,一款成功的游戏作品能够吸引体验者每日花费数小时来沉浸其中。于是,作为一种传播效果极佳的媒介,数字游戏正在不断促使数字文化遗产传承、数字文旅等多元领域实现深度交融,"游戏+非遗"也已经成为数字化传播非物质文化遗产的重要方式之一。设计师可将优秀的传统文化元素嵌入游戏角色、叙事内容以及所有可交互的虚拟物品当中,促使体验者在探索游戏的过程中潜移默化地受到文化的影响。而在拥有五千年悠久历史的中国,设计师可充分利用我国丰富的文化资源开展游戏设计,从而提升游戏的文化氛围与艺术气息,促使海内外体验者通过游戏充分了解和学习中国传统文化,对中国优秀的文化遗产以及社会价值观等进行广泛传播。

游戏机制与游戏挑战是传播传统文化的重要渠道。例如,智能移动平台游戏《匠木》以中国古代建筑文化中的榫卯结构为主题,游戏在关卡递进过程中呈现了一系列空间谜题,要求体验者在仔细观察榫卯图纸后,发挥空间想象与推理能力,将不同零件进行打磨与组装,以形成与图纸相对应的榫卯结构,如图 1-5(a)所示。

虚拟现实游戏《失落的食谱》对中国古代、古希腊等的食谱进行了还原,体验者在游戏中需要按照古代食谱,使用古代的烹饪器皿完成一道道料理的制作,如图1-5(b)所示。该游戏中所有食谱都以真实史料为依据,同时通过一个具有时代气息且令人感到温馨和愉悦的沉浸式虚拟环境,以及通过支持体验者高度参与食物的烹饪过程,营造出了较强的游戏性。足够的游戏性能够不断吸引更多体验者参与游戏,同时维持和强化体验者的游戏动机,进而对宝贵的非物质文化遗产进行数字化传播。

(a)　　　　　　　　　　　　　　　　(b)

图1-5　《匠木》与《失落的食谱》

(图片来源:《匠木》官方bilibili账号发布的游戏宣传视频与Meta Quest发布的预告片)

设计者还可通过游戏角色有效地传播传统文化。由上海米哈游网络科技股份有限公司出品的游戏《原神》于2022年1月推出新角色——戏曲表演艺术家云堇,该角色在游戏中的戏曲唱段《神女劈观》在新冠疫情期间使全世界的《原神》体验者听见了优美的京剧,如图1-6所示。中华优秀传统文化通过游戏这一广受年轻人接受和喜爱的方式形成了病毒式传播。该公司总裁在接受电视台的采访时表示:"一些国外友人以前并不知晓中国的戏曲文化,他们甚至专门去学习和了解中国国际电视台曾经发布的经典戏曲唱段。"而云堇的配音演员——上海京剧院演员杨扬,也完全没有预料到自己能够在"二次元"世界中名声大振,她表示:"游戏对中国传统文化的宣传力度实在是太大了。"①上海米哈游网络科技股份有限公司因此也入选了2021—2022年度中国文化出口重点项目。

游戏角色的造型、对白、背景故事都能够成为传统文化内容的承载。例如,网易出品游戏《阴阳师》在2022年7月与山东东昌非遗叶雕传承人吴金芝联动,创作出非遗叶雕作品《心狩鬼女红叶叶雕绘卷》,游戏中新式神SP心狩鬼女红叶式神的设计也与叶雕存在高度一致性,如图1-7(a)所示。在2024年新春之际,该游戏开

---

① 刘伟和杨扬采访视频见 https://www.kankanews.com/detail/ZGwkDdaln2x。

发团队还与非遗（云锦）国家级代表性传承人金文联动，共同推出五爪升龙云锦作品《飞龙在天》，喜迎甲辰龙年的到来。与此同时，《阴阳师》推出全新生肖系列皮肤"纺愿缘结神•缘舞游龙"与"神启荒•青龙弈世"，如图1-7(b)所示，该生肖系列皮肤将中华传统服饰文化元素与式神特点结合，并在龙年新春佳节通过游戏将东方传统美学文化进行传承与弘扬。

图1-6 《原神》中游戏角色云堇的戏曲唱段《神女劈观》

（图片来源：游戏截图）

(a)　　　　　　　　　　　　　(b)

图1-7 《阴阳师》心狩鬼女红叶式神与"神启荒•青龙弈世"皮肤

（图片来源：《阴阳师》官方网站）

叠纸旗下的游戏《恋与制作人》于2019年与故宫宫廷文化联动，推出故宫主题剧情线。男主角们将陪伴体验者畅游太和殿、畅音阁、御花园和角楼，并与体验者一同探索《千里江山图》、金瓯永固杯、金嵌珍珠天球仪与"大圣遗音"琴等珍藏文物背后的故事，体验者将在游戏中听到男主角们对故宫文化的讲解，如图1-8所示。

此外,《恋与制作人》还于2023年七夕佳节之际,携手苏州市工艺美术行业协会开展五大非物质遗产的联动——制扇技艺、缂丝技艺、核雕技艺、苏绣技艺、灯彩技艺。在游戏中,五位男主角将分别学习这些技艺,并制作成手工艺品赠送给女主角——周棋洛赠送林鹿檀香扇,白起赠送苍狼逐月缂丝,许墨赠送云狐芥核,李泽言赠送玄猫锦绣,凌肖则赠送了小熊猫灯彩,如图1-9所示。

图1-8 《恋与制作人》故宫主题剧情线
（图片来源：游戏截图）

图1-9 《恋与制作人》联动苏州市工艺美术行业协会传播的五种非物质文化遗产
（图片来源：游戏官方bilibili账号发布的"苏作传相思"非遗传承纪念特辑视频）

　　游戏空间也是弘扬传统文化的一个重要渠道。例如,《倩女幽魂2》的游戏开发团队曾经与敦煌研究院合作,通过游戏空间将敦煌石窟与壁画进行了数字化重现。在《合金弹头》系列的初代作品中,游戏开场片段采用了柬埔寨吴哥窟著名的"微笑之脸"作为游戏背景。《古墓丽影》系列与《刺客信条》系列则是通过游戏空间重现著名文化遗迹的典型。《古墓丽影》系列的历代作品中曾经出现过埃及金字塔和狮身人面像,以及中国的长城等建筑。《刺客信条》系列则在历代作品中重现了威尼斯的圣马可大教堂、总督宫,佛罗伦萨的圣母百花圣殿、乔托钟楼、美第奇宫,罗马的西斯廷礼拜堂、圣天使堡、万神殿、圆形斗兽场、图拉真记功柱,科斯坦丁尼耶的圣索菲亚大教堂、托普卡帕宫、图特摩斯三世方尖碑、加拉太塔,葡萄牙里斯本的里斯本大教堂,法国的凡尔赛宫(如图1-10所示)、巴士底狱、巴黎圣母院、卢浮宫、卢森堡宫、埃菲尔铁塔……该系列作品通过游戏空间呈现了诸多著名建筑,可以让体验者近距离观看这些建筑物(体验者甚至能够攀爬至建筑物的顶端),从而激发体验者对这些建筑物所处历史时期重大事件的学习兴趣。

图1-10 《刺客信条:大革命》中的凡尔赛宫

(图片来源:游戏截图)

除了在游戏世界内呈现文化元素,设计者还可在现实世界中利用游戏IP进行非物质文化遗产的传承。《梦幻西游》电脑版于2019年开启了"匠心传梦·守护非遗"项目,游戏创作团队拜访过十几位非物质文化遗产的传承人,这些传承人将自己的技艺与《梦幻西游》游戏IP进行结合,创作出专属于游戏的手工艺品。例如,民族乐器制作技艺非遗传承人满瑞兴先生制作了一把琴头刻着"梦"字,琴身画着黄色祥云的琵琶,如图1-11(a)所示。国家级非物质文化遗产唐三彩烧制技艺代表性传承人高水旺先生则刻画出了梦幻神兽"超级神虎",如图1-11(b)所示。

(a) (b)

图1-11 《梦幻西游》电脑版之民乐技艺与唐三彩烧制技艺

(图片来源:"网易游戏"官方网站)

1.2.3 艺术属性

在游戏发展的早期阶段,由于受到数字媒体技术的限制,游戏的艺术属性较弱,其主要目的在于创造娱乐体验。而伴随着技术的迅速发展,越来越多的游戏作品呈现出富有哲理的叙事内容,具有隐喻作用的游戏空间,魅力四射且耐人寻味的游戏角色,这使得游戏的艺术价值逐渐被设计师发掘,甚至被人们视为继绘画、雕塑、建筑、音乐、诗歌(文学)、舞蹈、戏剧、电影八大艺术形式之后的"第九艺术"。2012年,纽约现代艺术博物馆(The Museum of Modern Art,MOMA)将《吃豆人》《俄罗斯方块》《异世界》《神秘岛》《模拟城市2000》《纸条兔》《模拟人生》《块魂》《星战前夕》《矮人要塞》《传送门》《浮游世界》《人生》《屋顶狂奔》这14款游戏列为永久馆藏艺术品,这是世界历史上第一次有艺术机构将游戏作为永久藏品[1],如图1-12所示[2]。

图1-12 纽约现代艺术博物馆"永不孤独:电子游戏和其他交互设计"展览现场
(图片来源:中央美院艺讯网)

游戏可通过多种方式塑造艺术价值。部分游戏通过精美的视觉呈现与风格独特的美学设计,为体验者带来丰富的视觉盛宴。不过,在AIGC盛行的当下,人们可使用Midjourney、Stable Diffusion等人工智能绘画工具,迅速生成大量的高保真图像,因此相较于乍看之下的精致与美观,能否在游戏美术设计中注入深刻的寓

---

[1] 黄石.从游戏走向艺术——论独立游戏的艺术语言与视觉风格[J].装饰,2017(4):38-41.
[2] 中央美院艺讯网.MoMA展览"永不孤独":电子游戏是否能够抵达"平等世界"?[EB/OL].(2022-12-07)[2024-07-04]. https://mp.weixin.qq.com/s?__biz=MjM5MzU2MzExNQ==&mid=2652560404&idx=1&sn=8a43498331206822274b7bf4d272e2d1&chksm=bd7b54908a0cdd864b1bb52f8ff2b4bbfed18ba23bcc3b93dc462b17f7dd8c3f00c2ff873a07&scene=27.

意,是其能否塑造出艺术价值的关键。例如,游戏《蔑视》的超现实主义风格美术设计受到已故艺术家汉斯·鲁道夫·吉格尔与济斯瓦夫·贝克辛斯基的深刻影响,如图 1-13 所示。《蔑视》的制作人 Ljubomir Peklar 期望通过游戏美术设计将人类无法看见(或不愿看见,但又不可缺少)的器官、组织与骨骼展现出来,并且将有机体与冰冷的机械进行完美融合,塑造出由器官和肌肉包裹着并按照机器原理运转的"生物机械"。该游戏呈现出恐怖、神秘而怪诞的美术风格,令大量体验者为之吸引,但游戏制作团队并非仅仅追求视觉刺激上的独树一帜,而是将关于人与物关系的思考融入游戏美术设计当中。

图 1-13 《蔑视》游戏美术设计

(图片来源:Steam 平台的游戏宣传图片)

诸多游戏将深刻的寓意融入空间设计,使游戏空间不仅在视觉刺激方面极具美感,还能够促使体验者对某些问题进行反思。例如,游戏《风之旅人》通过空间设计体现出"英雄之旅"这一经典叙事结构,从而对人生的旅途进行了隐喻。游戏中不同形态的空间不仅仅是营造了丰富的视觉刺激与游戏挑战,更是通过深层的寓意促使体验者对人生之旅中的顺境与逆境、挑战与成长、生命与死亡等重要问题进行反思,如图 1-14 所示。

图 1-14 《风之旅人》的游戏空间

(图片来源:Steam 平台的游戏宣传图片)

数字游戏 创意设计

在塑造游戏艺术价值的过程中,最不可忽略的因素是叙事内容。虽然不少设计师和体验者认为叙事并非游戏的必备要素,正如发展早期的数字游戏《俄罗斯方块》等作品并不具备叙事内容,但仍不影响它们成为经典。然而,不可否认的是,游戏同样是一个能够讲好故事的媒介。另外,游戏与电影、绘画、音乐等艺术形式的区别在于,体验者需要在与游戏元素交互的过程中动态生成叙事内容,游戏叙事内容由设计师与体验者共同创造。目前,大量游戏作品通过跌宕起伏且充满悬念和戏剧冲突的叙事内容,有效提升了游戏的吸引力,同时通过精彩的故事情节,不断维持和强化体验者的沉浸感。富有深意的叙事内容不仅能够营造游戏性,还将促使体验者对叙事内容进行深入思考,深化其对现实世界的认知。《勇敢的心:伟大战争》的叙事内容呈现了在枪林弹雨中不断倒下的战友,被迫应战而不得不怀着沉重心情离开女儿的父亲,被残酷的战争折磨得失去理智与人性的长官,机灵可爱而不断配合人类完成危险任务的小狗,集温柔美丽和坚强干练于一身的年轻女性……体验者在该游戏中通过先后操控四位平民英雄及一只小狗,在克服困难的过程中,逐渐解锁第一次世界大战中普通人在战争中的故事,感受战争的残酷以及人性的坚强与光辉,如图1-15(a)所示。《最后生还者》则讲述了病毒泛滥下,正在走向末日的人类社会中,两位主人公从陌生人发展出如同父女般深厚情感的故事,如图1-15(b)所示。该游戏通过叙事内容呈现了在极端残酷和恐怖的生存环境下复杂的人性:士兵虽然对男主角的女儿动了恻隐之心,但为了执行长官的命令仍然将其杀死;"萤火虫"组织的首领为了研制疫苗拯救全人类而不惜牺牲女主角;男主角为了守护身边最重要的女主角而选择杀死"萤火虫"组织的首领……体验者通过扮演男女主角并"亲身"经历游戏故事发展的过程,将深刻认识人性中的善良与邪恶、冷酷与温暖、坚强与脆弱、自私与无私、信任与背叛等诸多矛盾对立面。

在人工智能技术飞速发展的今天,不少游戏将世界观设定为"后启示录",预言人工智能与人类从和谐共生到残酷厮杀的未来史,揭示人性的贪婪、暴力、自私与狭隘,促使人们对人工智能伦理问题进行深度思考。《底特律:成为人类》的故事背景是在2038年的底特律城,人工智能技术已高度发达,大量拥有人类外貌且体力与智力均强于人类的仿生人被投入市场,成为人类社会中不可缺少的成员,如图1-15(c)所示。在这款游戏中,体验者需要扮演三位不同的仿生人:警察仿生人康纳,专门用来抓捕"程序错误"的"异常仿生人";家政仿生人卡拉,生产时便被发现拥有"自我意识",在投入市场后为了解救长期被父亲家暴的小女孩而再次觉醒;私人助理仿生人马库斯,在主人引导下逐渐拥有自我意识。游戏通过这三个仿生人的视角,呈现了一个科技十分先进而社会动荡不安的未来世界。《地平线:零之曙光》呈现了一个旧人类灭绝,地球被大型智能机器统治,而新人类再次从茹毛饮血的原始社会开始重建文明的世界,如图1-15(d)所示。处于人类发展史后期的新人类,却在生活方式与认知程度上退回至几千年前的远古时期,而拥有真正智慧与情感的人工智能则成为新人类的"上帝"。形似恐龙的巨型机械生物悠然行走在大地上,人们重新通过骑马与射箭来打猎,神明崇拜与活人祭祀也再次在"原始"部落中流行。这款游戏通过叙事内容将"何为未来?何为过去?""何为先进?何为落后?""何为智慧?何为愚昧?"等一系列哲学问题抛给体验者,促使体验者对文明诞生、发展与消除这一轮回进行思考。

图1-15 《勇敢的心:伟大战争》《最后生还者》《底特律:成为人类》《地平线:零之曙光》

(图片来源:Steam平台的游戏宣传图片)

游戏虽然具有魔法圈效应,在一定程度上独立于现实生活,但是其艺术内容却与现实生活存在紧密而直接的关联。上述具有艺术价值的游戏作品都直接或间接地重现了现实生活,这种重现并非机械的复制或映射,而是基于现实生活的大量真实事件和细节,塑造出更具游戏性的交互机制,更具戏剧性的叙事内容,更具典型性的游戏角色,更具感染力的游戏空间。游戏的艺术属性还是其教育属性的来源之一,游戏可通过艺术内容对体验者进行潜移默化的教育,这与一部引人深思的电影或一本文学著作通过剧烈的情感冲击,促使观众或读者对其进行深刻反思的效果是相同的。

1.2.4 教育属性

虽然娱乐属性是数字游戏的基本特性,但随着社会对游戏的需求不断增加,人们开始期待游戏不仅是一种娱乐产品,还能够为教育带来新的可能性,促使教育游戏设计与研究的兴起。教育游戏是将娱乐性与教育性进行融合的一种数字游戏,不仅能够进行知识传授与技能训练,还能通过互动式学习环境,有效培养学生对创新性问题的解决能力,让学生在愉悦的心情下开展学习活动,从而激发学生的学习兴趣和动力。如今,教育游戏已被视为一种强大的教育手段,成为教育领域不可或缺的部分。

教育游戏通常被视为严肃游戏的一个子类。严肃游戏一般是指不以娱乐为主要目标的游戏——除了娱乐功能,此类游戏还包含技能培训、知识传授、模拟仿真等重要功能。严肃游戏在辅助医疗、军事训练、航空航天、环境治理、城市建设等诸多方面具有广泛应用。严肃游戏中的"严肃"并非指游戏不够令人轻松和愉快,而是指游戏内容具有完善、科学的理论依据,并对现实生活进行了直接的模拟或还原。体验者能够在游戏环境中学习知识、训练技能,并且将这些知识与技能直接迁移至现实生活中。例如,航天类严肃游戏《坎巴拉太空计划》严格依据天文学知识,在游戏中塑造了宇宙空间站的虚拟环境。体验者在这款游戏中扮演一名航天员,可以在游戏中创造火箭、航天飞机以及其他类型的飞行器。体验者在游戏环境中学习的物理知识能够被直接应用至现实生活中,如图 1-16(a)所示。环境保护类严肃游戏《伊始之地》则要求体验者将贫瘠的土地转变为肥沃的土壤,净化充斥着各种垃圾的海洋,种植不同品种的树木花草,打造一个欣欣向荣、生机勃勃的自然环境,为动物们创造幸福而温馨的家园,如图 1-16(b)所示。体验者在游戏中学习的所有地理知识和生物知识都可被迁移至现实生活中。

(a)

(b)

图 1-16 《坎巴拉太空计划》与《伊始之地》

(图片来源:Steam 平台的游戏宣传图片)

作为严肃游戏的子类，教育游戏是指游戏设计初衷不仅仅是营造娱乐体验，还要包含明确的教育目标，很多作品甚至将教育目标居于娱乐目标之上。在传统教育环境中，知识通常以教材中的文字、幻灯片上的图片或视频等显性的形式进行呈现，学生则被动地倾听和接收教师传达的信息。教育游戏则有所不同，设计师将知识嵌入游戏核心元素，体验者在解决游戏环境中具体问题的过程中，通过与游戏元素的交互以及对游戏动态事件的观察对知识进行主动学习。例如，数学教育游戏 *Dragon Box Numbers* 将加法与减法的知识内涵嵌入游戏机制：当体验者对多个怪物执行"加法"后，这些怪物将融合成一个身高为所有怪物身高总和的长条形怪物；而通过滑动屏幕对一个怪物进行"切割"（执行"减法"）后，该怪物将会分裂成两个怪物，并且这两个怪物的身高之和为此前怪物的身高，如图1-17所示①。该游戏将加减法的抽象内涵嵌入了"通过融合或分裂怪物，能够增加或缩减怪物的身高"的游戏机制中。

图1-17　*Dragon Box Numbers* 通过改变怪物的身高来诠释加法与减法的概念
（图片来源：Youtube平台体验者录制的游戏实时演示视频）

教育游戏与现实社会教育体系的学科设置具有直接关联，它们通常面向小学、初中或高中的基础学科教育，例如，语文、数学、英语等，上述的数学教育游戏 *Dragon Box Numbers*，以及汉字教育游戏《熊猫博士识字》等都属于这个范畴。同时，也有部分教育游戏面向非基础学科，例如编程、绘画、音乐等。编程教育游戏《扣哒世界》支持JavaScript、CoffeeScript、Lua、Python、C++和Java这6种编程语

---

① 陈柏君.基于数字游戏的知识类信息传播策略研究[J].中国传媒大学学报（自然科学版），2021，28(6)：73-80.

言,涵盖循环、字符串、变量、方法调用、矢量绘图等多个编程基础知识模块,如图 1-18(a)所示。音乐教育游戏 Rocksmith＋涵盖摇滚、流行、嘻哈、乡村、拉丁等多个音乐流派,能够对吉他或贝斯的演奏进行教育,如图 1-18(b)所示。这些教育游戏对学生综合素养的培养具有重要教育价值。

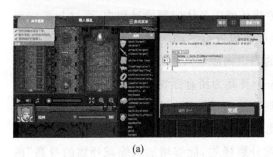 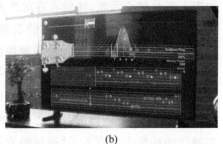

(a) (b)

图 1-18 《扣哒世界》与 Rocksmith＋

(图片来源:游戏截图、Ubisoft 发布的游戏发售预告片)

近年来,"功能游戏"成为一个替代"严肃游戏",以及涵盖"科普游戏""教育游戏"等严肃游戏子类的新名词。相较于"严肃游戏"可能引起"游戏过于严肃而丧失娱乐属性"的误解,"功能游戏"能够更为确切地概括游戏除了娱乐属性,还包含其他属性的特点。结果,人们通常将游戏泾渭分明地划分为功能游戏与非功能游戏(纯娱乐游戏),并认为纯娱乐游戏只能够营造游戏性而不具备任何教育价值。然而,事实并非如此,应用市场上未被冠以功能游戏的纯娱乐游戏同样拥有不可小觑的教育功能,而这不仅被广大体验者所忽略,不少设计师和研究人员甚至也将其忽略。

纯娱乐游戏具备的教育价值体现在两个层面:一是挑战系统(由游戏目标、游戏挑战、游戏规则与游戏机制等核心元素共同构成);二是幻想世界(包括游戏角色、游戏交互叙事以及游戏空间等)。无论是何种类型的游戏,体验者都需要开展大量的学习活动(例如,学习游戏机制的触发方式、游戏规则的运作机理等),而在这种学习活动中人们学习的知识与现实世界中是相同的。游戏设计师拉夫·科斯特(Raph Koster)在《快乐之道——游戏设计的黄金法则》一书中提出:"游戏就是需要解开的谜团,就像我们在生活中遇到的其他任何事情一样。游戏与学习开车、学习弹奏曼陀林、学习乘法表是一样的。我们学习那些深层的模式,完全深入理解和归纳它们,从而使它们能够按照我们的需要灵活再现……游戏就像一个非常基础的、非常强有力的学习工具。"[①] 即,人们学习游戏当中的抽象模式,与在现实生

---

① KOSTER R.快乐之道——游戏设计的黄金法则[M].姜文斌,等,译.上海:上海文艺出版总社,2005:37-38.

活当中透过具象的情境学习其内部抽象的运行机制在本质上是相同的。

在《模拟城市：我是市长》中，体验者通过扮演一座现代城市的市长，对居民区、商业区、工业区以及交通网络结构进行布局，并规划消防局、警察局和市政公园的建设位置，同时制定合理的税收政策，在确保市民拥有较高满意度和市长支持率的前提下，向政府贡献足够的资本从而不断拓展城市规模，如图1-19所示。虽然《模拟城市》系列并未被游戏创作团队和广大体验者界定为"功能游戏"，但体验者在实现游戏目标的过程中必将逐步学习现代都市底层系统各个部分的运作方式，而在这个过程中，体验者便对城市管理相关专业知识进行了学习。

图1-19 《模拟城市：我是市长》

（图片来源：App Store平台的游戏宣传视频）

不少游戏对现实世界的物理法则进行了高度还原，体验者在解开游戏中大量谜题的过程中可以同步学习物理知识。《蜡笔物理学》《粘粘世界》《愤怒的小鸟》《捣蛋猪》都具有这个特点，如图1-20所示。在《塞尔达传说：王国之泪》中，体验者能够将游戏场景中各式各样的道具（例如，热气球、木板、船帆、轮子、电风扇、飞行翼、不倒翁等）进行组装，从而创造全新的交通工具或武器，而这些道具将基于游戏逼真的物理引擎，按照真实世界中自然界的物理法则进行运动。例如，热气球在受热后将缓缓上升，而弹簧则能够为下落的物体减震。将电风扇与木板组装成一艘小船后，电风扇的叶片在转动过程中将给予小船前行的动力。倘若电风扇的助推力与河水流向不同，小船将结合电风扇助推力的方向与水流方向来计算小船行进的方向与速度。《塞尔达传说：王国之泪》向体验者提供了一个绝对安全的虚拟空间，同时高度还原了现实世界的物理法则，虽然其未被人们称为"功能游戏"或"教育游戏"，但通过优越的游戏性体验，人们可以在游戏中不断实验和试错，从而掌握力学知识。

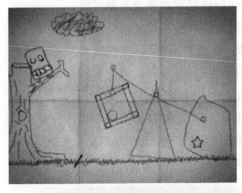

图 1-20 《蜡笔物理学》《粘粘世界》《愤怒的小鸟 VR：猪之岛》《捣蛋猪》

（图片来源：Steam 平台的游戏宣传图片、Android 平台的游戏封面图片）

　　除了挑战系统，实现教育价值的另一个有效途径则是游戏中的幻想内容。游戏中的幻想内容是塑造艺术价值的重要元素。一部优秀的艺术作品不仅能够满足人们的精神需求，还可启发人们学习知识或领悟哲理。本书在 1.2.3 节分析的《勇敢的心：伟大战争》与《风之旅人》两款游戏都通过幻想内容塑造了较强的艺术价值与教育价值。《勇敢的心：伟大战争》并未通过文字等显性方式将反战思想直接灌输给体验者，而是支持体验者在虚拟环境中亲身经历一次战争：在炮火连天的战场上冲锋，眼睁睁看着战友被炸弹袭击而倒在血泊中；在毒气弥漫的废墟中小心翼翼地前行，一旦失去防毒面具便会立刻丧生；治疗因重伤而生死未卜的卡尔，卡尔的夫人在床边无力地抚慰痛哭的孩子……体验者通过实际的游戏经历以感受战争的残酷与亲情、友情的伟大，并在沉浸游戏的过程中潜移默化地接受教育。同时，《勇敢的心：伟大战争》也通过文字与图片展示了部分第一次世界大战相关史料，如图 1-21 所示（这些史料与游戏内容直接相关，比如当体验者操控一只狗进行解谜并完成短期任务后，游戏便会展现史料来说明实际战争过程中人类与军犬的合作关系），如图 1-21

所示。除了体验游戏,人们还可通过阅读史料更为全面地学习第一次世界大战这一历史。与《勇敢的心:伟大战争》通过叙事内容实现教育价值不同,《风之旅人》则通过空间设计对人生之旅进行了隐喻。游戏的旅程既包含顺境——在阳光照耀下泛着金光的沙漠上轻快地滑行,也包含逆境——顶着暴风雪步履蹒跚地前进。游戏中的旅程是孤独的,每个人都需要同伴,即使两人无法通过语言交流,也能够在困难时刻相互鼓励和帮助。游戏的旅程还是无限轮回的,游戏主角完成旅程后将化为一颗明亮的星星,再次穿越漫长的道路回到最初的起点。在《风之旅人》的全流程中,体验者不会看到一个文字、听到一句画外音,游戏促使体验者在一个安静而孤独的环境中对人生之旅进行反思。一名体验者给《风之旅人》的出品公司Thatgamecompany发送了一封邮件,描述了游戏带给她的人生感悟——她的父亲在确诊身患绝症后的几个月便去世了,而她则有幸在父亲去世前和父亲共同体验了这款游戏。她认为游戏对她父亲的一生进行了映射。与《勇敢的心:伟大战争》相似,《风之旅人》同样没有将任何一种人生观强加给体验者,而是促使体验者在游戏这一更为精简而抽象的世界中,对诞生、死亡、时间、目标等人生问题进行思考。

图 1-21 《勇敢的心:伟大战争》展示的部分第一次世界大战相关史料

(图片来源:游戏截图)

《勇敢的心:伟大战争》的叙事内容和《风之旅人》的空间设计都具有渐进性这一特征,所有体验者都必须按照一个相同的顺序依次体验游戏内容。此外,还有部分游戏提供了较高的自由度,不同体验者可能经历截然不同的游戏事件,此类游戏通过动态生成的叙事内容(而非设计师提前设计的游戏情节)来实现教育功能。在《这是我的战争》中,体验者扮演的平民需要在战火笼罩下的城市中生存下去。该游戏最发人深省之处在于其迫使体验者面临激烈的情感冲突并做出一系列艰难的道德抉择:在弹尽粮绝之际,是否要杀死手无寸铁的老人并掠夺其资源?当药品紧缺时,是否要将仅存的药物送给小女孩并为其妈妈治病?当遭遇暴徒的袭击时,究竟是选择自卫还是奋不顾身地守护其他幸存者?……游戏标题中"我的战争"隐喻着在极端严苛的生存环境下,人们内心中的"善"与"恶"将进行持久而猛烈的对抗:

当"恶"占据上风时，体验者可能选择杀戮、抢劫、施暴；当"善"占据上风时，人们即使面临死亡，也可能将生存的希望留给他人。这也正是这款游戏的教育价值所在，游戏并未采用说教的形式将某种思想强加于体验者，而是支持体验者遵照自己内心的声音开展行动，体验者将在施暴与被施暴、救人与被救这些无尽的道德抉择中，撕开人性中最深层、最复杂的一面。与传统教育体系中问题只存在一个标准答案不同，游戏不会评判人们的抉择是否正确，而是"冷眼旁观"体验者的一举一动，由体验者自行经历内心情感的波折，对战争、死亡与多维的人性进行反思。再以《请出示文件》为例，该游戏的故事发生于1982年一个名为"阿斯托茨卡"的国家，体验者扮演的是一位边境检察官，每日审查申请入境者的证件，并选择是否批准其入境，如图1-22(a)所示。游戏同样要求体验者进行大量的道德抉择：当申请者证件不合规但使用重金贿赂检察官时；当申请者向检察官递纸条求救，纸条上写着倘若不能入关，他便会被卖身时；当上级要求检察官同意其情人入关，倘若拒绝，检察官第二天就会被关进监狱，然而其情人的证件并不合规时……此外，检察官的家人全都依靠其一人的工资维持生计，每一次的工作失误都会扣除工资。那么每当面临上述进退两难的情境时，体验者该何去何从？与《这是我的战争》类似，如图1-22(b)所示，《请出示文件》同样没有通过说教的方式对体验者进行教育，而是将一次次严峻的道德考验摆在体验者面前，无声地促使人们审视自己的内心。

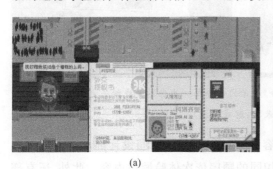 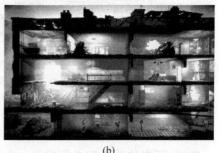

(a)　　　　　　　　　　　　　(b)

图1-22　《请出示文件》与《这是我的战争》

（图片来源：游戏截图）

除了展现与课本直接对应的自然科学或人文社科知识，以及通过幻想内容促使体验者针对某个哲学问题进行反思，游戏还可从两个方面间接地实现教育价值。一方面，游戏能够通过挑战系统对体验者的思维进行训练。例如：《太鼓达人》等音乐游戏能够训练和强化体验者的节奏感；《纪念碑谷》系列、《传送门》系列等游戏能够提升体验者的空间思维能力。另一方面，游戏能够有效激发体验者对某个学科领域的兴趣，从而促使其在游戏场景之外主动学习该领域的相关知识。正如不少体验者在观看日本动漫《棋魂》后主动学习围棋,观看动漫《灌篮高手》后对篮球产生兴趣,观看动漫《交响情人梦》后愿意付出努力练习钢琴或小提琴一样,《古墓丽影》系列中富有时代气息的空间设计能够激发体验者对古埃及文明、美洲文明、中国文明等重要历史知识的学习兴趣,《文明》系列则通过引入大量现实世界中的著名人物(如统一希腊的亚历山大大帝或印度圣雄莫罕达斯·甘地,如图 1-23 所示),以及支持人们在游戏中创建和拓展自己的文明,从而激发体验者对人类文明的漫长发展史产生学习兴趣。

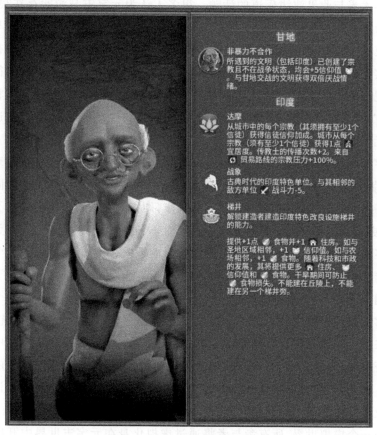

图 1-23 《文明 6》中的甘地
(图片来源:游戏截图)

因此,"功能游戏"与"非功能游戏"并不存在明确界限:一款不具备任何功能性设计初衷的游戏,也可能产生显著的教育价值,例如,《勇敢的心:伟大战争》虽然并未被界定为"教育游戏"或"功能游戏",但不可否认其历史知识传授的教育功能;而一款明确带有教育初衷的游戏,也可能因严重缺乏游戏性,而导致无法实现教育功能。娱乐属性并非专属于"纯娱乐游戏",同样,教育属性也并非"教育游戏"的专利。娱乐属性与教育属性能够充分融合于一款游戏当中,设计者也应当赋予一款游戏多重属性、多维价值。

1.2.5 现实属性

近年来,随着"元宇宙"概念的兴起,游戏与元宇宙的关系以及这二者的跨界融合成为学术界与业界津津乐道的话题。很多人认为元宇宙与游戏存在很大共性,或者二者具有深度融合的潜力。元宇宙与现实生活息息相关,而元宇宙与游戏的共性以及这二者融合的前提在于游戏也同样具备现实属性。虽然游戏可被视为独立于现实世界之外的另一个空间,但是游戏并非与现实世界毫无关联。很多人们无法在现实世界中实现的愿望,却能够在游戏世界中实现。接下来,本书将充分探讨"游戏"与"元宇宙"这两个概念的异同,揭示现实属性在游戏中的体现,进而分析游戏与元宇宙能否融合以及如何融合。

元宇宙可被理解为现实世界的数字化镜像和理想化升级。元宇宙是现实世界的"复制版",这并非意味着元宇宙打造了一个外观上与现实世界完全相同的虚拟世界,而是元宇宙的数据与现实世界完全同步,即人们在现实世界中开展了某些活动后,变更的数据将会反映在元宇宙中。同时,人们通过控制虚拟化身在元宇宙中执行了某些行为后,也会影响人们在现实世界的数据。例如,香港科技大学在为了帮助香港清水湾校区和广州南沙校区的学生实现更为充分的沟通,创建了元宇宙双子校园 MetaHKUST 项目,如图 1-24 所示。在元宇宙校园场景中,两个校区的学生能够通过操控数字人在同一个虚拟空间中上课。随着对元宇宙系统的开发,学校未来还可通过元宇宙空间向学生下发电子成绩单,或者在毕业典礼中颁发电子学位证书等。人们在元宇宙空间中开展的活动,与在线下校园中开展的活动是同步的。例如,与在线下教室中学习的同学相同,学生在元宇宙空间中上课并完成所有作业后都将获得该课程的学分。这是元宇宙对现实世界数字化镜像的体现。

作为一个虚拟世界,所有参与者将通过虚拟化身在元宇宙世界中开展各类活动。因此,元宇宙是现实生活的理想化升级,不少在现实世界中无法开展的活动,均可在元宇宙中完成。这一点与游戏存在一定共性,游戏同样支持体验者开展大量现实生活中无法实现的动作,例如,在《极品飞车》系列中飞速驾驶、在《刺客信条》系列中飞檐走壁等。Meta 公司(原 Facebook 公司)发布的元宇宙办公软件 Horizon Workrooms 打破了现实世界中物理空间的限制,该软件支持全球各地的体验者在同一个元宇宙空间中开会。Horizon Workrooms 支持人们以免费视频通话的形式,或者使用 Oculus Quest 2 虚拟现实设备进行体验。该软件一共支持 16 名体验者通过虚拟现实设备进行会话,最多支持 50 名体验者进行在线视频通话。在该元宇宙会议室中,体验者可将计算机界面的内容投影在虚拟会议室的白板上,供所有体验者观看;也可在白板上书写文字、绘制表格和图片,与其他体验者共同探讨项目的推进方案;还可将白板上的文字、图片等文件下载、保存和分享。此外,虚拟现实设备能够捕捉体验者的肢体和手部动作,并且将体验者的实际动作投射在元宇宙空间的虚拟化身上。当体验者与其他体验者对话时,虚拟化身的口部也将同步进行开合运动。相较于当前已经较为成熟的线上聊天软件,Horizon Workrooms 能够支持体验者在跨越物理空间的前提下,实现带有语音和肢体交互的近距离沟通,这是元宇宙对现实生活的理想化升级,如图 1-25 所示。

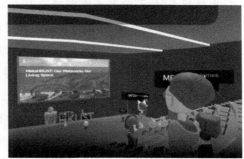

图 1-24　香港科技大学元宇宙双子校园 MetaHKUST 项目

(图片来源:香港科技大学发布的双子校园介绍视频)

图 1-25　Horizon Workrooms

(图片来源:Meta 公司发布的产品宣传视频)

由于元宇宙是对现实生活的数字化镜像与理想化升级,因此元宇宙并非独立于现实生活之外,而是与现实世界息息相关的虚拟世界,它具有显著的现实属性。游戏同样如此,其现实属性体现在:第一,空间层面,设计者可在游戏中搭建与现实世界相同或相似的场景，体验者能够通过在游戏世界中漫游，增加对现实世界的了解与认识；第二，社交层面，体验者能够在线上游戏中建立真实的人际关系，并开展社交活动；第三，行为层面，游戏能够对人们在现实世界中开展的各类活动进行模拟。例如，在2019—2023年间，为了满足学生可以参加毕业典礼、庆祝学业完成的愿望，中国传媒大学动画与数字艺术学院分别于2020年和2022年举办了两次游戏毕业典礼，如图1-26所示。2020年，动画与数字艺术学院的同学们在游戏《我的世界》中搭建了一个还原真实校园的虚拟世界。在虚拟毕业红毯环节，老师们念着主持词，而毕业生们则操控着身着学士服的虚拟化身依次走过红毯，并在红毯尽头集体合影。2022年，该学院在游戏《和平精英》中再次搭建了包括学院楼在内的虚拟校园场景，将中国传媒大学的标志性建筑"大拇指"雕塑，以及雕刻着"这里是终点，也是起点"的石碑置入虚拟场景中。虽然游戏世界的外观与现实世界存在一些差异，但游戏世界还是最大限度地还原了现实毕业典礼的场景和流程。除此之外，游戏支持同学们执行诸多现实世界中无法开展的行为，使得游戏毕业典礼具有与真实毕业典礼不同的乐趣。在《我的世界》毕业典礼中，当院长在虚拟的学院报告厅中发表演讲时，同学们能够在礼堂内扔雪球。另外，在现实校园中，图书馆前方的"钢琴湖"支持人们划船，为此，设计者在游戏虚拟世界的湖面上增添了一艘小船，其能够容纳两名虚拟化身泛舟前行。游戏中，毕业生、学院领导与教师们共同参与并塑造出与现实毕业典礼流程一致的虚拟红毯仪式。在学生心中，游戏毕业典礼丝毫不逊于现实毕业典礼，甚至成为一个十分特殊而美好的记忆。

图1-26　中国传媒大学分别在《我的世界》与《和平精英》中举行毕业典礼

（图片来源：游戏截图、《和平精英》微信视频号发布的中传云毕业宣传视频）

再如，在游戏《集合啦！动物森友会》中，体验者能够在一个满是花草树木与河流的无人岛上生活，并在岛屿上开展钓鱼、种植花朵、捕捉昆虫等各式各样的活动。人们需要在探索岛屿的过程中采集资源，以制造工具或搭建自己的小屋。《集合啦！动物森友会》中的时间与现实世界完全同步，体验者可选择居住在南半球或北半球，以确保游戏的四季轮转与现实世界一致。该时间管理机制在很大程度上将游戏与现实世界进行了连接。在新冠疫情期间,体验者们长期居家隔离而无法开展线下社交活动,也不少人苦于无法与爱人在线下举行婚礼,为此,部分体验者充分应用游戏的现实属性,在游戏世界中举办了充满趣味与浪漫气息的线上婚礼。相较于线下婚礼,线上婚礼的筹办既经济实惠,又为人们提供了更高的自由度。体验者可在《集合啦!动物森友会》的游戏场景中搭建精致而美观的餐桌,并摆上蜡烛、冷餐和饮品,两位新人能够为自己的虚拟化身穿上西装和婚纱,而参加婚礼的客人们则可以通过登录游戏账号,进入相同的游戏空间,共同见证这一神圣的时刻,如图 1-27 所示。与《集合啦!动物森友会》相似,《模拟人生》系列同样支持体验者在游戏世界中举行婚礼。在婚礼后,新婚夫妇不仅能够在游戏中购买心仪的别墅,还能够配备"昂贵"的家具,享受烹饪美食、与宠物嬉戏、养育孩子等美好的家庭生活。虽然体验者是通过操控虚拟化身,在虚拟世界中经历着虚拟的事件,但游戏世界的婚礼和蜜月是两位新人心中真实存在的美好记忆。

图 1-27 体验者在游戏《集合啦!动物森友会》中举办线上婚礼

(图片来源:体验者录制的游戏婚礼视频)

需要明确的是,虽然游戏与元宇宙均具有现实属性,但二者存在显著的区别——游戏世界的数据并不与现实世界同步,而元宇宙的数据则与现实世界共享。虽然人们能够在《集合啦!动物森友会》与《模拟人生》系列中举办婚礼,但游戏世界中人们的社交关系并未同步至现实世界。在现实世界中,两位新人仍然需要去民政局领取结婚证,只有这样法律系统才能够认可二人的夫妻关系,而游戏并不能够代替民政局为新人颁发结婚证。因此,虽然游戏具备现实属性,但是游戏世界与现实世界的数据并不是共享的,这也正是游戏与元宇宙最为本质的区别。不过,游戏与元宇宙的充分融合将进一步打破游戏世界与现实世界的边界,使元宇宙空间不仅对现实世界的数据进行了镜像与同步,还能够营造充足的游戏体验。

美国著名未来学家简·麦戈尼格尔(Jane McGonigal)在其著作《游戏改变世界》中,提出了"平行实境游戏"(Alternate Reality Gaming,ARG)的概念。这类游戏以真实世界为平台,融入虚拟的游戏元素,且可以支持体验者亲自参与角色扮演。平行实境游戏能够将现实生活直接转变为游戏,这便恰恰是游戏与元宇宙融合的产物。以简·麦戈尼格尔在书中分析的游戏《家务战争》为例,这款游戏的所有任务都是现实生活中人们需要完成的家政清洁工作,例如,打扫厕所、倒垃圾、洗碗、拂去书架上的灰尘等。体验者并非与网络平台上的陌生人交互,而是与自己的家人、室友、同事或朋友一起游戏,享受竞争。在该游戏中,每当体验者完成一个清洁任务,都将获得一定的经验值或虚拟金币,例如,除尘且没有碰掉书架上的物品,体验者的敏捷度将增加 10 点;拎出 3 袋可循环垃圾,耐力值将增加 5 点。家务劳动曾经是简·麦戈尼格尔与她的丈夫几乎每日都会相互推卸的事情,而在这款游戏出现后,两人却都开始主动承担更多的清洁工作(甚至在对方休息时偷偷摸摸地完成家务)。最为重要的是,人们在完成任务的过程中始终保持着愉悦的心情。最后,简·麦戈尼格尔的丈夫获胜,丈夫因赢了自己的太太而感到自豪,而太太则因为丈夫实际上承担了更多家务而心中窃喜。这款游戏将现实世界中人们必须完成的任务直接转化为游戏挑战,体验者在游戏世界中经历的事件与现实世界完全相同;游戏世界的数据与现实世界的数据相互同步,这是游戏与元宇宙融合的典型形式。元宇宙构筑了一个现实生活的镜像空间,人们能够在元宇宙空间中完成现实世界的任务;而游戏则为元宇宙空间中人们执行任务的过程增添了乐趣。因此,元宇宙与游戏的跨界融合将打破游戏世界与现实世界的边界。

1.3 数字游戏的游戏性来源

营造良好的游戏性体验是游戏设计过程中最为重要且最具挑战的环节。然而,游戏性的影响因素纷繁复杂,视觉效果、音乐音效、剧情设定、角色扮演、社交互动、策略规划、模拟建造、探索发现、奖励系统、难度曲线等等不同类型的游戏机制与设计细节都会对游戏的综合体验产生直接的影响。在大量影响游戏体验的因素中,有三个不容被忽视的游戏性来源,它们分别是"感官刺激""幻想世界""挑战系统"。[①] "感官刺激"是指游戏通过逼真的视觉效果、动听的音乐与精准的触觉反馈等感官体验,为体验者带来生理层面的愉悦感,它们构成了游戏最为表层的内容,是体验者进入游戏后第一时间接收到的信息。"幻想世界"是指体验者高度沉浸于设计师所创造的游戏虚拟世界,即体验者通过丰富的叙事内容与独特的角色设定,

---

① ERMI L, MAYRA F. Fundamental Components of the Gameplay Experience: Analyzing Immersion [C]//Selected Papers of 2005 Digital Games Research Association's Second International Conference. Potsdam: University Press, 2005: 88-115.

体验在现实世界中无法经历的游戏故事,从而满足深层的心理需求。"挑战系统"则是指游戏通过大量不同难度系数的任务,引导体验者持续磨炼和提升游戏技能,使人们不断在成长和进步的过程中感受超越自己、超越他人的成就感。游戏挑战系统可被分为动作技能挑战、心智技能挑战与时间压力挑战。[1]

上述游戏性的来源与目前最为常见的游戏分类方式息息相关。游戏可从多个维度进行分类:基于运行平台维度,游戏可被分为街机游戏、主机游戏、掌机游戏、电脑游戏、移动游戏、虚拟现实游戏等;基于目标受众维度,游戏可被分为男性向游戏、女性向游戏、儿童游戏、老年人游戏等;基于合作模式维度,游戏可被分为单人游戏与多人游戏,在多人游戏中还可被分为多人合作游戏、多人竞技游戏等。最为常见的游戏分类方式则是根据游戏机制与挑战类型,将游戏分为动作类游戏、体育类游戏、探险类游戏、策略类游戏、模拟类游戏、角色扮演类游戏与解谜类游戏[2][3],如图1-28所示。在这一游戏分类方式中,各类游戏的命名方式在很大程度上体现了其游戏性的来源:动作类游戏与体育类游戏的游戏性来源主要是"动作技能挑战";解谜类游戏与策略类游戏的游戏性则源自"心智技能挑战";探险类游戏、模拟类游戏与角色扮演类游戏的游戏性通常源于"幻想世界"。

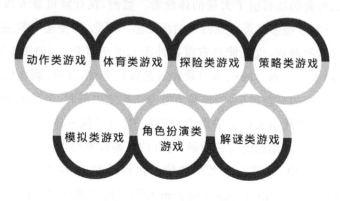

图1-28 数字游戏的类型

---

[1] KARHULAHTI V. A Kinesthetic Theory of Videogames: Time-critical Challenge and Aporetic Rhematic [EB/OL]. (2020-09-18) [2024-07-04]. http://gamestudies.org/1301/articles/karhulahti_kinesthetic_theory_of_the_videogame/.

[2] ARSENAULT D. Video Game Genre, Evolution and Innovation [J]. Eludamos: Journal for Computer Game Culture, 2009, 3(2): 149-176.

[3] HEINTZ S, LAW E. The Game Genre Map: A Revised Game Classification[C]//Proceedings of the 2015 Annual Symposium on Computer-Human Interaction in Play. New York: Association of Computing Machinery, 2015: 175-184.

1.3.1 感官刺激

人类的五大感官包括视觉、听觉、触觉、味觉与嗅觉。目前,大部分数字游戏主要包含视觉刺激与听觉刺激。不过,除了视听刺激,部分智能移动平台游戏与主机游戏还具备触觉刺激。感官刺激决定了游戏留给体验者的第一印象。在体验者尚未执行游戏任务、领略游戏剧情之前,他们首先会看到游戏的画面以及听到游戏的背景音乐。因此,当今几乎所有的游戏创作团队都会花费大量的时间与精力,仔细雕琢游戏的每一个界面与音效,以便能够在短暂的时间内迅速吸引体验者的注意力,让体验者沉浸于由丰富的感官刺激营造的美轮美奂的游戏世界中。

很多早期的游戏并不具备丰富的感官刺激,典型代表是《俄罗斯方块》。该游戏中的所有方块都采用了基础几何图形,其色彩设计也十分简约,但该游戏通过简单的操作规则、极高的概率空间与永无止境的游戏挑战成为游戏史上的经典。时至今日,虽然广大的游戏体验者早已习惯精美逼真的游戏场景设计,但一年一度的经典俄罗斯方块世界锦标赛仍然吸引了大量的体验者。然而,在计算机显卡快速迭代的当下,卓越的感官刺激能够显著增强游戏的沉浸感。因此,即使是一款主要将游戏性建立在挑战层面的游戏,也可能具有极富冲击力的感官刺激,如图 1-29 所示。例如,《刺客信条》系列以逼真的虚拟场景和角色设计著称,其中《刺客信条:大革命》展现了巴黎圣母院的完整风貌,当体验者置身于教堂内部时,金色的阳光将透过彩色玻璃洒向地面,烘托出无比温馨而浪漫的氛围。《三位一体》系列营造了充满奇幻色彩的游戏世界,其细腻的角色动画、逼真的光影效果与华丽的魔法特效使体验者沉醉于游戏画面中,而该游戏系列的第三代作品被 Rock Paper Shotgun 评为 "Some of the most beautiful scenes in gaming"。《纪念碑谷》系列以其卓越的美术设计在众多智能移动平台游戏中脱颖而出,该游戏画面的色彩搭配协调且富有层次感,低多边形的风格使游戏空间简约大方而不失精致巧妙,让体验者沉浸于梦境般的幻想世界中。《风之旅人》则展现出清新而宁静的美术风格,从绚烂夕阳映照下泛着金光的沙漠到寒风凛冽的雪山,游戏场景使体验者沐浴在壮丽的自然之美中广袤无垠的大漠中高耸的古代遗迹唤起体验者对深厚历史文化的敬畏之情。

图 1-29 《纪念碑谷》《三位一体》《刺客信条:大革命》《风之旅人》

(图片来源:游戏截图)

1.3.2 幻想世界

游戏幻想世界由游戏角色、游戏叙事与游戏空间构成。与感官刺激相似,很多早期的游戏(如《俄罗斯方块》等)并不具备幻想世界。不少游戏学派的设计师甚至认为,幻想世界并非游戏的必备要素。不过,伴随着数字媒体技术的发展,当计算机能够存储大量的叙事影像并渲染出越发精美的游戏画面时,设计师便开始逐渐重视游戏幻想世界的搭建,以提供更具沉浸式的游戏体验。角色扮演类游戏《去月球》便是一个生动的案例,这款游戏通过感人至深的叙事内容与细致入微的角色塑造打动了无数体验者。在《去月球》中,两名医生的工作是利用先进的设备进入临终老人的记忆,通过对其记忆进行修改与重组,"实现"老人的最后一个心愿,如图1-30 所示。游戏围绕临终老人 Johnny"去月球"这一令人费解的愿望,讲述了他与妻子 River 之间刻骨铭心、纯粹美好而又充满遗憾的爱情故事。体验者通过扮演医生,在解谜的过程中逐渐揭开老人内心深处的秘密。体验者在探索老人这一临终心愿背后的真相时,将通过叙事内容对生与死、爱与被爱等主题进行深刻的反思。该游戏曾使成千上万名体验者潸然泪下。动作解谜游戏《勇敢的心:伟大战争》则以第一次世界大战为背景,围绕法国农夫埃米尔、德国公民卡尔、美国黑人弗雷迪以及比利时医护人员安娜这四名具有不同动机和目标的游戏角色,讲述了一系列寓意深刻的故事,展现了人性中最为坚强与温暖的一面。伟大的亲情、友情、爱情与残酷而疯狂的战争形成鲜明对比,使体验者在角色扮演的过程中切实感受到游戏所传达的反战思想,并思考战争给人们带来的深远影响。

图 1-30 《去月球》中男主角 Johnny 的经典台词
（图片来源：游戏截图）

"幻想世界"与"挑战系统"是两种游戏性来源，设计师可将这二者融合，基于叙事内容塑造游戏挑战。解谜类游戏《她的故事》便是一个典型案例。游戏故事围绕一名女性犯罪嫌疑人展开，体验者的目标是找出谋杀她丈夫的真凶，如图 1-31 所示。游戏界面只显示着一台老旧的计算机，计算机上保存了这名女性犯罪嫌疑人所有的审讯视频。体验者需要在计算机上巧妙地输入关键词，搜索并观看该关键词对应的审讯视频，其中每个视频片段都隐藏着破案线索。体验者在掌握这些线索的过程中逐渐揭开案件的谜团，并将所有的叙事碎片串联成一个逻辑自洽的完整故事。《她的故事》以其独特的叙事机制备受赞誉，成功营造了一种令人紧张而充满悬念的游戏氛围。这种非线性叙事方式促使体验者深度参与叙事过程，从而获得独一无二的叙事体验。

图 1-31 《她的故事》
（图片来源：游戏截图）

1.3.3 挑战系统

1. 动作技能挑战

游戏挑战系统能够促使体验者不断提升游戏技能,在完成游戏任务的过程中带给体验者成就感与满足感。正如前文所述,一些早期的数字游戏并不具备丰富的感官刺激,也并未创造奇妙的幻想世界,其游戏性的生成仅仅依靠挑战系统,但这些游戏却仍然吸引了大量体验者。由此可见,挑战系统对于游戏性的生成具有不可忽视的重要作用。

动作技能挑战要求体验者具有敏捷的反应速度、良好的协调能力以及对手柄的熟练操控技巧。动作技能挑战是很多早期动作类游戏的主要游戏性来源。例如,街机平台的《拳皇》系列,家用游戏机的经典作品《超级马里奥兄弟》《魂斗罗》等主要营造了高强度的动作技能挑战。在《拳皇》系列等格斗类游戏中,每一个特殊格斗技能的触发都要求体验者快速、连续地按下不同的按键。因此,体验者需要熟记并掌握不同角色技能的触发方式,反复磨炼自己的操控技术,以便在战斗过程中迅速而准确地施展格斗技能。当代大量的动作类游戏沿袭了这种动作技能挑战的营造方式。例如,《鬼泣》系列以流畅而紧凑的战斗机制著称。在探索游戏空间的过程中,体验者将面临数量众多、种类各异的敌人。与敌人战斗时,体验者需始终保持对虚拟空间的准确记忆、对敌人的敏锐洞察以及对各式武器的熟练运用。通过对敌人进行精准攻击、有效闪避,并合理释放特殊技能来实现游戏目标。同时,该游戏还营造了技能组合的挑战,体验者不仅需要学习单个技能的触发方式,还需要将近距离战斗与远程攻击等不同技能进行组合,并实现不同武器间的平滑过渡和无缝切换,从而创造出强大和富有创意的战斗方式。此外,除了地面战斗,设计师还创造了空中战斗环节。体验者需要掌握二段跳、空中滑行等多种角色运动方式,并且将角色的不同运动技能与不同类型的武器及特殊攻击动作进行组合,进而在空中对战的过程中对敌人进行高效的连续攻击。最后,该游戏营造了一系列高强度的Boss挑战。在每个短期目标的实现过程中,体验者都需要面对一个强大的Boss,它们拥有独特的角色设计与攻击方式,具备强大的生命力。体验者需要在一段较长时间内对Boss进行持续而有效的攻击,如图1-32所示。成功击败Boss不仅要求体验者具有灵敏而快捷的反应能力,还要求体验者对Boss的战斗逻辑进行观察与总结,洞察每一个Boss的弱点,设计有效的Boss对战策略。Boss挑战体现的是动作技能挑战与心智技能挑战的结合。

这种将动作技能挑战与心智技能挑战相结合的设计模式出现在越来越多的动

作类游戏当中。《极品飞车》系列以其沉浸式的赛车体验而闻名,如图 1-33 所示。该游戏通过逼真的物理机制对体验者的动作技能提出了非常高的要求。游戏场景的弯道要求体验者在短时间内精确地控制油门、刹车与驾驶方向,使车辆在合适的范围内进行漂移。同时,赛道上随时可能出现车辆、路障与广告牌,这要求体验者具备高超的驾驶技巧与敏捷的反应速度。而在警车追捕的情境下,体验者还需具备灵活的战略思维与决策能力。例如,游戏中体验者选择合适的逃脱路线,利用特殊的地形与建筑物躲避追捕,使用钉刺带等武器摧毁警车等。如此,游戏不仅营造了高强度的动作技能挑战,还对体验者的心智技能提出了一定要求,这为体验者带来了更加紧张、兴奋而刺激的游戏体验。

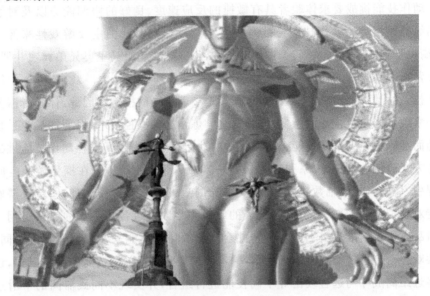

图 1-32 《鬼泣 4》最终 Boss

(图片来源:游戏截图)

图 1-33 《极品飞车:最高通缉》

(图片来源:Steam 平台的游戏宣传图片)

2. 心智技能挑战

心智技能挑战主要考验体验者的记忆力、推理能力、创造性问题的解决能力等,这类挑战主要存在于解谜类游戏、策略类游戏中,部分模拟类游戏与角色扮演类游戏也会营造一定程度的心智技能挑战。以动作解谜游戏《时空幻境》为例,该游戏以极具创新的时间逆转机制及复杂的空间谜题,营造了一系列高强度心智技能挑战,在很大程度上激发了体验者的创造性问题解决能力。《时空幻境》的核心机制是将时间倒流,即倘若体验者因操作失误而导致游戏主角死亡,便可触发时间倒流机制,退回至游戏主角死亡的前一刻并重新操作,如图1-34所示。为了解开游戏谜题,体验者需要理解并掌握使时间暂停及倒流的机制以躲避敌人并跨越障碍物。此外,该游戏还包含一些隐藏的谜题,体验者需要充分探索游戏场景并通过仔细观察才能够发现它们,这些谜题进一步考验了体验者的洞察能力。

图1-34 《时空环境》普通模式与时间倒退模式

(图片来源:游戏截图)

设计师可采取多种方式营造心智技能挑战。例如,《时空幻境》基于时间营造心智技能挑战,而《纪念碑谷》《菲斯》《超阈限空间》等游戏则基于空间营造心智技能挑战。《纪念碑谷》基于"不可能"几何学概念构筑空间谜题,每个关卡都被设计为一个精妙的立体迷宫。体验者需要从不同的视角观看建筑物的几何结构,并通过更改不同建筑部件的位置与旋转角度,将游戏主角艾达移动至目标位置。游戏的心智技能挑战要求体验者重新理解游戏空间中不同几何体之间的关系,从而不断训练和强化自己的空间智能。

上述空间谜题的设计模式在独立游戏《菲斯》中亦有体现。在游戏中,体验者操控的是一个名为Gomez的生活在二维世界的小生物,其突然发现所处的世界实际是个三维立体空间,自己能够从前后左右这四个不同的视角来观看该三维空间。每当体验者更改观看视角后,此前被障碍物阻挡的区域可能会变成一条通路,一些隐藏的门和密道也会显现出来。例如,在图1-35(a)中,四个悬空的平台分别位于建筑物的左侧与右侧,游戏主角无法在这些平台上连续跳跃;而当体验者将三维空间旋转90°

后,如图 1-35(b)所示,四个悬空的平台都处于画面的左侧,支持游戏主角连续跳跃。在图 1-35(c)中,左侧与右侧的藤蔓在纵向上能够衔接,但其横向距离相差甚远,导致游戏主角无法连续攀爬;而当体验者将三维空间旋转为如图 1-35(d)所示后,两个区域的藤蔓在纵向上连成了一条线,游戏主角便能够自下而上地连续攀爬。《菲斯》的空间谜题诠释了"横看成岭侧成峰,远近高低各不同"这一哲理,促使体验者打破常规的问题审视方式,通过不断调整观察事物的角度,寻找潜在的解决方案。

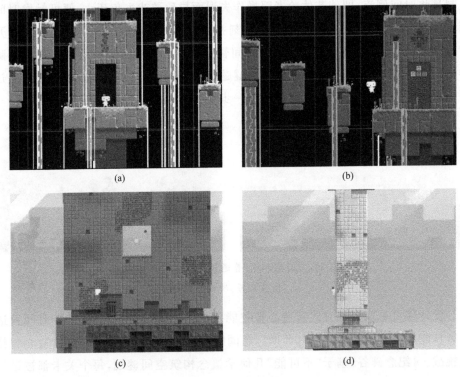

图 1-35 《菲斯》的两个谜题

(图片来源:游戏截图)

《超阈限空间》基于透视原理创造空间谜题。在探索游戏空间的过程中,该游戏要求体验者不断调整观察物体的视角,从而创造新的物体或改变物体的体积。以图 1-36 为例,贴在墙壁、柱子和推车上的三种图案在乍看之下毫无关联,见图 1-36(a),而当体验者调整视角后,便可发现这三种图案能够拼接成一个立体骰子,见图 1-36(b),而后该骰子将落地成为实际可交互的物体,见图 1-36(c)。如此,体验者通过调整观看这些图案的视角,创造了全新的可交互物体。此外,倘若体验者期望将一个体积较小的物体变大,便可将其置于房间的上空,当体验者靠近该物体时,该物体将会根据"近大远小"的透视原理而变大;反之,该物体的体积将缩小。

因此，游戏中的任何一个空间与物体都可能隐藏着解谜的线索，体验者将在解谜过程中培养独特的视觉思维方式，在积极思考与试错过程中设计超越常规认知方式的问题解决策略。《纪念碑谷》《菲斯》《超阈限空间》这三款游戏都创建了独特的空间谜题，对体验者的视觉思维与空间智能提出了极具创意的心智技能挑战。

(a)

(b)

(c)

图 1-36 《超阈限空间》中的骰子

(图片来源：游戏截图)

将不同类型的挑战相结合，设计师能够创造出更为丰富的游戏体验。部分游戏将动作技能挑战与心智技能挑战进行结合。例如，《地狱边境》的谜题既要求体验者具有快捷的反应速度与娴熟的操作技巧，又要求体验者具备灵活而富有创意的问题解决思路，如图 1-37 所示。部分游戏将时间压力挑战与动作技能挑战或心智技能挑战进行结合，要求体验者在有限的时间内击败敌人或解开谜题。例如，《鬼泣》系列游戏经常向体验者提出限时任务，要求体验者在规定时间内控制游戏主角跨越场景中的障碍物。而《极品飞车》系列游戏的动作技能挑战则让体验者始终处于高强度的时间压力下，在赛车过程中不断与其他车辆进行角逐，从而以更快的速度到达终点。

设计师可基于感官刺激、幻想世界、挑战系统这三大游戏性来源的一种或多种，来设计具体的游戏作品。例如，《迷室》《纪念碑谷》同时将游戏性的来源置于感官刺激与心智技能挑战；《画中世界》亦是如此，该游戏既具备精致美观的画面，又营造了富有创意的谜题；《勇敢的心：伟大战争》则主要将游戏性的来源置于幻想世界与心智技能挑战。此外，还有大量游戏作品同时包含上述三个方面的游戏性来源。例如，《三位一体》系列既呈现了精美逼真的游戏场景与动听的背景音乐（感官刺激），又具备多样化的角色设计与奇幻的叙事内容（幻想世界），游戏任务既考验体验者的反应速度与角色操控的熟练程度（动作技能挑战），又要求体验者敏锐地洞察场景中不同物品的关联进而制定解谜策略(心智技能挑战)。《汪达与巨像》同样具备感官刺激、幻想世界与挑战系统这三方面的游戏性来源。在感官刺激方面,该游戏展现了广袤无垠的开放空间、巨大而庄严的石像、逼真的光影效果。恢宏悠扬的背景音乐、马儿奔跑的脚步声及呼啸的风声,使游戏声音效果丰富立体而具有真实感。在幻想世界方面,主角汪达为了唤醒作为祭品而失去灵魂的少女MONO,需要独自一人在漫无边际的开放世界中战胜十六座巨大的石像。独特的角色设计以及谜团重重的故事都为游戏增添了神秘色彩。在心智技能挑战方面,十六座石像各自具有不同的攻击逻辑与致命弱点,这使得击败每一座石像都将成为一个特殊的谜题,体验者需要细心观察并充分思考,根据每座石像的攻击逻辑与致命弱点制定针对性的对战策略,如图 1-38 所示。这个过程对体验者的分析能力、推理能力与创造性问题解决能力都进行了考验。在动作技能挑战方面,体验者需要在石像的身体上攀爬并对其弱点部位进行有效攻击。汪达被运动的石像甩下,或者无法在准确的时机进行攻击,或者因操作失误被石像击败的事件屡屡发生。该游戏对体验者的操控技能提出了极高的要求。

图 1-37 《地狱边境》游戏谜题

(图片来源:Steam 平台的游戏宣传图片)

虽然大量的游戏作品同时具备多个方面的游戏性来源,但设计师需要根据游戏的目标群体,界定其最为核心的游戏性来源,以凸显游戏的主要特征。例如:《极品飞车》系列既具备炫目的感官刺激,也包含叙事内容,但其最具吸引力的部分是动作技能挑战,因此该系列游戏通常被界定为动作类游戏;《纪念碑谷》系列虽然也具有叙事内容,但相较于此,其更为重要的游戏性来源是由空间谜题构成的心智技能挑战,因而该游戏系列被归为解谜类游戏;《勇敢的心:伟大战争》虽然包含大量谜题,但相较于心智技能挑战,其角色设计与叙事内容更令体验者印象深刻,因此该游戏通常被界定为角色扮演类游戏。《去月球》亦是如此,该游戏同样包含大量谜题,并且要求体验者在较大范围的游戏空间中进行探索。然而,该游戏的角色设计与叙事内容是最能够打动体验者的部分,因此《去月球》被人们界定为角色扮演类游戏,而非解谜类游戏或探索类游戏。《塞尔达传说》系列在感官刺激、幻想世界与挑战系统三个方面都营造了较强的游戏性:第一,游戏呈现了精细入微的美术风格;第二,游戏塑造了任天堂明星角色林克,并讲述了一系列精彩的冒险故事;第三,游戏既营造了高强度的动作技能挑战,又要求体验者解开一系列有趣而精巧的谜题。不过,《塞尔达传说》系列虽然具备规模庞大的游戏结构,但其最为核心的游戏性来源是十分突出的——开放世界探索,这使得游戏既能够吸引多种不同类型的体验者群体,又能够对其主要的目标群体提供良好的服务。

图 1-38 《汪达与巨像》

(图片来源:E3 展会上 Sony 发布的游戏宣传视频)

第 2 章　数字游戏感官刺激设计

在游戏性的三大主要来源中,感官刺激是体验者进入游戏时最先接收的信息。根据"机制-动态-美学"(Mechanics-Dynamics-Aesthetics,MDA)游戏设计理论[①]:"机制"是一款游戏的内核,处于游戏的最深层,决定了游戏的运行模式与游戏性的生成机理;"动态"是体验者与游戏元素交互过程中生成的事件,处于游戏的中间层;而感官刺激与幻想世界这两部分游戏性的来源都属于"美学"的范畴,"美学"处于游戏的最表层,能够对体验者的情感状态产生直接影响。丰富的感官刺激能够为体验者创造一个生动的虚拟世界,渲染虚拟情境的氛围,唤起体验者的某种情绪。通过精美的游戏画面、层次丰富的音效与抑扬顿挫的背景音乐,游戏能够引起体验者心灵深处的共鸣,让体验者仿佛与游戏主角融为一体,置身于游戏世界之中。不仅如此,在体验者与游戏互动的过程中,游戏需要不断通过感官刺激对体验者进行反馈。因此,感官刺激是与幻想世界、挑战系统共同创造游戏综合体验必不可少的一环。

本章对游戏感官刺激中较为常见的视觉刺激与听觉刺激进行探讨。视觉刺激包括游戏色彩设计与游戏摄像机控制两个方面:在游戏色彩设计方面,将对红色、粉色、绿色、黄色、白色、黑色、蓝色与紫色这八种常见颜色在游戏中的作用进行分析;在游戏摄像机控制方面,将对固定镜头、跟镜头、推镜头、拉镜头、摇镜头、移镜头、慢镜头、不同运动镜头的组合在游戏中的作用进行分析。听觉刺激则包括交互性声音与非交互性声音两个方面,将结合节奏、音高、响度、旋律分析交互性声音的类型。本章将帮助读者掌握游戏视听刺激设计的基本原理。

---

① HUNICKE R, LEBLANC M, ZUBEK R. MDA: A Formal Approach to Game Design and Game Research[C]// Proceedings of the AAAI Workshop on Challenges in Game AI, 2004:1722-1727.

2.1 游戏视觉刺激设计

2.1.1 游戏色彩设计

视觉刺激涵盖色彩、光照、对比度、纹理、形状轮廓等多种要素,它通过视觉感知系统,引发人们产生某种情绪。其中,不同的色彩通常具备不同的象征与含义,也能够激发人们的不同情绪。例如:《塞尔达传说:旷野之息》中绿色的草地与蓝色的湖泊可以营造出宁静而舒适的氛围,如图 2-1(a)所示;而《生化危机》系列则通过沉重的黑色与刺眼的鲜红色让体验者感到紧张、压抑和恐怖,如图 2-1(b)所示。除了游戏作品,本节还将辅以电影、动画进行说明。

(a)   (b)

图 2-1 《塞尔达传说:旷野之息》与《生化危机 7:恶灵古堡》

(图片来源:Nintendo 发布的游戏宣传视频、Steam 平台的游戏宣传图片)

1. 红色

在众多的色彩当中,红色是使用场景较广、较具复杂性的色彩之一。红色通常代表勇气与斗志,许多国家的国旗都使用红色来象征革命。在中国,红色还象征吉祥、喜庆。由于血液的颜色是红色的,因此红色还暗含暴力、杀戮与死亡的意思。此外,红色是嘴唇的颜色,当人们害羞时,脸颊和耳根都会泛起红色,因此红色也暗示着诱惑和欲望。红色还是禁忌的象征,如红灯在交通信号灯中代表禁止通行。

在电影《红高粱》中,红色是贯穿整部影片的色彩。电影在"迎亲""野合""闹事""出酒""踩高粱地""复仇"等多个剧情的关键节点均采用了红色作为主旋律,如图 2-2 所示。红色在这部电影中也具有多重含义。在迎亲片段,女主角九儿穿着红色的衣裤、红色的鞋子,披着鲜红的盖头。花轿内的拍摄镜头如同叠加了红色的滤镜一般,连九儿的脸颊都映衬着红色,此时的红色是喜庆的象征。而花轿外,年轻力壮的男子欢快地行走在黄土地上,红轿子成为始终吸引观众眼球的美的焦点。此外,这部影片的红色还象征着顽强的生命、狂野与自由、大爱大恨。在十八里坡这一生存条件极为恶劣的环境下,生活着一群健康而快乐的年轻人,他们放荡不羁、自由自在。在遭遇敌军的侵犯时,他们用有限的力量与全副武装的日军斗争。影片结尾处,在高粱地里伏击日本汽车队的人们与敌人同归于尽,此时的太阳是血红的、高粱地是血红的、天空是血红的,整个影像空间都沉浸在刺眼的红色中,这种红色是对生命的礼赞。

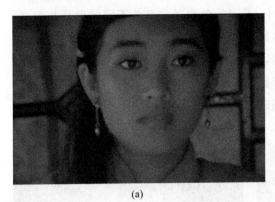 

(a)　　　　　　　　　　　　　　　　(b)

图 2-2　电影《红高粱》中的迎亲片段和结尾

(图片来源:电影截图)

设计师可采用红色诠释杀戮、暴力、愤怒的主题。例如,动画电影《超能陆战队》中的机器人大白原本被编程为不能伤害人类,且它眼睛是黑色的。而当男主角小宏将代表友好的芯片从大白身体中取出后,大白的双眼立刻变为红色并进入"杀戮"模式。动画电影《功夫熊猫 2》在两种不同类型的场景中有着鲜明的色彩对比:当主角阿宝和师父在打太极拳的过程中获得"内心的平静"时,电影采用了代表自然、和谐与宁静的绿色作为场景的主色调,如图 2-3(a)所示;而在展现反派角色沈王爷的兵工厂以及其与阿宝的对战过程时,电影则使用了暗红色,从而营造出紧张而危险的气氛,如图 2-3(b)所示。这种色彩的运用不仅增强了影片的视觉效果,还能帮助观众更直观地感受到场景的氛围变化,从而更好地理解情节的发展和角色的心理状态。

电影《爱丽丝梦游仙境》中,红皇后的头发、裙子、宫殿的柱子和地毯都是红色的,她的仆人也身着红色的衣服,如图 2-4(a)所示,这种颜色非常适合红皇后的口头禅——"砍下他的脑袋",暗示了红皇后"嗜杀"的性格特点。而白皇后披着银色的卷发,身着洁白的长裙,她的宫殿也由高贵优雅的白色装点,体现了白皇后"纯洁无瑕"的性格特点,如图 2-4(b)所示。不过,红色与白色只展现了两位皇后的表面特征。看似残忍的红皇后内心深处实则是正直、宽容、温柔而脆弱的,而看似善良的白皇后却具有伪善和阴险的一面。

(a)   (b)

图 2-3　动画电影《功夫熊猫 2》的绿色场景与红色场景

(图片来源:电影截图)

(a)   (b)

图 2-4　电影《爱丽丝梦游仙境》中的红皇后与白皇后

(图片来源:电影截图)

动作冒险游戏《爱丽丝:疯狂回归》通过大量红色的游戏场景向体验者传达危险的信号,激发人们产生紧张、焦虑、恐惧与愤怒的情绪,如图 2-5(a)所示。游戏主角精神病患者爱丽丝的使命是寻找家人遇难的真相。体验者通过操控爱丽丝在"真实世界"与她幻想的奇幻世界中穿梭,并与各种古怪的敌人战斗。《鬼泣 5》在众多场景也采用了红色以凸显游戏紧张而激烈的战斗主题,如图 2-5(b)所示。《勇敢的心:伟大战争》中,当主角埃米尔在战场上冲锋,他的战友不幸中弹身亡,埃米尔自己也不幸受伤时,游戏的整个画面也采用了红色,如图 2-5(c)所示。

"月亮啊……被染红的月亮啊……当你的光辉照耀这片大地之时……怪物们的灵魂将再次获得肉体得以复活……宛如远古大战一般……再次席卷这片大

地……"这段独白来自《塞尔达传说：王国之泪》的"血月亮"动画影像。该游戏的设定之一是反派角色加侬多夫带来的"灾厄"能够让死去的灵魂复活，且每当血月亮出现时，游戏世界中所有曾经被消灭的怪物将再次出现。该游戏通过红色预示一场新的浩劫即将来临，如图2-6所示。

(a)   (b)   (c)

图2-5 《爱丽丝：疯狂回归》《鬼泣5》《勇敢的心：伟大战争》

（图片来源：游戏截图）

图2-6 《塞尔达传说：王国之泪》的"血月亮"

（图片来源：游戏截图）

  红色虽然能够代表杀戮与血腥，但它同样也是生命、希望的象征。经典电影《辛德勒的名单》中，除了黑白基调，红色是使用最多的一种颜色。在电影的初始片段，一个犹太家庭在庆祝节日时点燃蜡烛，随后烛光渐渐消失，黑暗随之而来。红色的烛光代表生命的希望，而黑暗则是死亡与绝望的象征。当犹太人不断被屠杀，整座城市尸横遍野、哀嚎不断，沦为人间地狱时，一个穿着红色衣服的小女孩带着天真无邪的笑容穿梭在人群中，对身边的危险一无所知，如图2-7所示，此处的红色是鲜活生命的象征，如同那个黑暗世界中唯一的希望。红色不仅能够唤起体验者的情绪，还具有引导体验者视线的作用。电影中位于高地俯瞰整座城市的辛德勒被红衣女孩吸引，其视线一直跟随着小女孩。与引导主角辛德勒一样，红衣女孩在该黑白影片中也同样引导着观众，使人们的视线始终聚焦在小女孩身上。

图 2-7 电影《辛德勒的名单》中的红衣女孩

（图片来源：电影截图）

2. 粉色

粉色能够体现少女的天真无邪与清纯可爱，这种颜色甚至被人们称为"少女色"。几乎每个女孩在童年时期都曾喜爱粉色的 Hello Kitty 或芭比娃娃，甚至在她们长大后，还会在自己的大学宿舍里贴上粉色的墙纸，铺上粉色的桌布，并热衷于购买粉色的毛绒玩具和日用品。2023 年上映的电影《芭比》是粉色作为少女色的典型应用，如图 2-8(a) 所示。该电影中的粉色既展现了少女的天真无邪，又呈现了一个独立于现实世界之外的芭比世界的浪漫与时尚。而一些影片则反其道而行之，让男性角色穿上粉色的衣服，使用粉色的道具。例如，电影《死侍 2》为公益项目 Omaze 推出的抗癌宣传片中，死侍身着粉色的制服，拿着粉色的独角兽毛绒玩具，如图 2-8(b) 所示。不过，该宣传片之所以使用粉色，并不仅仅是为了营造幽默的氛围，更是因为"粉红丝带"是全球乳腺癌防治活动的公认标识。

(a)　　　　　　　　　　　　　(b)

图 2-8 《芭比》与《死侍 2》为 Omaze 项目推出的抗癌宣传片

（图片来源：电影预告片、抗癌宣传片）

创意设计

很多女性体验者会将对粉色的喜好带入游戏。例如：部分体验者在《集合啦！动物森友会》中会创建粉色的小屋供游戏主角居住，如图 2-9(a)所示；也有体验者在《模拟人生：畅玩版》中会特意将虚拟市民的别墅装点成粉色，如图 2-9(b)所示。

(a)　　　　　　　　　　　　　　　(b)

图 2-9　《集合啦！动物森友会》和《模拟人生：畅玩版》
（图片来源：游戏截图）

目标群体为年轻女性的游戏则更加青睐于使用粉色。例如：换装养成类游戏《奇迹暖暖》中众多的游戏场景及服装设计都采用了粉色，如图 2-10(a)和图 2-10(b)所示；恋爱经营游戏《恋与制作人》中的女主角的房间也使用了粉色作为主色调，如图 2-10(c)和图 2-10(d)所示。

(a)　　　　　　(b)　　　　　　(c)　　　　　　(d)

图 2-10　《奇迹暖暖》和《恋与制作人》
（图片来源：游戏截图）

即使游戏的目标群体并未聚焦于女性，设计师也可采用粉色来设计游戏的场景与角色。例如，《纪念碑谷》系列在多个关卡都将建筑物设计为粉色，使游戏营造出唯美而梦幻的气息，如图 2-11 所示。

此外，粉色还可代表纯洁无瑕的爱情。在迪士尼乐园中，很多城堡的颜色便采用的粉色，因为粉色会令人想起童话故事中王子与公主的美好爱情，也因此不少人会将自己的婚礼现场装扮为粉色，以体现他们对美好婚姻生活的憧憬。

图 2-11 《纪念碑谷》系列的游戏空间

（图片来源：游戏截图）

3. 绿色

绿色是大自然的色彩，它代表蓬勃向上的生命力，是青春与健康、安全与希望的象征。如《功夫熊猫 2》就在众多场景中使用了绿色，以体现动画角色平和的心境。不少游戏也使用绿色作为主色调，向体验者传达积极向上、和谐美好的氛围。例如，《我的世界》的游戏空间充满了郁郁葱葱的树木与草丛，可以使体验者沉浸在美丽的自然环境中，如图 2-12(a)所示。一些以环保为主题的科普游戏更是如此。在游戏《伊始之地》中，体验者需要将荒无生机、寂然无声的土地转化为充满生气、繁荣昌盛的生态环境，如图 2-12(b)所示，即体验者需要将失去活力的土地转变为富饶的绿地，净化被垃圾污染的海域，培育广袤的森林，为动物打造理想幸福的家园。随着体验者的不断努力，游戏中黄色、黑色的部分逐渐减少，而代表健康与希望的绿色部分则不断增加。

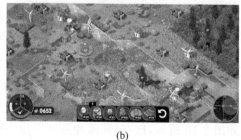

(a) (b)

图 2-12 《我的世界》与《伊始之地》

（图片来源：游戏截图）

数字游戏 创意设计

在游戏场景设计中,绿色也常常用来表示毒药和毒气。例如,《哈利波特:魔法觉醒》赫敏配置含有毒药的卡片,毒药瓶的设计便采用了绿色,如图 2-13(a) 所示。同时,该游戏的"禁林"场景也笼罩在深绿色的雾气中,如图 2-13(b) 所示,此时的绿色代表的是与青春、健康、安全截然相反的危险气息。

(a)　　　　　　　　　　　　　　　(b)

图 2-13　《哈利波特:魔法觉醒》中赫敏配置毒药的卡片与禁林场景
(图片来源:游戏截图)

《勇敢的心:伟大战争》中毒气关卡也使用了绿色,绿色的烟雾在很大程度上限制了体验者的视线,使体验者无法完整地观看整个解谜空间,有效地强化了游戏的挑战难度。此外,大量绿色的烟雾也可以营造出危机四伏、死神随时可能降临的恐怖氛围,如图 2-14 所示。

图 2-14　《勇敢的心:伟大战争》的毒气关卡
(图片来源:游戏截图)

除了毒药、毒气,绿色还是怪物形象的配色。例如,动画电影《怪物史瑞克》中的史瑞克就是绿色的。同时,哥布林等一些经典的怪物形象也通常被设计为绿色,如图 2-15 所示,这在《部落冲突》《三位一体》等游戏中都有所体现。一些美术风格逼真的恐怖求生类游戏也通常使用绿色作为游戏空间与游戏角色的配色。例如,在末日求生游戏《僵尸末日》中,森林、大雾以及毒气都是绿色的。

图 2-15 《部落冲突》中的哥布林与隐秘哥布林

(图片来源:游戏截图)

4. 黄色

黄色是明快的颜色。在自然环境中,太阳是黄色的,它令人感到健康阳光、温暖明媚;刚出生的小鸡、小鸭的毛色,金毛犬、柯基犬等多个犬类品种的颜色都是黄色,它让人感到天真与可爱;黄色是丰收的颜色,每到秋天,一片片金色的麦穗和玉米给人们带来无限的希望,而金黄色的银杏叶同样点缀出一道道美丽的风景。在人文环境中,黄色是权力的象征,是帝王服饰及住处的颜色,例如,故宫主要由黄色与红色构成;黄色还是财富的象征,它是黄金的颜色,例如,俄国彼得大帝夏宫的墙壁和天花板都是金黄色的。此外,黄色与黑色的搭配具有警示作用。例如:蜜蜂在黄色的绒毛上布满了黑色的条纹,能够对其他生物起到警告作用;高速公路上的路牌也通常是在黄色背景上搭配黑色的标志。

黄色能够代表幸福与希望。电影《幸福的黄手帕》中,男主角岛勇作犯罪入狱,他和妻子光枝曾约定:倘若光枝还在等他,那么就在家门口的旗杆上挂上一排黄色的手帕;倘若岛勇作出狱后没有看到一排黄色的手帕,那么他将永远离开。当岛勇作出狱后怀着忐忑的心情回到家时,远远地看到了迎风招展的黄手帕,夫妻二人得以团聚。

设计师可通过黄色营造温馨的游戏氛围。《风之旅人》包含沙漠、水底、雪地、云端、山巅等多种类型的游戏空间。在沙漠场景中,整个游戏空间由黄色填充,如图 2-16 所示。该场景中黄色的沙漠虽然能够激发体验者的渺小感与无助感,但同样也让人们感到温暖与舒适。特别是当游戏主角在长廊中快速滑行时,阳光洒在沙子上泛起金色的耀眼光芒可以使体验者不由得忘却旅途的孤独与辛苦,获得一种安宁、愉悦、自由而爽快的游戏体验。

图 2-16 《风之旅人》沙漠场景

(图片来源:Steam 平台的游戏宣传图片)

将黄色应用在游戏室内场景的设计中,同样能够营造温暖舒心的空间氛围。智能移动平台益智游戏 Woodo 支持体验者将不同的木块进行拼接和组装,在游戏场景中创建各式各样的积木玩具。该游戏中几乎所有场景的主色调都是黄色,这种黄色是对木质材料的模拟,也直接反映了游戏名字中的单词"wood"(木头),如图 2-17 所示。该游戏配合柔和细腻的光影效果,为体验者带来了恬淡的休闲时光。

图 2-17 Woodo 游戏场景

(图片来源:游戏截图)

许多消除类游戏与模拟经营类游戏常常将黄色与红色进行搭配,创造色彩明快的游戏场景,这种色彩组合能够让游戏界面生动有趣而充满活力,且兼顾不同年龄段(尤其符合低龄体验者的审美习惯)、不同性别的体验者群体。智能移动平台消除类游戏 Royal Match（如图 2-18 所示）及其续作 Royal Kingdom 都具备这个特点，相似的色彩设计风格在《梦幻花园》《糖果传奇》等游戏中也有所体现。

图 2-18　Royal Match 中的三个场景

（图片来源：游戏截图）

5. 白色

白色是冰雪的颜色。电影《情书》的开头是一个大雪纷飞的冬天，女主角渡边博子躺在厚厚的积雪上，而后起身，渐行渐远。这个片段的主色调便是白色，烘托出的是安静、冰冷、纯净的氛围。在《风之旅人》中，沙漠场景能够通过黄色带给人们温暖的感觉，而雪地场景则截然相反，其天空、地面、山体皆为白色，游戏主角的红色袍子也会在一段时间后变为白色，如图 2-19 所示。该游戏通过白色营造出寒冷、孤寂的氛围，使体验者感受到环境的严酷与旅途的艰辛。沙漠场景与雪地场景的对比不仅强化了游戏视觉刺激的冲击力，还进一步引起了体验者与身处逆境的游戏角色的情感共鸣。

图 2-19　《风之旅人》的雪地场景

（图片来源：游戏截图）

白色能够带给人们洁净与卫生的主观感受,正如医院的墙面和地面都是白色的,医生和护士也身着白大褂。白色还象征着无穷无尽,中国传统艺术讲究"留白",国画中白色的区域虽然空无一物,却能够激发人们产生无限的遐想。很多极简主义设计师在进行家居设计时也习惯于采用白色的墙面、白色的地板、白色的桌椅、白色的床上用品,以使整个室内空间体现出简约、大方的特点。在每日瑜伽、Keep等健身类APP中,大部分教学视频都是在一个白色的房间中录制的,以让人们感觉教练似乎处在一个无限大的开放空间中。

游戏《未完成的天鹅》在大量场景中都使用白色作为主色调,这种设计在其"序章"关卡尤为突出,如图2-20所示。整个游戏世界在该关卡中最初是一片空白,体验者可朝各个方向泼洒黑色的墨水,通过观察墨水的反应来揭示所有隐藏的环境细节。在该关卡中,白色成为唯一的视觉线索,可以帮助人们明确障碍物的位置与前进的路径。白色使体验者感到游戏空间是无限延伸、没有边界的,也给体验者带来了无尽的遐想,从而激发体验者在游戏空间中进行不断地探索。无限的白色与有限的黑色在视觉刺激上形成了鲜明的对比,营造出了一种神秘的游戏氛围。

图2-20 《未完成的天鹅》"序章"关卡的游戏场景

(图片来源:游戏截图)

在第一人称动作类游戏《镜之边缘》中,体验者扮演跑酷高手Faith,在现代都市的钢铁森林中自由奔跑、跳跃和攀爬。体验者可与敌人近身格斗,或使用枪支等武器进行远程攻击。该游戏将白色作为游戏场景的主色调,这种色彩设计使游戏呈现出干净、简单而优雅的特点,如图2-21所示。设计师并未在游戏空间中放置大量富有特色的标志性建筑,或者设置复杂的GUI来帮助人们明确游戏目标,而是在大面积白色画面的基础上,通过少量的红色、黄色等看似突兀的颜色对游戏主角的跑酷路线进行显性的提示。这使得体验者在跑酷过程中,能够迅速知晓行进的方向,从而确保跑酷体验的连贯与流畅。

图 2-21 《镜之边缘》以白色为基调的游戏场景

（图片来源：游戏截图）

白色是高雅的象征。在埃德蒙·布莱尔·莱顿的画作《册封仪式》中，女王穿着白色的长裙出席册封仪式，此时的白色彰显出了女王的高贵典雅与端庄大方。而观看《茜茜公主》《叶卡捷琳娜二世》等影视剧时便可发现不同国家的女王在加冕仪式上经常身着白色的服装，有的女王会在白裙外加上红色或金黄色的披风，而有的女王（例如，叶卡捷琳娜二世）则从皇冠至衣裙全为白色，如图 2-22(a) 和图 2-22(b) 所示。在电影《指环王》三部曲中，精灵是集高贵、优雅、善良、智慧、勇敢等所有美好品格于一身的角色，精灵女王凯兰崔尔、精灵王瑟兰迪尔、精灵王子莱戈拉斯和精灵公主亚玟也经常身着白色的服装，如图 2-22(c) 和图 2-22(d) 所示。

(a)　　　　　　(b)　　　　　　(c)　　　　　　(d)

图 2-22　电影《茜茜公主》，电视剧《叶卡捷琳娜二世》，电影《指环王》系列中的精灵女王凯兰崔尔与精灵王子莱戈拉斯

（图片来源：电影截图）

在游戏《风之旅人》中，体验者操控的游戏角色最初身着红袍，只有在收集所有的符文后，游戏才会奖励体验者一袭白袍，如图 2-23(a) 所示。同时，游戏的另一角色"亡灵"也一直穿着白色的长袍，如图 2-23(b) 所示。白色在该游戏中能够体现出角色的能力与级别——伟大的亡灵身着白袍，而经验丰富的体验者也将身着白袍，

因此白袍是相较于红袍更为"高级"的服装。

 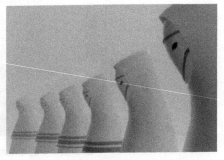

(a) (b)

图 2-23 《风之旅人》中身着白袍的游戏主角与亡灵

(图片来源:游戏截图)

白色能够有效营造出恐怖气氛。诸多恐怖电影与恐怖游戏都经常出现白色雾气笼罩的森林及穿着白色袍子的鬼魂,例如,《寂静岭》系列游戏的表世界是笼罩在白色浓雾下空无一人的废墟,这种场景设计延续至由该游戏系列改编的电影作品中,如图 2-24(a)所示。《辐射 4》新 MOD "轻语岭"也采用了相似的设计模式,如图 2-24(b)所示。该游戏中灰白色的游戏场景使体验者始终沉浸在高度的紧张与不安当中。

(a) (b)

图 2-24 游戏改编电影《寂静岭》与《辐射 4》"轻语岭"MOD

(图片来源:电影截图、游戏截图)

6. 黑色

黑色是夜晚的颜色,它能够给人带来一定程度的压抑感与恐惧感。与白色的纯洁相对,黑色可以代表肮脏与丑陋,如天使是白色的,而魔鬼则是黑色的。黑色能够象征死亡,伸手不见五指的黑暗意味着没有一丝希望的,是彻头彻尾的绝望。黑色还可代表优雅与庄重,例如:在婚礼现场,新郎一般穿着黑色的正装,以体现正式与严肃；而交响乐队在演出现场，指挥与演奏者也一般身着黑色的礼服，以展现优雅的气质与庄重的态度。

无论是真人实拍电影还是动画电影，都有不少设计师通过黑色塑造令人倍感压抑的角色，或者预示危险和死亡。以电影《莫扎特传》为例，影片的色彩十分丰富，但莫扎特的父亲却始终穿着一身黑色的大衣。莫扎特的父亲初次登场时站在楼梯上方，居高临下、张开双臂迎接儿子，如图 2-25（a）所示，他的黑色大衣几乎挡住了背后从小窗中射入的光线。此时镜头采用仰拍视角，展现了父亲在莫扎特心中十足的强大与威严。当莫扎特与父亲参加化装舞会时，父亲仍然选择了一套黑色的礼服，该礼服从帽子、面具到遮住脚踝的长袍全是黑色的。在莫扎特的父亲去世后，这套黑色的礼服在莫扎特心中的阴影也始终无法被抹去。该电影通过黑色塑造了让莫扎特恐惧而敬仰的父亲形象。再以动画电影《僵尸新娘》为例，该影片的故事发生于 19 世纪，青年维克多在婚礼前夜来到森林中进行排练，结果将定情戒指套在了沉睡于地下的僵尸新娘的手指上，被唤醒的僵尸新娘与维克多发生了一段奇幻的故事。这部电影在大量场景中使用黑色来对死亡这一主题进行诠释。在维克多初遇僵尸新娘的片段中，整个森林的色调是沉重的黑色与寒冷的蓝色，枯木上一排排黑色的乌鸦进一步加剧了维克多内心的惶恐与不安，如图 2-25（b）所示，该色调对即将出现的代表死亡的僵尸新娘进行了隐喻。

(a)   (b)

图 2-25 电影《莫扎特传》中莫扎特的父亲与动画电影《僵尸新娘》

（图片来源：电影截图）

动作解谜游戏《地狱边境》同样以死亡为主题，整个游戏空间由黑、白、灰构成，如图 2-26 所示。该游戏充斥着大量的解谜机关，体验者稍有失误便会导致游戏主角惨死。黑色使游戏空间呈现出极简、优雅与大方的风格。同时，由于游戏空间不包含其他色彩，体验者能够轻易地将注意力聚焦于游戏主角与各类可交互的物品上，这在很大程度上降低了人们处理视觉信号的复杂度。

图 2-26 《地狱边境》游戏场景

（图片来源：游戏截图）

　　《地狱边境》的创作团队 Playdead Studios 制作的另一款游戏 Inside 也同样在大量场景中使用了黑色，如图 2-27 所示。Inside 的初始片段是在一个阴森诡异的树林中，男主角需要避开巡逻的敌人，解开一系列谜题，在逃亡与探索的过程中逐渐揭开神秘而阴暗的实验室的秘密。在该游戏中，黑色完美契合了游戏悬疑与恐怖的主题，此时的黑色也象征着未知的危险与生存希望的渺茫，可以营造一个令人压抑而紧张的游戏氛围，使体验者在黑暗的游戏世界中体会男主角的脆弱。此外，黑色的游戏背景使身着红色衣服的男主角十分醒目，促使体验者将注意力聚焦于游戏角色控制与解谜过程中。

图 2-27　Inside 游戏场景

（图片来源：游戏截图）

　　在《黑暗之魂》《血源诅咒》《艾尔登法环》等黑暗幻想风格动作角色扮演类游戏中，设计师也在诸多的游戏角色与游戏场景设计中使用了黑色，如图 2-28 所示。此处的黑色是为了在这些游戏中营造出神秘、压抑和危险的氛围，呈现暗黑奇幻的美学风格，创造紧张而激烈的探索与战斗体验。同时，以黑色为基调的场景能够进一步凸显明亮的游戏物体，使体验者可以更为迅速地锁定开放世界的探索目标。例如，《艾尔登法环》中散发金色光芒的黄金树在黑暗的哥特风格游戏世界中能够有效地协助体验者明确行进目标。

图 2-28 《黑暗之魂》《血源诅咒》《艾尔登法环》

（图片来源：游戏截图）

7. 蓝色

蓝色是天空和海洋的颜色，象征着遥远与永恒。在创造空中或水底等虚拟空间时，使用蓝色将彰显游戏场景的广阔和深邃，使体验者感到游戏空间的神秘与无限，增强体验者的沉浸感与探索欲。蓝色还代表和平与友谊，如联合国旗帜的背景便是蓝色。同时，蓝色能够给人带来冷静、客观、理性之感，如很多国内外学术会议都将蓝色作为宣传海报的背景色，甚至要求参会者将幻灯片的背景也设置为蓝色。

在数字影像的创作过程中，设计师能够通过蓝色营造宁静、平和的氛围，使体验者感到冷静。例如，日本新海诚（Makoto Shinkai）导演在《天气之子》《你的名字》等动画电影中都使用了天蓝色作为主色调，使观众感到平静与祥和。游戏《光·遇》的设计师巧妙地运用了蓝色，并通过不同深度的蓝色来丰富游戏场景的视觉刺激与情感氛围，如图 2-29(a) 和图 2-29(b) 所示。在白天场景中，浅蓝色的天空使体验者感到清新、安宁、开阔以及自由探索的喜悦。而夜晚的深蓝色则创造出一个梦境般的幻想世界，营造出神秘、静谧而富有诗意的氛围。除《光·遇》以外，还有大量游戏作品使用深蓝色来创造夜晚场景。与沉重的黑色不同，深蓝色能够为游戏场景增添浪漫气息。例如，《奥日与黑暗森林》使用深蓝色渲染了一个堕入黑暗但美丽奇幻的森林场景，如图 2-29(c) 和图 2-29(d) 所示。

喜爱迪士尼电影的读者可能已经发现了一个有趣的现象，就是迪士尼电影中的公主们似乎都偏爱蓝色的服装（真人实拍电影与动画电影均是如此），这在白雪公主、灰姑娘、艾莎公主、睡美人等角色中都有所体现，如图 2-30 所示。与 Georgio Armani、Donna Karan、Calvin Klein 等专家共同名列全球时尚 50 大色彩权威名家的 Leatrice Eiseman（莉雅翠丝·艾斯曼），曾在接受采访时提道："蓝色是一种让人倍感期待，充满希望的色彩，凝视着它时就像仰望着蓝天一般，给人一种可信赖、依靠的感受。即便有时会有乌云罩顶,但我们知道蓝天总是在那里。"[1]事实上,在粉红色成为"少女色"之前,年轻女性中最流行的服装配色便是天蓝色。

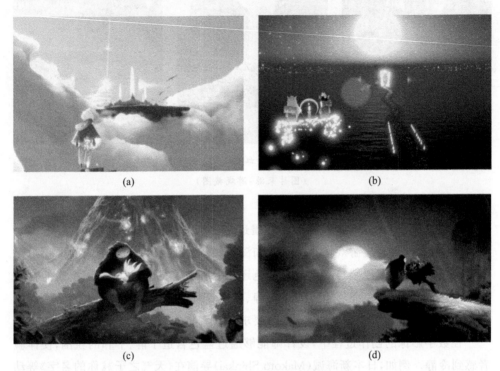

图 2-29 《光·遇》与《奥日与黑暗森林》
(图片来源:游戏截图)

《塞尔达传说:旷野之息》的主角们即将出征迎战反派灾厄加侬时,塞尔达公主亲手为林克、米法、达尔克尔、力巴尔和乌尔波扎制作的衣服也都是蓝色的,如图 2-31 所示,此时的蓝色让人感到希望与可信赖。此外,在该游戏的叙事影像中,国王还说道:"蓝色,是象征我们王家的正统颜色。"

作为一种冷色调,蓝色能够为体验者带来寒冷之感。例如,在电影《泰坦尼克号》男女主角落入海水的片段中,整个电影画面都沉浸在深蓝色之中,这种色彩似乎能够将海水刺骨的冷传递给观众。在动画电影《冰雪奇缘》中,为了塑造女主角冰雪魔法的技能以及呈现她高贵冷艳的性格特点,设计师给艾莎搭配了蓝色的裙子,并使用蓝色与青色作为她双眸的颜色,如图 2-32(a)所示。艾莎利用魔法创建的整个冰雪

---

[1] CALIN V. The Significance of Blue Dresses in Beauty and the Beast and Other Female-Centric Films [EB/OL]. (2017-03-03)[2024-06-08]. https://www.allure.com/story/beauty-and-the-beast-blue-dresses-in-female-centric-films.

宫殿也沉浸在一片蓝色之中,如图 2-32(b)所示。而与艾莎不同,该电影的另一个角色安娜热情、大方,因此,设计师采用了橙色(暖色调)作为她头发的配色,并与艾莎形成鲜明对比。

图 2-30　迪士尼动画电影中的白雪公主、灰姑娘、艾莎公主、睡美人

(图片来源:电影截图)

图 2-31　《塞尔达传说:旷野之息》中主角们的服装

(图片来源:游戏截图)

(a) (b)

图 2-32 动画电影《冰雪奇缘》中的艾莎与冰雪宫殿

(图片来源:电影截图)

蓝色也可用来表现忧伤的情绪。动画电影《头脑特工队》针对快乐、愤怒、惊吓、厌恶和忧伤这五种情绪,分别使用了黄色、红色、紫色、绿色和蓝色来塑造对应的角色。如同本书所述,红色可以代表暴力、血腥、杀戮,因此该动画电影使用了红色代表愤怒。黄色可以代表轻快、明亮、自信、阳光,因此该动画电影便采用了浅黄色来表现快乐情绪。绿色虽然是大自然的色彩,但它同样是毒气、毒药的颜色,并且绿色也是丧尸、变异生物的配色,因此,该动画电影采用绿色来表现厌恶情绪。而代表忧伤情绪的角色"忧忧"则从头发、瞳孔、皮肤都是蓝色的,如图 2-33(a)所示。该动画电影中有一个片段是女主角带着忧伤的情绪回忆美好的童年,此时,儿童时期与父母一起玩耍的快乐记忆全都被渲染为蓝色,如图 2-33(b)所示。

(a) (b)

图 2-33 动画电影《头脑特工队》中的角色"忧忧"与带着忧伤情绪回忆的童年

(图片来源:电影截图)

因为蓝色能为体验者带来冷静、理性之感,所以常被设计师用来呈现科幻主题的游戏场景,如图 2-34 所示。动作角色扮演类游戏《质量效应:仙女座》讲述了在

2185 年的人类建造方舟向仙女座进发以寻找宜居星球的故事,该游戏中采用了蓝色来渲染宇宙环境。第一人称射击游戏《光环:无限》也在大量场景中使用蓝色作为主色调,以诠释游戏的未来主义与高科技氛围。即时战略游戏《星际争霸Ⅱ:虚空之遗》中,设计师使用蓝色来表现外星科技与未来战斗场景。多人在线第一人称射击游戏《命运 2》的游戏主角是一名守护者,在太阳系中保护人类圣城以不被邪恶的敌人侵害,该游戏同样采用了蓝色来表现宇宙环境与战斗场景。

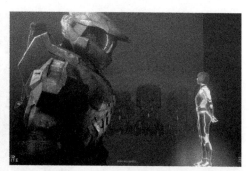

图 2-34 《质量效应:仙女座》《光环:无限》《星际争霸Ⅱ:虚空之遗》《命运 2》
(图片来源:Steam 平台的游戏宣传图片、游戏截图)

蓝色还能够给人们带来恐惧与不安的感受。《最后生还者》的开场片段中,当小女孩 Sarah 被电话铃声吵醒,并在房间中寻找父亲时,整个游戏空间都被设计成深蓝色。一方面,这种色调与游戏场景中夜晚的氛围相匹配;另一方面,蓝色可以激发体验者产生紧张与焦虑的情绪,为游戏接下来讲述大量人类因感染病毒而成为丧尸的故事埋下伏笔。

8. 紫色

在西方,紫色是王室贵族的专用配色,象征着高贵优雅、高不可攀。例如:电影《伊丽莎白 2:黄金时代》中的伊丽莎白女王常常身着深紫色的长裙;英国王室成员中,伊丽莎白女王二世、戴安娜王妃、凯特王妃等人都曾经身着紫色的服装出席公众活动;在伊丽莎白女王二世登基 70 周年的庆典上,伦敦街头的大巴车也被装饰成紫色,不仅如此,庆典当天开通的伊丽莎白女王专列地铁的外壳及车内的座椅都被设计为紫色。

在游戏中,设计师同样可采用紫色来塑造具有血统高贵或等级较高的角色。例如:《魔兽世界》中血骑士教团的首领女伯爵莉亚德琳在部分游戏场景便身着紫色装备,如图 2-35 所示;*Royal Match* 中国王的角色形象与众多宫殿场景也采用了紫色。此外,《部落冲突》《皇室战争》等游戏也采用了紫色作为高级别联赛勋章的颜色。

图 2-35 《魔兽世界》中的女伯爵莉亚德琳
(图片来源:游戏截图)

紫色还可营造奇幻与浪漫的游戏氛围。这种色彩设计手法在《纪念碑谷 2》的部分关卡中有所体现,如图 2-36 所示。此外,《三位一体 4:梦魇王子》在诸多游戏场景中使用了深紫色与蓝色的组合,并且增添了大量的点光源,使游戏场景生动而富有层次感,进一步强化了梦幻与神秘的氛围,如图 2-37 所示。

紫色除表现高贵、神秘、梦幻以外,还可渲染奢侈、诱惑、色情的氛围。例如,游戏《赛博朋克 2077》创造了一个科技高度发达但社会动荡不安的未来世界。设计师在该游戏的夜之城中设计了随处可见的紫色霓虹灯以增强游戏的诡秘气息,使体验者仿佛身处一个充满奇异科技的未知世界中,如图 2-38 所示。现实生活中的夜总会、酒吧、KTV 等娱乐场所通常也会使用紫色,因为紫色能够在一定程度上表现奢靡与颓废。《赛博朋克 2077》场景中的紫色也体现了财富与权力极端失衡的夜之城中,人们普遍病态的心理状况。此外,紫色的光线还能够体现出环境的诱惑与危险,尤其是涉及非法活动的地下交易场所,它能够提示体验者这些场景虽然充满吸引力,但同时也暗藏危机。

 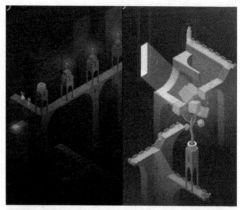

图 2-36 《纪念碑谷 2》中深紫色的游戏场景

(图片来源:游戏截图)

图 2-37 《三位一体 4:梦魇王子》游戏场景

(图片来源:Steam 平台的游戏宣传图片)

图 2-38 《赛博朋克 2077》游戏场景

(图片来源:Steam 平台的游戏宣传图片)

不同的颜色能够产生不同的视觉刺激,大部分游戏作品通常不会自始至终只应用一类颜色,而是会在不同场景中采用不同的色调,以打造丰富的色彩效果。游戏《艾尔登法环》通过蓝色呈现其夜空的美丽与深邃,通过红色展现战斗场景的紧张与刺激,通过黄色展现黄金树的宏伟与神圣,通过灰色展现哥特式建筑的庄严与神秘,如图 2-39 所示。

图 2-39 《艾尔登法环》对不同色彩的使用

(图片来源:游戏截图、Steam 平台的游戏宣传图片)

音乐游戏《跳舞的线》为不同关卡设定了不同的环境主题,并在不同主题的关卡中使用了截然不同的颜色:在"寒冬"关卡中使用白色作为主色调,使游戏空间充满纯洁、干净、寒冷的气息;在"沙漠"关卡,整个游戏空间以温暖而热情洋溢的黄色为主色调;而在"地球"关卡,绿色的大地上点缀着红色与蓝色的花朵,展现出一派美丽祥和、生机勃勃的景象。设计师在不同游戏场景的色彩设计不仅契合了对应关卡的主题,还营造了色彩斑斓的视觉效果,如图 2-40 所示。

《三位一体》游戏系列亦是如此,其第三代作品《三位一体 3:权力圣器》曾经被 Rock Paper Shotgun 评为"Some of the most beautiful scenes in gaming."(展现了一些游戏中最美的场景)。该游戏的部分场景使用红色来激发体验者的紧张与亢奋情绪,部分场景则使用蓝色来创造宁静、平和的视觉效果,有的场景使用紫色来营造优雅而神秘的氛围,还有的场景则通过绿色来展现大自然的壮美与和谐,如

图 2-41 所示。

图 2-40 《跳舞的线》对不同色彩的应用

(图片来源:游戏截图)

图 2-41 《三位一体 3》对不同色彩的应用

(图片来源:Steam 平台的游戏宣传视频)

2.1.2 游戏摄像机控制

摄像机是体验者观看游戏世界的眼睛。游戏摄像机既应具备良好的控制性,以精准地捕捉和传达游戏中的关键信息,又需服务于美学效果,以增强游戏场景的美感,强化人们的沉浸体验。

常见的镜头运动方式包括推、拉、摇、移、跟。在游戏中,这些镜头的运动会以三种形式出现。第一,体验者主动控制摄像机的运动。例如,在第三人称视角的游戏中,当体验者操控游戏主角探索三维场景时,摄像机始终跟随在游戏主角身后,体验者能够通过鼠标滚轮调节摄像机的机位与视角,实现镜头的推拉效果。第二,在游戏关卡的某些特定区域,体验者可能会暂时失去对摄像机的控制,此时的摄像机会按照设计师提前设计的方式运动,以展示游戏空间的关键信息,或表现游戏主角的特殊身心状态。第三,部分游戏会通过预制影像来讲述剧情内容,而预制影像则会包含多种不同的镜头运动方式。

接下来,本节将针对常见的镜头运动方式的作用进行分析,帮助读者设计平滑的摄像机控制机制,营造良好的游戏视觉体验。

1. 固定镜头

固定镜头是指摄像机在拍摄过程中始终保持一个固定的机位和视角。相较于推、拉、摇、移、跟等运动镜头,固定镜头的使用历史最长且应用最为广泛。固定镜头在模拟类游戏、策略类游戏、解谜类游戏和角色扮演类游戏中较为常见,它能够提供稳定的画面,帮助体验者更好地专注于游戏场景中各类可交互对象。同时,游戏还可通过控制镜头的机位和视角,以固定镜头的方式呈现独特的视觉效果,渲染特殊的情感氛围。

早期的数字游戏由于受到计算机图形图像技术的限制,固定镜头是出现最多的(甚至是唯一的)镜头类型。在此类游戏中,固定镜头的视角涵盖了游戏场景中一切需要被体验者关注的元素,体验者无须操控摄像机,能够将全部精力集中于与游戏场景元素的互动。而在三维游戏诞生后,人们能在复杂的虚拟空间中进行探索,此时摄像机的跟随与控制便显得格外重要,因为这决定了体验者能否自由观看三维空间的任意一个角落。随着游戏交互叙事设计与研究的不断发展,游戏除了实时交互过程,还能够通过 CG 影像来呈现剧情内容。如何将 CG 影像中由设计师精心制作的预制镜头与体验者自由操控的镜头完美融合是一项设计难点,设计师需要考虑如何使游戏摄像机产生电影视觉效果的同时适应体验者的实时操作,营造既具沉浸感又流畅的视觉体验。不过,虽然电影领域的运动镜头被大量引用至数字游戏中,但固定镜头并未退出游戏设计的舞台,它仍然是不可或缺的一种镜头类型。

固定镜头在策略类游戏中具有广泛的应用,此类镜头能够帮助体验者对游戏进行全局的观察与掌控,便于体验者根据游戏情境随时调整战略布局。例如,几乎所有的卡牌对战类游戏都采用固定镜头,使体验者将全部精力集中于当前的战况上,并思考对战策略。《炉石传说》《三国杀》《部落冲突:皇室争霸》《哈利波特:魔法觉醒》等游戏都具有这个特点。其中,《哈利波特:魔法觉醒》并非纯粹的卡牌对战类游戏,它还包含禁林、魁地奇、舞会等多种游戏场景,不同的游戏场景采用了不同类型的镜头运动方式。例如:当体验者操控游戏主角在魔法学院或禁林中探索时,游戏采用了第三人称跟随摄像机;而当体验者在与他人进行卡牌对战时,游戏则采用了侧视角的固定镜头,确保体验者能够纵观全局,如图2-42所示。

图2-42 《哈利波特:魔法觉醒》卡牌对战场景的摄像机视角

(图片来源:360手游专区中《哈利波特:魔法觉醒》正版手游发布资讯)

除卡牌对战类游戏以外,其他策略类游戏也时常采用固定镜头。例如,《植物大战僵尸》系列游戏的塔防对战全过程都采用了固定镜头,使体验者能够观看所有防御型植物与每一个僵尸的状态,如图2-43(a)所示。在《部落冲突》中,体验者能够通过双指划动屏幕推进或拉远摄像机,在推进摄像机后,还可单指划动屏幕来移动摄像机的机位。不过,该游戏中,只要体验者没有主动调整摄像机的机位与视角,摄像机便是以固定镜头的方式来展示游戏场景,这使得体验者在攻打他人的部落时,能够清晰而全面地观看各方向士兵的进攻情况,进而根据战况及时调整作战策略,如图2-43(b)所示。

在上述案例中,视野范围较大的固定镜头能够帮助体验者掌控整个游戏局面。而实际上,固定镜头还可产生截然相反的作用——限制体验者的视野。这种限制既可强化游戏挑战,也可有效营造叙事悬念。在不少第三人称视角的三维游戏中,摄像机会始终跟随在游戏主角身后,体验者能够通过鼠标或手柄的摇杆实时调整摄像机的机位与视角,从而自由观看游戏主角周围任意一个方向的游戏场景信息。然而,倘若设计师在三维游戏中采用了固定镜头(而非第三人称跟随摄像机),那么体验者便无法主动操控摄像机来观察游戏场景,此时设计师拥有了更多的控制权,其可采用一系列特殊视角的固定镜头来营造叙事悬念。例如,在原版《生化危机2》中,游戏采用固定镜头拍摄三维的游戏场景,如图2-44所示。体验者控制游戏主角进行游戏的过程便如同演员在导演的安排下进行表演,而摄像师则在不同的位置架好摄像机进行拍摄。在怪物"舔食者"出现之前,游戏创作团队一共设计了9个固定镜头来凸显怪物的神秘与男主角里昂的无助。在镜头1中,在里昂身前的窗户外,有一个神秘的影子一闪而过。该镜头大幅提升了游戏剧情的悬念,几乎所有的体验者都知晓危险即将降临,但不知何种怪物会在何时、何地突然出现,将体验者的恐惧情绪推向高峰。镜头1告知体验者怪物处于窗外,而紧接着的镜头2便直接将机位置于窗外。该镜头代表了怪物的主观视角:窗外的怪物正窥探着窗内如同猎物一般的里昂。镜头3、镜头4与镜头5均拍摄里昂在室内探索的过程,由于受到固定镜头视野范围的限制,体验者无法观看走廊尽头拐角处的场景。在怪物随时可能出现的情况下,体验者的视野范围越是受限,游戏便越能让人感到恐惧与不安。镜头6展现了关键信息——地上出现窗户的碎片与血迹,镜头7则清晰地展示了地面的一滩血迹。这两个镜头暗示舔食者已破窗而入。而在接下来的镜头8中,里昂抬头仰望,随之镜头9便展示了吸附在天花板的舔食者。在这9个镜头中,镜头2、镜头3、镜头6、镜头8都采用了俯视角,以体现舔食者的强大与里昂的弱小。同时,镜头2、镜头6和镜头8都属于舔食者的主观视角:在镜头2中,舔食者在窗外居高临下地看着里昂;而在镜头6和镜头8中,舔食者则在走廊的天花板看着里昂。在不允许体验者自主控制摄像机的前提下,游戏的固定镜头极大地提升了游戏叙事内容的悬念,这些镜头或者具有隐喻作用,或者带有主观情绪,或者提示了关键信息,如同惊悚电影一般,成功渲染了恐怖与压抑的游戏氛围。

(a) (b)

图2-43 《植物大战僵尸》与《部落冲突》的摄像机视角

(图片来源:Steam平台与App Store上的游戏宣传图片、游戏宣传视频)

图 2-44　原版《生化危机 2》在"舔食者"出现前的固定镜头
（图片来源：游戏截图）

2. 跟镜头

在第一人称视角游戏和第三人称视角游戏中，跟镜头是最为常见的镜头运动方式。在第一人称视角游戏中，体验者直接控制摄像机进行移动；而在第三人称视角游戏中，当体验者控制游戏主角探索游戏场景时，摄像机则始终跟随在游戏主角身后。无论是第一人称视角游戏还是第三人称视角游戏，体验者都能够实时调整摄像机的机位、视角、焦距。

不过，除三维游戏之外，大量二维游戏也会使用跟镜头。在横板卷轴类游戏中，体验者控制游戏主角由左向右或由下向上移动，游戏镜头则会跟随游戏主角进行同步运动。例如，体验者在《超级马里奥兄弟》中控制马里奥左右移动时，摄像机全程跟随着马里奥，马里奥始终处于整个画面的中心。《超级马里奥兄弟》等早期游戏的跟镜头呈现极简主义风格——摄像机只在 X 轴方向跟随游戏主角，Y 轴方向不具备跟随效果，如图 2-45 所示。同时，摄像机的运动不包含加速、减速、震动等特效。

如今，大部分二维游戏具有更为精致和复杂的摄像机跟随效果。以《三位一体》为例，游戏主角跟随摄像机不断在 X 轴与 Y 轴方向运动。其中，Y 轴方向的运动镜头是为了展示游戏主角的跳跃动作，且摄像机的运动速度具有渐变效果：当游戏主角向上跃起时,摄像机会先以一个较快的速度向上移动一段距离,接着降低上移速度,最终停下来。而X轴方向的运动镜头则是为了展示游戏主角向右探索的过程,且游戏会根据虚拟空间的形态特征及游戏主角的状态,不断微调摄像机的视角。例如:在第一关"星之学院"的部分区域,摄像机采用平视角进行拍摄,如图2-46(a)所示,体验者将从侧面观看游戏主角与游戏场景;而当游戏主角在前往藏宝神殿的桥梁上奔跑时,摄像机则采用微俯视角进行拍摄,如图2-46(b)所示,使体验者能够观看桥梁两端的边缘。

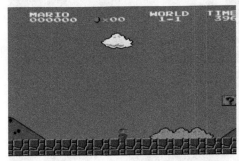 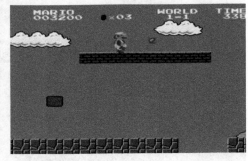

图2-45 《超级马里奥兄弟》的跟随摄像机
(图片来源:游戏截图)

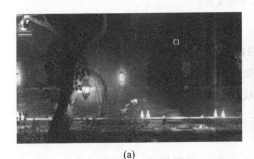 

(a) (b)

图2-46 《三位一体》第一关的平视角与微俯视角
(图片来源:游戏截图)

除调整视角以外,在游戏主角的探索过程中,《三位一体》还将不断调整摄像机在X轴上的机位,使摄像机能够将游戏场景中的关键信息传达给体验者。例如:当游戏主角位于一个房间的左侧时,摄像机便会移动至游戏主角的右侧,展现角色前方更多的空间信息,如图2-47(a)所示;同理,当游戏主角位于房间的右侧时,摄像机也会移动至游戏主角左侧,如图2-47(b)所示。即,游戏并非始终将游戏主角置于画面X轴的中心点,而是根据游戏主角与游戏空间的相对位置及时调整摄像机的机位,使体验者观看更多的游戏场景信息。再如:在游戏主角朝宝藏奔跑的过程中,倘若游戏主角保持快速移动,那么摄像机将跟随游戏主角并使其处于画面 X 轴的中心点,如图 2-47(c)所示;而当游戏主角在宝藏前停下,摄像机将向宝藏处缓慢移动,使宝藏处于画面 X 轴的中心,如图 2-47(d)所示,提示前方的宝藏是游戏主角需要交互的重要物品。

图 2-47 《三位一体》的摄像机根据游戏主角的状态进行动态调节

(图片来源:游戏截图)

在三维第三人称视角游戏中,游戏主角与摄像机的运动方向则包括 X 轴、Y 轴与 Z 轴。对于电脑游戏,体验者往往能够通过键盘的 WASD 键控制游戏主角移动,移动鼠标以转动摄像机的机位,滚动鼠标滚轮以调节摄像机的焦距。而主机游戏则支持体验者通过推移手柄的左摇杆来控制游戏主角移动,推移右摇杆来调整摄像机的机位。三维第三人称视角游戏中跟镜头的机位通常位于游戏主角的身后,并采用微俯视角。当游戏主角在游戏空间的地面上移动时,摄像机主要在由 X 轴与 Z 轴构成的平面上运动;而当游戏主角从地面跃起,从低处攀岩而上,或者从高处自由落体时,摄像机也会在 Y 轴方向进行运动。例如,在《塞尔达传说:王国之泪》的开场片段中,林克自云端飘落至地面,摄像机跟随在林克的身旁或上方,自上而下运动,如图 2-48 所示。此外,《刺客信条》系列的"信仰之跃"也可以体现摄像机在 Y 轴方向的大幅度运动,如图 2-49 所示。

近距离的跟镜头能够强化体验者的沉浸感,使之与游戏主角融为一体、感同身受。例如,虽然原版《生化危机 2》在舔食者出现前通过一系列固定镜头塑造了很强的叙事悬念,但重制版《生化危机 2》以及该系列的后续作品却并未延续使用固定镜头,而是采用了近距离跟镜头,如图 2-50 所示。当里昂在地上奋力爬行时,摄像机就在里昂身旁,这使得体验者似乎与里昂融为一体,此刻也匍匐在地,而僵尸就在自己的身后并马上追了上来。游戏创作团队①表示:"We wanted it to be intimately terrifying in nature, to have up-close and personal zombie encounters that you can only get, I think, with that kind of camera view. You've got your character right on the screen, but when a zombie comes in and bites you… maybe you noticed on the demo there's like cinematic zoom in, and they just get right up in your face."(我们希望自然而然地营造出近距离的恐怖感,让体验者与僵尸密切接触,而这只有通过这种摄像机视角才能实现。虽然游戏角色是显示在屏幕上,但当一个僵尸出现并开始撕咬你时……也许体验者能通过游戏演示程序感受到那种电影般的沉浸效果,它们会冲上来直接与你贴脸。)

 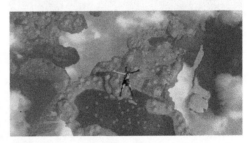

图 2-48 《塞尔达传说:王国之泪》开场片段

(图片来源:游戏截图)

图 2-49 《刺客信条:奥德赛》中的"信仰之跃"

(图片来源:游戏截图)

---

① ESPINELI M. The Challenges Of Remaking A Horror Classic Like Resident Evil 2[EB/OL]. (2018-06-28)[2024-04-01]. https://www.gamespot.com/articles/the-challenges-of-remaking-a-horror-classic-like-r/1100-6459995/.

 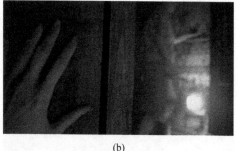

(a) (b)

图 2-50 《生化危机 2》重制版与《生化危机 7：恶灵古堡》的近距离跟镜头

（图片来源：GameSpot 平台的文章 *The Challenges Of Remaking A Horror Classic Like Resident Evil 2*）

《古墓丽影 9》也具有相似的摄像机设计模式。在《古墓丽影》系列的早期作品中，不少体验者认为劳拉·克劳馥的心理活动刻画得不够丰富，在严酷的生存环境下，劳拉总是以冷漠无情的姿态进行战斗，这导致体验者难以与劳拉达到情感共鸣。而《古墓丽影 9》则对这一问题进行了优化：在大多数游戏场景中，摄像机与劳拉保持着很近的距离，这使得体验者如同身临其境一般可以感受到游戏场景的危机四伏，如图 2-51(a) 所示。同时，在痛苦、无助、悲伤、焦虑时，劳拉的微表情也能够被近距离的跟镜头所捕捉。例如，当劳拉在涨水的洞穴中前行时，她会偶尔回头看，此时她焦虑与不安的神情便能够被摄像机充分地捕捉，如图 2-51(b) 所示。

 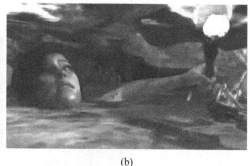

(a) (b)

图 2-51 《古墓丽影 9》的近距离跟镜头

（图片来源：游戏截图）

跟镜头并非意味着摄像机始终以一个固定的位置机械地跟随游戏主角，而是需要根据游戏主角的状态灵活调整摄像机的机位、视角、焦距等，无论游戏主角身处何种形态的空间，摄像机都能够拍摄到体验者期望观看的内容。在《塞尔达传说：旷野之息》和《塞尔达传说：王国之泪》中，当体验者控制林克向高处攀爬或向低处滑行时，摄像机将自动调整跟随视角。当林克向上爬梯子时，摄像机自动调整为仰拍视角,如图2-52(a)所示;当林克自上而下移动时,摄像机自动调整为俯拍视角,如图2-52(b)所示。如此,游戏可以确保体验者能够始终清晰地观看未来游戏场景的信息。

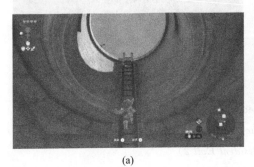
(a)

(b)

图2-52 《塞尔达传说:王国之泪》的跟随摄像机

(图片来源:游戏截图)

《极品飞车》系列的跟随摄像机也会根据体验者的驾驶状态自动调节拍摄视角。当车辆在笔直的道路上行驶时,摄像机跟随在车辆的正后方。当车辆进入弯道并发生漂移时,其车身将在短时间内形成较大角度的倾斜。倘若摄像机以车尾为追踪点,那么当车辆漂移时,摄像机的视角也将发生大幅度的变化,而这将导致画面极不稳定。相反,倘若游戏的摄像机以车辆的中心部位为跟随点,那么即使当车辆发生漂移,摄像机的机位与视角也不会发生变化,从而可以渲染出稳定的游戏画面,如图2-53所示。

图2-53 《极品飞车:热度》的跟随摄像机

(图片来源:游戏截图)

《风之旅人》同样如此。雪地场景中,游戏主角在由云雾构成的狭小隧道中极速前进,由地面飞往云端,摄像机跟随游戏主角在 Z 轴上进行大幅度运动。在这个过程中,游戏主角在 X 轴与 Y 轴上不断发生位移。摄像机虽然一直跟随在游戏主角的身后,但并未同步在 X 轴或 Y 轴上移动,而是始终处于隧道的中心,如图2-54

所示。即,摄像机与游戏主角的相对位置始终在发生变化。倘若摄像机与游戏主角的相对位置固定不变,摄像机与游戏主角一同在 XOY 平面移动,那么在狭小的隧道中,摄像机就极易穿入隧道边缘的墙体中,进而无法渲染出稳定的游戏画面。

图 2-54 《风之旅人》的跟随摄像机

(图片来源:游戏截图)

近距离的跟镜头虽然能够引发体验者与游戏主角共情,但当游戏场景出现大量敌人时,游戏主角可能会遮挡体验者的视线,导致体验者无法看清所有的敌人。因此,部分动作类游戏会根据体验者的运动状态,调整摄像机与游戏主角之间的距离:当游戏主角处于探索过程中时,摄像机以较近的距离跟随在游戏主角身后;而当游戏主角需要与大量敌人战斗时,摄像机则自动拉远,使体验者能够纵观整个战斗场景。例如,在《蝙蝠侠:阿卡姆疯人院》的第一章中,蝙蝠侠押送小丑进入阿卡姆疯人院,此时摄像机一直近距离跟随在蝙蝠侠身后,体验者只能看到蝙蝠侠的上半身,如图 2-55(a)所示。当蝙蝠侠开始与周围敌人战斗时,摄像机则自动拉远至全景的景别,并以俯视角来拍摄战斗场景,如图 2-55(b)所示,以帮助体验者掌握所有敌人的站位和状态。

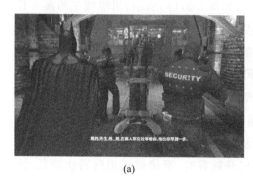

(a)   (b)

图 2-55 《蝙蝠侠:阿卡姆疯人院》的跟随摄像机

(图片来源:游戏截图)

游戏《猎天使魔女》同样如此,体验者时而需要控制游戏主角探索游戏场景,时而需要与大量敌人进行战斗,摄像机会根据游戏主角的状态自动切换拍摄视角。当游戏主角探索游戏场景时,摄像机跟随在其身后;而一旦游戏主角进入战斗状态,摄像机则自动调整为以侧视角拍摄的战斗场景,使战斗画面与经典格斗游戏十分接近,进而帮助体验者更为轻易地锁定每个敌人的位置,如图 2-56 所示。

图 2-56 《猎天使魔女》的战斗场景视角
(图片来源:Steam 平台的游戏宣传图片)

开放世界游戏通常具有复杂多样的游戏空间,当游戏主角进入一些特殊的区域时,游戏可自动调整摄像机的视角与焦距,使游戏视觉效果更具戏剧性和感染力。以《风之旅人》的沙漠长廊与雪地峡谷两个场景为例。在沙漠长廊,在游戏主角进入长廊前,摄像机位于游戏主角的身后,如图 2-57(a)所示;当游戏主角进入长廊内,摄像机自动调整至游戏主角的左侧方,如图 2-57(b)所示;当游戏主角离开长廊后,摄像机则又再次回归至游戏主角身后,如图 2-57(c)所示。在长廊内使用侧视角能够拍摄远方的高山,并渲染阳光照射下泛着金光的沙子以及游戏主角美丽的剪影,因此这种摄像机视角的自动调整可以使游戏画面更具美感。在雪地峡谷,在游戏主角进入峡谷前,摄像机以微俯视角跟随在游戏主角身后,如图 2-57(d)所示;当游戏主角进入峡谷之后,摄像机视角则逐渐拉高,以接近上帝视角的方式呈现出游戏主角两侧雪山的高耸和陡峭,以及游戏主角在巍峨的自然奇观面前的渺小与脆弱,如图 2-57(e)所示;当游戏主角离开峡谷时,摄像机视角则再次降低,回到游戏主角身后,如图 2-57(f)所示。

设计师可采取两种方式来设计跟镜头。第一种,使用典型的第三人称跟随摄像机。在大部分情况下,摄像机与游戏主角保持相对固定的位置,而在一些特殊的游戏场景的区域中,摄像机可能自动调整机位、视角与焦距。第二种,提前设计摄像机的运动轨迹,以及在该轨迹各节点的拍摄视角。设计师需要确保摄像机在该轨迹上运动时能够始终拍摄到游戏主角。如此,这种摄像机也能够呈现出"跟随"游戏主角的效果,但其技术实现原理与典型的第三人称跟随摄像机存在本质区别。《跳舞的线》便采用了第二种设计方法,体验者控制的方块不断向前移动,乍看之下是摄像机在跟随方块同步移动,但是仔细观察便可发现,摄像机的拍摄机位、视角与焦距是根据游戏关卡的地形不断发生变化的,这与《蝙蝠侠:阿卡姆疯人院》《风之旅人》《塞尔达传说:王国之泪》等典型的第三人称跟随摄像机存在很大区别。在该游戏中,设计师提前设计了各个关卡中摄像机的运动轨迹,并且设置了摄像机在该轨迹每一个节点的拍摄视角。在游戏运行过程中,摄像机按此轨迹进行移动,使游戏画面流畅而具有艺术气息,如图 2-58 所示。

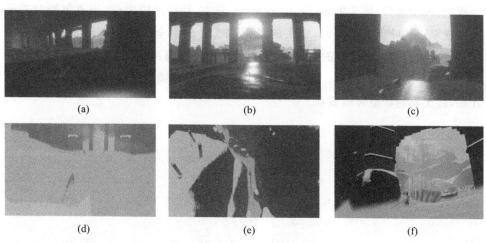

图 2-57 《风之旅人》的跟随摄像机

(图片来源:游戏截图)

图 2-58 《跳舞的线》"中国园林"关卡的"跟随摄像机"

(图片来源:游戏截图)

3. 拉镜头与推镜头

拉镜头是将摄影机与被拍摄物体的距离拉远,使被拍摄物体在画面中的占比变小,进而游戏画面可以容纳更多的元素,并呈现更广阔的视野。推镜头意味着摄影机与被拍摄物体逐渐靠近,物体在画面中的占比变大,可以突出细节或者对某些关键信息进行强调。

1) 拉镜头

拉镜头与推镜头会在一定程度上给体验者造成不舒适的感受。在一般情况下,真人实拍电影不主张高频次使用急推急拉镜头(特定类型电影除外,例如,电影《闪灵》会采用急推镜头营造惊悚氛围),而动画与游戏因具备较强的非现实特性,因此相较于真人实拍电影,对拉镜头与推镜头更加包容。以日本 TV 动画《亚尔斯兰战记:风尘乱舞》第 8 集 21 分 30 秒至 21 分 40 秒的片段为例,当亚尔斯兰王子下令进军王城叶克巴达那时,镜头的景别在 1 秒内由全景变为大远景,如图 2-59 所示。在大远景镜头拍摄的画面中,远方的朝阳正在冉冉升起,象征着亚尔斯兰正在成长为一名优秀的君王。该动画片段中的大幅度拉镜头可以凸显场面的宏大与壮观,将无限的希望带给观众。

图 2-59 TV 动画《亚尔斯兰战记:风尘乱舞》的拉镜头

(图片来源:动画截图)

在探索游戏空间的过程中,当游戏主角进入某个关键区域时,游戏可通过拉镜头展现更多未来场景的信息,比如呈现游戏场景的地形信息,以帮助体验者更好地规划路线;或者展示远处的敌人,提示体验者做好战斗准备等。例如,在动作冒险游戏《小小梦魇》的第一章中,游戏主角小六在一个狭长的管道中前行,摄像机以小全景的景别拍摄小六,如图 2-60(a)所示;而当小六走出管道,需要通过楼梯进入下一个游戏场景时,游戏采用了拉镜头来展现楼梯的全貌,如图 2-60(b)和图 2-60(c)所示。在另一个场景中,当小六自底向上攀爬至高处的管道时,游戏通过拉镜头展示了房间上方一个拖着笼子的长臂怪物,如图 2-60(d)所示,提示体验者未来的空间是不安全的,需要随时提防怪物的袭击。接下来,体验者经过若干房间后,到达该长臂怪物统治的房间。该房间放置着多张病床,每一张病床上都躺着一个一动不动的儿童。进入该房间后,长臂怪物将立刻出现,如图 2-60(e)所示,体验者需要迅速控制小六躲在床下。此前游戏通过拉镜头展示的远处的怪物身影,对该房间中长臂怪物的瞬间出现埋下伏笔。

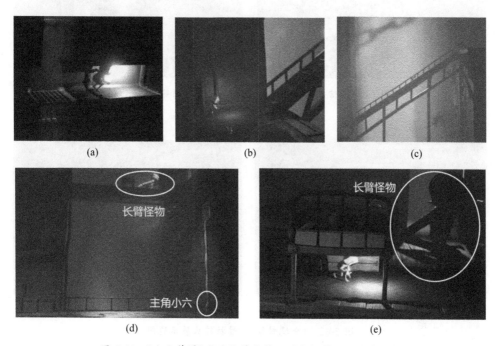

图 2-60 《小小梦魇》通过拉镜头展示游戏场景及远处的敌人
(图片来源:游戏截图)

在开放世界游戏中,设计师可通过拉镜头凸显游戏空间的广阔,并帮助体验者明确自己所处的位置。例如,在《塞尔达传说:旷野之息》中,当体验者操控苏醒后的林克来到野外的高地时,跟随在林克身后的摄像机通过拉镜头呈现了无边无际的开放空间,并富有仪式感地告诉体验者"冒险即将开始"。在《刺客信条》系列游戏中,每当游戏主角攀爬至塔顶进行瞭望时,游戏便会通过拉镜头居高临下地俯拍整个游戏空间,如图 2-61 所示。

在《全境封锁》中,当体验者需要查看游戏主角在地图中所处的位置时,摄像机将由普通的第三人称跟随视角,如图 2-62(a)所示,拉至更远,并通过游戏界面显示地图,如图 2-62(b)所示。此外,当游戏场景中包含多个虚拟角色,或者在多人协作游戏中,拉镜头还可用于展示所有虚拟角色的状态或者团队中所有成员的站位,从而帮助体验者更加高效地对所有虚拟角色进行统筹管理,并与其他体验者共同商讨合作方案。

图 2-61 《刺客信条：大革命》在巴黎圣母院"塔顶瞭望"时的拉镜头
（图片来源：游戏截图）

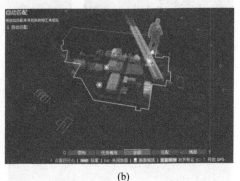

(a)   (b)

图 2-62 《全境封锁》通过拉镜头展示地图
（图片来源：游戏截图）

2) 推镜头

角色扮演类游戏可通过推镜头突出游戏角色的表情，展现角色的情感变化或对关键的叙事情节进行描述，使体验者更加充分地与游戏角色共情。解谜类游戏或探险类游戏还可应用推镜头强调关键道具或解谜线索。推镜头与拉镜头的组合能够帮助设计师传达有效信息，引导体验者关注重要内容，营造更具戏剧性与情绪感染力的游戏氛围。《迷室》系列大量使用了推镜头与拉镜头。当体验者在解谜过程中需要调查某个物品，或者操作物品上的某个零件时，游戏便会通过推镜头清晰地呈现该物品的细节，如图 2-63 所示；而当体验者与当前物品交互完毕后，游戏则会使用拉镜头，将游戏场景中更多的物品显示在屏幕上，便于体验者继续观察和探索其他物品。

在《全境封锁》系列中，当体验者给游戏主角装备武器时，游戏摄像机将先以全景的景别拍摄游戏主角，并且在游戏界面上显示角色所有部位可装备的武器。当体验者在界面上选择某个武器后,游戏将通过推镜头聚焦于可装备该武器的部位(例如,游戏主角的面部、背部、腿部、膝盖等),此时画面将由全景变为特写,如图 2-64 所示。当武器装备完毕后,游戏画面又将通过拉镜头退回至全景。除此之外,在《全境封锁》系列中,倘若体验者控制游戏主角由普通的奔跑变为射击状态时,摄像机也将由第三人称跟随的位置推至游戏主角肩部,使体验者更易于瞄准目标。这种设计在《刺客信条》系列中亦有体现,当主角使用枪械进行远程攻击时,在瞄准的过程中,游戏也将采用推镜头对体验者进行辅助。同样,在《塞尔达传说》系列中,当林克使用弓箭瞄准远方的目标时,摄像机将从第三人称跟随的位置前推至林克的肩部。

图 2-63 《迷室》通过推镜头展现物品细节
(图片来源:游戏截图)

图 2-64 《全境封锁 2》装备武器过程中的推镜头
(图片来源:游戏截图)

推镜头与拉镜头还可用于体验者与用户界面(User Interface,UI)的交互。游戏 Disorder 将 UI 元素嵌入三维场景中:游戏场景的墙上贴着不同英雄的宣传画,这些宣传画实际是"英雄"UI 的入口;天花板上挂着的小型显示器则是"活动"UI 的入口。在初始状态下,摄像机位于吧台的位置,能够拍摄游戏主角的全身,如图 2-65(a)所示。而当体验者需要打开某个 UI 时,游戏会将镜头推至三维场景中

UI 的入口处。例如：当体验者需要打开"活动"UI 时，镜头会从吧台前方推至挂在天花板的显示器上，如图 2-65（b）所示；当体验者关闭该 UI 后，镜头则会拉回至原处。

(a)　　　　　　　　　　　　　　(b)

图 2-65　*Disorder* 中推拉镜头在游戏界面交互中的应用

（图片来源：游戏截图）

4. 摇镜头与移镜头

摇镜头通常指摄像机在三脚架上进行旋转，且摄像机的机位不变；而移镜头则涉及摄像机沿设定轨道移动，改变其位置。游戏中的摇镜头与移镜头存在两种应用场景：一是体验者主动控制摄像机进行摇动或移动；二是设计师提前设计摄像机的运动方式，当体验者进入游戏空间的关键位置时，摄像机便按照设计师预制的方式进行摇动或移动，以呈现游戏关卡的重要信息，或创造特殊的艺术效果。

在第一人称视角游戏或第三人称视角游戏中，体验者在探索游戏空间时需要主动操控摄像机进行摇动或移动，从而观察游戏空间中不同方位的信息。在第一人称视角游戏中，体验者能够直接控制摄像机在游戏空间的 XOZ 平面（地面）移动，还可控制摄像机以摇镜头的方式运动，从而了解游戏空间各个方向的状态并锁定敌人的位置。在第三人称视角游戏中，体验者也能够直接控制游戏主角在 XOZ 平面移动，但摄像机是自动跟随在游戏主角身后的。为了确保体验者能够始终掌握游戏主角的状态，摄像机通常将游戏主角置于拍摄画面的中心。因此，当体验者调整摄像机的拍摄视角时，摄像机将在以游戏主角为中心的球面上进行移动（移镜头）。

设计师可将摇镜头与移镜头进行组合，提升摄像机操控的自由度。例如，在第三人称视角游戏《塞尔达传说：王国之泪》中，当体验者探索虚拟世界时，游戏主要通过移镜头来调整摄像机的机位。为了帮助体验者在广袤的开放世界中更加准确地定位探索目标（例如，寻找神庙的位置），游戏还提供了"望远镜"功能。在"望远镜"模式下，游戏摄像机由第三人称视角切换为第一人称视角，体验者可推动手柄摇杆，或使用 Joy-Con 手柄的体感陀螺仪，通过摇晃手柄来更改摄像机的视角。这种调整拍摄视角的方式实际上使用了摇镜头，即摄像机的机位不变，只是更改了其拍摄方向。该游戏的另一项功能——"拍照"，亦使用了摇镜头。该游戏通过摇镜头与移镜头这两种运动镜头的组合，使游戏的摄像机操控具有更高的自由度。在一些第三人称动作类游戏中，当游戏主角使用远程攻击武器瞄准敌人时，游戏也会将镜头的运动方式自动切换为摇镜头。例如，在《刺客信条：大革命》中，在探索游戏场景的过程中，体验者通过移镜头的方式来调整摄像机的拍摄机位，如图2-66(a)所示，而当游戏主角亚诺使用吹刺或枪械等远程攻击武器时，摄像机将由全景的景别自动拉近至中景，体验者将以摇镜头的方式来调节武器的准星，如图2-66(b)所示。

(a) (b)

图2-66 《刺客信条：大革命》普通探索状态与瞄准状态
（图片来源：游戏截图）

　　即使是可控摄像机，其拍摄视角与机位也并非全然由体验者控制。当体验者在复杂的地形中探索时，第一人称摄像机或第三人称摄像机都可能穿入树木、岩石、地面、建筑物墙面，以及游戏主角的身体模型中。因此，设计师需对这些特殊的情境进行预处理，以确保摄像机能够正常拍摄游戏场景。以第三人称视角游戏《塞尔达传说：王国之泪》为例，倘若林克距离山体或墙体较近，且摄像机被体验者移动至这些障碍物处，那么游戏将自动调整摄像机的机位，使其不会被嵌入山体或墙体中。当摄像机距离林克过近，甚至穿入林克的角色模型时，游戏则会将林克隐藏，使摄像机可以直接拍摄林克前方的游戏场景。倘若摄像机的机位已低至地面，而体验者仍在下推手柄摇杆，那么摄像机也不会继续下移穿入地面，而是保持在地面的高度并向林克靠近。如此，摄像机能够在复杂的地形中保持画面的稳定，如图2-67所示。

　　除可控摄像机以外，设计师还可通过预制的摇镜头与移镜头向体验者提示关卡中重要的信息。倘若体验者进入游戏空间的特殊区域，而游戏需要向体验者展示某些关键的信息时,游戏可在短时间内取消体验者对摄像机的控制权,此时摄像机将遵循设计师预先设计的轨迹进行拍摄。例如,在《三位一体》的第一关,体验者操控法师解谜,法师前进的道路被铁门阻挡,体验者需将法师退回至控制铁门的按钮处,创造一个立方体箱子压在按钮上,如图2-68(a)所示,从而打开铁门。由于铁门与按钮存在一定距离,无法共处一个画面,于是,当法师触发按钮之后,游戏便通过预制的移镜头与摇镜头拍摄前方铁门已经打开的画面,如图2-68(b)所示,提示体验者可顺利通行。

图 2-67 《塞尔达传说:王国之泪》第三人称摄像机在不同机位拍摄的画面

(图片来源:游戏截图)

图 2-68 《三位一体》中移镜头与摇镜头的应用

(图片来源：游戏截图)

看过电影《黑客帝国》的观众一定记得其中的"子弹时间"，在慢镜头下，子弹向男主角尼奥"缓缓"飞来，尼奥向后仰身躲避子弹，摄像机环绕尼奥整整一周，子弹飞行的轨迹清晰可见，如图 2-69 所示。这种摄像机的运动方式被称为"环移镜头"，这是移镜头与摇镜头的结合，摄像机始终对准主角，并以主角为中心点开展 360°的环绕。环移镜头可有效增强影像的戏剧效果。

图 2-69 电影《黑客帝国》"子弹时间"的环移镜头

(图片来源：电影截图)

除电影之外，设计师也可在游戏中使用环移镜头。《汪达与巨像》的宣传视频在展示汪达使用利剑刺向石像的头顶时便采用了环移镜头，如图 2-70 所示。这种镜头运动方式不仅使游戏场景动感十足，还能够在很大程度上激发体验者紧张与兴奋的情绪，提升游戏视觉刺激的冲击力。

《刺客信条》系列的"塔顶瞭望"是广受体验者欢迎的游戏机制。在该系列的每一代作品中，设计师都会在开放世界中布置一系列高耸的建筑物，体验者可操控游戏主角攀爬至这些建筑物的顶端进行瞭望。在瞭望过程中，游戏采用拉镜头的方式大幅拓宽镜头的视野，并通过环移镜头以游戏主角所在的建筑物为中心拍摄一周，如图 2-71 所示。环移镜头使体验者以居高临下的姿态俯瞰虚拟世界的全貌，让壮阔的虚拟景象尽收眼底。

图 2-70 《汪达与巨像》宣传视频中的环移镜头

（图片来源：E3 展会上 Sony 发布的游戏宣传视频）

图 2-71 《刺客信条：奥德赛》的环移镜头

（图片来源：游戏截图）

在《塞尔达传说：王国之泪》的开场片段，林克与塞尔达公主在幽暗深邃而瘴气四溢的洞穴中探索，随后林克从高空下落，来到游戏的"初始空岛"。设计师采用了环移镜头拍摄林克的下落，如图 2-72 所示，该镜头具有三个作用。第一，倘若采用侧视角拍摄林克的下落，那么将更充分地体现其下落的速度，但这会导致体验者把注意力转向林克的运动过程而非周围的美丽环境。相反，环移镜头则使林克下落的速度看似十分缓慢，如同一片羽毛般轻轻飘落，促使体验者将注意力转向林克四周的天空。此外，环移镜头展现了辽阔的蓝天、苍茫的云海与神秘的空中岛屿，通过极富冲击力的视觉刺激进一步增强了体验者的沉浸感。第二，环移镜头从不同视角拍摄了开阔的天空环境，该环境与体验者此前经历的狭小幽暗的洞穴截然不同，天空这一开放空间将体验者前期积累的焦虑与不安一扫而空，将无限的自由带给体验者，进而可以对体验者的情绪进行隐性调控。第三，环移镜头这一充满戏剧性的镜头运动方式创造了游戏的开幕仪式。也正是在林克下落的过程,游戏首次在界面右侧显示完整的作品名称,标志着林克的冒险之旅正式开始,体验者将为接下来的游戏体验注入激情与期待。

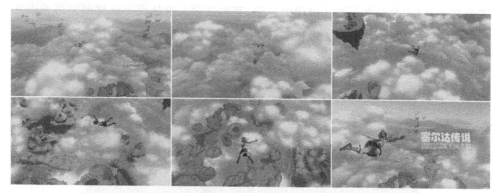

图 2-72 《塞尔达传说:王国之泪》的环移镜头

(图片来源:游戏截图)

5. 慢镜头

电影《黑客帝国》的"子弹时间"之所以给观众留下了深刻的印象,是因为在使用环移镜头的同时使用了慢镜头,使子弹发射这一运动速度极快的过程变得十分缓慢。相较于扣动扳机后主角瞬间倒地死亡或立刻飞身闪避,慢镜头使枪战片段更具悬念性——尼奥仰身的幅度是否足以躲过子弹,子弹是否会擦过尼奥的身体,是子弹"缓慢飞来"的十几秒内,体验者集中关注的内容。因此,慢镜头的合理使用能够在很大程度上提升电影的吸引力,这种原理在游戏中同样适用。例如,在互动电影游戏《底特律:成为人类》康纳解救人质片段的一个叙事支线中,异常仿生人丹尼尔准备带着人质跳楼,而康纳则朝向天台的边缘冲刺以拯救人质。该过程采用了慢镜头呈现康纳缓缓向天台奔跑,以及丹尼尔已经仰身向楼下跌落的画面,如图 2-73 所示。相较于正常的播放速度,慢镜头延迟了揭示剧情结局的时间,大幅地提升了叙事内容的悬念性,使体验者更为焦急地期盼得到"康纳能否救回人质?"的答案。

慢镜头还可增强游戏视觉刺激的冲击力,并有效提升画面的美感。通过减缓游戏影像的播放速度,摄像机拍摄到的每一处细节都将被体验者尽收眼底,这在一定程度上增强了游戏的视觉吸引力,从而增强体验者的沉浸感。例如,在《极品飞车》系列中,当体验者驾驶的车辆与其他车辆相撞时,游戏通常会采用慢镜头来展现车辆被撞毁的过程,体验者能够观看车身翻转、玻璃破碎以及零件飞溅等所有的细节,进而感受游戏逼真和细腻的渲染效果,如图 2-74 所示。

慢镜头还可用来强调游戏中的重要物品或关键信息。当游戏在展示特殊的、决定性的事件,并且该事件有必要被体验者关注时,设计师可采用慢镜头来加以突出。《塞尔达传说》系列中,"希卡之石"是一种重要的道具,它记录了游戏开放世界的地图,体验者可利用它进行导航、拍照以及释放一些特殊技能。在《塞尔达无双:灾厄启示录》中希卡之石首次出现的片段,英帕被敌人追赶而不慎摔倒时将希卡之石抛向天空,此时游戏采用了慢镜头对希卡之石进行展示,暗示其在游戏中的重要性,如图 2-75 所示。

图 2-73 《底特律:成为人类》的慢镜头

(图片来源:游戏截图)

 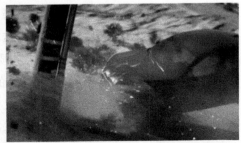

图 2-74 《极品飞车:复仇》的慢镜头

(图片来源:Steam 平台的游戏宣传视频)

动作类游戏可通过慢镜头凸显游戏角色独特的战斗技能。通过减缓角色动画的播放速度,体验者能够更为细致地欣赏主角的战斗动作与精彩的对战过程。《鬼泣4》的开场片段中,男主角尼禄在赶往教堂的途中与大量的怪物战斗,为了凸显尼禄高超的战斗技能,游戏多次采用慢镜头来展示其战斗动作,如图 2-76(a)所示。《刺客信条》系列中,当游戏主角位于高处时,可触发"高空刺杀"技能,在向下跳跃时暗杀低处的守卫,在执行这一特殊技能时,游戏也通常采用慢镜头予以展示,如图 2-76(b)所示。

图 2-75 《塞尔达无双:灾厄启示录》的慢镜头

(图片来源:游戏截图)

(a) (b)

图 2-76 《鬼泣 4》与《刺客信条:黑旗》的慢镜头

(图片来源:游戏截图)

《蝙蝠侠:阿卡姆疯人院》中,倘若蝙蝠侠在近身格斗时执行了关键的击杀动作,或者从高处执行"滑翔踢"等特殊技能时,游戏也会采用慢镜头进行展示,如图 2-77 所示。

动作类游戏的慢镜头不仅能使体验者充分欣赏角色技能,还能在一定程度上降低挑战系数,帮助体验者更好地完成游戏任务。不少游戏引入了电影《黑客帝国》的"子弹时间",在游戏主角与敌人对抗的过程中采用慢镜头,使体验者能够在更为充裕的时间内执行战斗动作。第三人称射击游戏《马克思佩恩 3》将"子弹时间"作为游戏的核心机制之一,该机制一旦触发,体验者便可清晰地看见每一颗子弹缓慢飞行的轨迹,每一个被击杀的敌人缓慢倒地的情景,以及听见每一声沉重的枪响和碎片掉落的声音,如图 2-78 所示。"子弹时间"允许体验者在较为充裕的时间内瞄准敌人并开枪射击,因此在大量敌人围追堵截时,启用"子弹时间"能够大幅地降低动作技能挑战的强度。在关卡的普通区域中,游戏限制了"子弹时间"的使用次数,而一旦进入关卡的高潮片段,游戏将全程自动开启"子弹时间",要求体验者击杀数量众多的敌人。此外,在击杀最后一名敌人时,游戏还会自动启用慢镜头。游戏中的慢镜头由射击的距离、敌人的站位、子弹击中敌人的部位、枪械和子弹的类型等诸多因素共同塑造,因此每个慢镜头都是独一无二的。

图 2-77 《蝙蝠侠:阿卡姆疯人院》的慢镜头

(图片来源:游戏截图)

图 2-78 《马克思佩恩 3》的"子弹时间"慢镜头

(图片来源:Rockstar Games 发布的视频 Max Payne 3 Design and Technology Series:Bullet Time)

体验者在《侠盗猎车手 5》中操控游戏角色麦克与富兰克林时,能够通过慢镜头更简易地瞄准敌人或避开其他车辆。《合金装备》系列的《合金装备 5:原爆点》《合金装备 5:幻痛》中都加入了"子弹时间"游戏机制,这为体验者执行潜行任务提供了帮助。倘若体验者在潜行过程中被敌人发现,游戏将自动开启慢镜头,进入

"子弹时间",使体验者拥有充裕的时间来应对敌人,如图 2-79 所示。例如,体验者能够在一定时间内思考究竟与敌人近身对抗,还是采用麻醉枪射击敌人等。体验者也可关闭"子弹时间"来享受难度系数更高的游戏挑战。

图 2-79 《侠盗猎车手 5》的慢镜头

(图片来源:游戏截图)

6. 不同运动镜头的组合

在游戏设计过程中,设计师会将不同类型的运动镜头进行组合,以呈现细腻而流畅的视觉效果。《蝙蝠侠:阿卡姆疯人院》融入了推、拉、摇、移、跟等所有类型的镜头运动方式,游戏随时根据游戏主角的状态以及游戏空间的地形特点调整视角。在探索游戏场景的过程中,摄像机紧跟在蝙蝠侠身后,如图 2-80(a)所示。而一旦进入战斗状态,摄像机则会立刻拉远、拉高,使体验者清晰地观看每一个敌人的站位。倘若蝙蝠侠下蹲并以潜伏的姿势探索游戏场景,那么游戏也会自动通过拉镜头拓宽体验者的视野范围,帮助体验者更快地发现四周的敌人,如图 2-80(b)所示。而当蝙蝠侠靠近掩体时,摄像机则会从第三人称跟随视角自动切换为观看掩体前方场景的固定视角,如图 2-81(a)所示。这种机位与视角的自动转换在《刺客信条》系列、《合金装备》系列等具有潜伏机制的游戏中亦有体现,如图 2-81(b)所示。

(a)　　　　　　　　　　　　　(b)

图 2-80 《蝙蝠侠:阿卡姆疯人院》中蝙蝠侠正常行走时的视角与潜伏状态的视角

(图片来源:游戏截图)

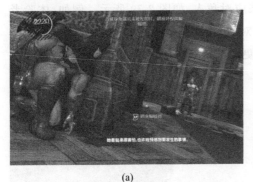

图 2-81 《蝙蝠侠:阿卡姆疯人院》与《合金装备 5:幻痛》的掩体视角

(图片来源:游戏截图)

倘若蝙蝠侠进入通风管道这一十分狭小的空间,那么摄像机则会由第三人称视角,如图 2-82(a)所示,自动切换为第一人称视角,如图 2-82(b)和图 2-82(c)所示,避免体验者的视线被蝙蝠侠遮挡。当蝙蝠侠到达通风管道的出口,摄像机将拍摄蝙蝠侠伸腿踢开铁栏杆的动作,如图 2-82(d)所示。在蝙蝠侠爬出管道后,摄像机回归第三人称视角。在管道中,倘若灯光从蝙蝠侠的后方或侧方照射,体验者还将看到蝙蝠侠投射在地面的身影,如图 2-82(b)所示,或墙壁上的身影,如图 2-82(c)所示。这种设计可以有效增强体验者的角色代入感,让体验者仿佛真的与蝙蝠侠融为一体。

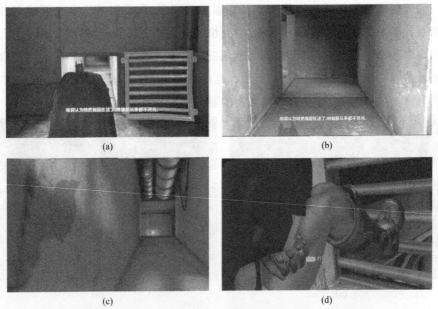

图 2-82 《蝙蝠侠:阿卡姆疯人院》中蝙蝠侠在不同状态下的摄像机视角

(图片来源:游戏截图)

三维第三人称视角游戏的摄像机通常跟随在游戏主角身后，设计师可不断根据游戏环境的特殊性，自动切换摄像机的跟随机位。《蝙蝠侠：阿卡姆疯人院》在蝙蝠侠与反派角色"稻草人"的对战关卡中，摄像机根据游戏地形不断调整跟随视角。在大部分场景中，游戏采用了与横板过关游戏相似的侧视角来拍摄蝙蝠侠。为了帮助体验者看到远处体型巨大的稻草人，游戏自动拉远镜头以提供更广阔的视野，如图2-83(a)和图2-83(b)所示。此时，蝙蝠侠只会在画面中占据很小的区域，而画面中更多的区域则用来显示稻草人。由于蝙蝠侠一旦进入稻草人的视野便会被击败，因此，游戏通过更远的机位来重点展示稻草人面部的朝向，以帮助体验者时刻掌握稻草人的状态。在关卡的部分区域，摄像机会回到蝙蝠侠的身后进行跟随，如图2-83(c)所示。而当游戏的地形较为特殊时，游戏也将采用更为独特的视角来拍摄游戏空间。如图2-83(d)所示，为了显示蝙蝠侠前方断裂的廊道，摄像机在蝙蝠侠的侧后方采用了俯视角进行拍摄。

图2-83 《蝙蝠侠：阿卡姆疯人院》中不同关卡区域的摄像机视角

（图片来源：游戏截图）

2.2 游戏听觉刺激设计

游戏听觉刺激涵盖两种类型。一是非交互性声音，如背景音乐、环境音效等。

这类声音的作用主要是烘托氛围、激发体验者的特殊情绪。倘若体验者将此类声音关闭,也能够正常进行游戏。二是交互性声音,当体验者执行某些行为时,游戏的音乐或音效将发生变化。这类声音与游戏机制或游戏挑战等核心元素存在关联,体验者无法在关闭声音的情况下进行游戏。体验者与声音的交互往往会成为游戏性的来源之一。

2.2.1 非交互性声音

非交互性声音主要包含游戏的背景音乐与音效,其能够营造欢快、惊悚、恐怖、忧伤等丰富多样的游戏氛围。非交互性声音可以与叙事内容、游戏角色、游戏空间等其他幻想世界的元素共同营造综合艺术效果。游戏音乐还能够通过独特的旋律与节奏,增强体验者的沉浸感,促使体验者与游戏主角共情。《巫师3:狂猎》《最终幻想》系列、《塞尔达传说》系列、《光晕》系列等诸多知名游戏的创作团队曾经举办过大型音乐会,如图2-84所示,使听众深刻领略游戏音乐的魅力。

图2-84　由东京爱乐管弦乐团演奏的《塞尔达传说音乐会2018》与
CD Projekt RED和克拉科夫电影节办公室合作组织的《巫师3:狂猎》交响音乐会
(图片来源:音乐会视频)

《超级马里奥兄弟》的主题曲获得了广大体验者的喜爱,已成为游戏音乐史上的经典之作。该主题曲的旋律十分简单且具有很高的辨识度,能够迅速将体验者带入游戏世界中,也为游戏增添了乐趣与活力。在第一人称射击游戏《光环》中,由Martin O'Donnell和Michael Salvatori创作的主题音乐因其宏伟、壮阔以及史诗氛围的渲染,与游戏世界观、角色设计、叙事内容紧密相扣,在众多体验者心中留下了深刻的烙印。该主题音乐以深沉、悠扬而神秘的男声合唱开始,如图2-85所示,随后大量弦乐的加入将音乐推向高潮,呈现出丰富的音乐层次,营造了紧张而激烈的战斗氛围。随着旋律的推进,铿锵有力的打击乐带来令人震撼的动感与节奏感,展现出恢宏壮丽而浩瀚无边的宇宙空间,与游戏科幻战争的叙事背景和谐统一。

图 2-85　由丹麦国家交响乐团演奏的《光环》主题曲
(图片来源:音乐会视频)

在《去月球》中,当体验者来到临终老人住处的客厅时,会看到钢琴谱架上摆着一份曲名为 For River 的五线谱(如图 2-86 所示),但这首钢琴曲的大部分旋律却只有两个音符,这成为一个令体验者感到困惑的谜题。而这一看似"过于简单"的乐曲,却成为打动成千上万名体验者的著名游戏音乐。简单的旋律体现了男主人公 Johnny 与其已故妻子 River 之间纯洁、质朴与永恒("For River"与意为永恒的"Forever"构成谐音双关)的爱情。

图 2-86　《去月球》的钢琴曲 For River
(图片来源:游戏截图)

《勇敢的心:伟大战争》在不同的游戏场景采用了不同风格的音乐:在男主角埃米尔被军事法庭判处死刑,独自一人走向刑场的过程中,游戏背景音乐是安静而略带感伤的钢琴曲 Nurture；当医护人员安娜驾驶汽车逃离敌军的追击时（如图 2-87 所示），虽然游戏主角在残酷的战场上与敌人进行激烈的对抗，但游戏采用了《野蜂飞舞》《地狱中的奥菲欧》《匈牙利舞曲》等一系列欢快的乐曲作为背景音乐。音乐的积极向上与战争的冷酷无情形成鲜明对比，象征着几位平民英雄顽强拼搏、坚持不懈、大智大勇的优秀品格。

图 2-87 《勇敢的心：伟大战争》使用《匈牙利舞曲》的片段
（图片来源：游戏截图）

上述游戏案例中的音乐都具有完整而明显的旋律，能够脱离游戏环境，成为独立的音乐作品。还有一些音乐创作者特意削弱游戏音乐的旋律性，通过层次丰富的环境音效烘托独特的游戏氛围。《寂静岭》系列的音乐创作者山冈晃（Akira Yamaoka）在《寂静岭》的第一代作品中融入了"工业噪声"元素，创造出深沉、阴暗而富有戏剧张力的环境音效。金属材料的碰撞、摩擦声与孩童咿呀学语的声音混合在一起，可以衬托游戏场景中废弃的实验室和破旧的工厂，将体验者带入压抑、诡异而恐怖的混沌世界。

2.2.2 交互性声音

大部分数字游戏的声音都具有一定的交互性。例如，《塞尔达传说：王国之泪》等开放世界探索类游戏中，当游戏主角探索至不同的区域时，游戏将播放不同的背景音乐；当游戏主角处于普通探索状态与战斗状态时，游戏也将分别播放宁静平和的音乐和紧张激烈的音乐。在《刺客信条：黑旗》中，体验者能够调整摄像机的机位，使摄像机靠近或远离虚拟角色。在靠近虚拟角色时，体验者能够听见虚拟角色附近人群的交谈声;而在远离虚拟角色时,体验者便无法听见这些声音。这种交互性声音使游戏更具真实感。

设计师还可通过交互性声音营造艺术气息。以《纪念碑谷》为例,当体验者在游戏界面中选择关卡,如图 2-88(a)所示,或者在游戏场景中旋转建筑物时,每执行一个点击或滑动屏幕的行为,游戏都将播放一个不同音高的乐音。在《花》中,当花瓣略过草地上的花朵时,游戏将反馈"叮咚"的音效,其游戏场景如图 2-88(b)所示,而当花瓣沿着一排花朵飞舞时,这些"叮咚"声还会连成完整的音阶。这两款游戏并非音乐游戏,但设计师通过交互性声音使游戏更具游戏性。

(a)　　　　　　　　　　　　　　(b)

图 2-88　《纪念碑谷》关卡选择界面与《花》游戏场景

(图片来源:游戏截图)

在众多的游戏类型当中,音乐游戏是利用交互性声音营造游戏性的典型代表。音乐游戏泛指游戏核心元素与音乐直接相关的游戏,此类游戏中绝大多数的交互行为都与音乐相关。游戏感官刺激可被分为"基本刺激"(Primary Stimuli)与"次级刺激"(Secondary Stimuli)两类[1],而音乐游戏则是指将听觉刺激作为基本感官刺激的游戏。基本刺激意味着只有基本刺激被体验者接收,游戏才可正常推进。例如,第一人称射击游戏的视觉刺激属于基本刺激,而听觉刺激则是次级刺激,那么即便不接收听觉刺激,体验者也可顺利完成场景探索与射击敌人的游戏任务。而音乐游戏的听觉刺激便是基本刺激,人们无法在关闭音乐与音效的条件下进行

---

[1]　YUAN B, FOLMER E, HARRIS F Game Accessibility: A Survey[J]. Universal Access in the Information Society, 2011, 10(1):81-100.

数字游戏 创意设计

游戏。

Rules of Play 一书中,作者 Katie Salen 与 Eric Zimmerman[①] 提出"Challenge and frustration are essential to game pleasure."(挑战与挫折是游戏愉悦体验的根本来源。)基于此,音乐游戏还可被界定为"实现游戏目标时,体验者克服的核心挑战与音乐具有直接关联"的游戏,这意味着体验者成功克服游戏挑战时获得的成就感与音乐相关,在任务失败时受到的挫折也与音乐相关。如此,音乐直接决定了体验者能否在游戏中获得愉快的体验。

除音乐游戏之外,在创作其他类型的游戏时,设计师同样能够通过交互性声音营造游戏性。音乐包括音高、响度、节奏、音色等多重属性,设计师可基于其中任何一种或多种属性创造游戏中的交互性声音。

1. 节奏交互

不少游戏基于音乐节奏来建构游戏核心挑战。在《节奏空间》《音灵》《太鼓达人》《古树旋律》《音乐世界》《长号冠军》等大量的音乐游戏中,游戏基于背景音乐的节奏生成一系列视觉符号,体验者击中每个视觉符号的准确程度决定了游戏成绩,如图 2-89 所示。一些非音乐类游戏也会在部分关卡融入节奏类音乐游戏的游玩体验。卡牌对战类游戏《哈利波特:魔法觉醒》在"舞会"模式中引入了该游戏形式。当体验者邀请其他体验者共舞时,游戏界面将根据当前舞曲的节奏不断呈现各种视觉符号,而体验者则需尽可能准确地击中这些视觉符号。体验者击中视觉符号的方式由游戏平台决定:在《古树旋律》《长号冠军》等智能移动平台游戏中,体验者需点击与滑动屏幕;而在《节奏空间》等虚拟现实游戏中,体验者则是挥动手柄;而倘若结合太鼓来体验《太鼓达人》,那么体验者则需使用鼓槌来进行敲鼓。

设计师还可在节奏类音乐游戏中融入更加丰富的游戏动作。例如,智能移动平台音乐游戏 *Guitar! by Smule* 对吉他进行了模拟,支持体验者在虚拟世界中演奏吉他。体验者既需点击屏幕实现单音演奏,还需滑动屏幕进行"拨弦"操作,如图 2-90(a)所示。在虚拟现实音乐游戏《指挥家:大师班》中,体验者扮演交响乐队的指挥,需根据背景音乐的节奏,向不同的方向挥动指挥棒或挥动双手,如图 2-90(b)所示。这些游戏同样基于音乐节奏塑造的游戏核心挑战,但相较于击中视觉符号,体验者执行的游戏行为更加多样。

设计师将节奏挑战与解谜、冒险、策略等其他类型的挑战相结合,可进一步增加游戏挑战的多样性与复杂度,从而吸引更多不同类型的体验者群体。例如,《节

[①] SALEN K, ZIMMERMAN E. Rules of play: Game Design Fundamental [M]. Cambridge, Massachusetts: The MIT Press, 2003:348.

奏地牢》将节奏类音乐游戏与二维动作解谜游戏进行了融合。在传统地牢冒险游戏中,体验者在任意时间按下方向键便可控制游戏主角的移动。而在该游戏中,体验者需要匹配背景音乐的节奏按下按键才可控制游戏主角的移动。该游戏界面下方通过不断跳动的"心脏"这一视觉符号,提示体验者背景音乐的节奏,如图 2-91(a)所示。《我的电台》也具有相似的设计思路,将节奏类音乐游戏与二维横板动作游戏进行了融合,如图 2-91(b)所示。体验者只有按照背景音乐的节奏操作才能触发游戏主角的跳跃、攻击等动作,游戏主角的形态将根据背景音乐的节奏进行有规律的缩放,游戏场景中物体的运动也与背景音乐节奏保持一致。

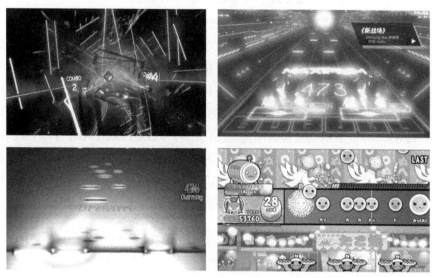

图 2-89 《节奏空间》《音灵》《古树旋律》《太鼓达人》

(图片来源:游戏截图)

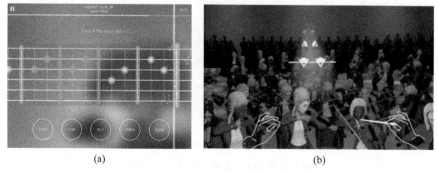

图 2-90 *Guitar! by Smule* 与《指挥家:大师班》

(图片来源:游戏截图)

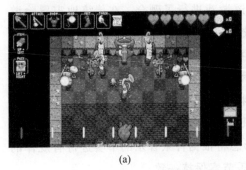
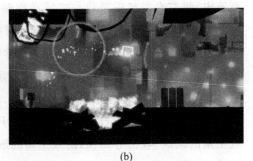

(a)   (b)

图 2-91 《节奏地牢》与《我的电台》

(图片来源：游戏截图与 Steam 平台的游戏宣传图片)

《啪嗒砰》也将节奏类音乐游戏与动作类游戏进行了结合，如图 2-92 所示。体验者同样需要在符合背景音乐节奏的前提下按下按键才能触发游戏主角执行战斗动作，不过该游戏与《节奏地牢》《我的电台》不同，其每一个战斗动作都要求体验者连续按下多个按键，按键的序列决定游戏主角的动作："PATA PATA PATA PON"代表"前进"（PlayStation 手柄的按键顺序为□□□○）；"PON PON PATA PON"代表"进攻"（PlayStation 手柄的按键顺序为○○○○）；"CHAKA CHAKA PATA PON"则代表防御（PlayStation 手柄的按键顺序为△△□○）。除这些动作以外，体验者还可做出"后退""蓄力攻击""跳跃""暂停""召唤奇迹""解除异常状态"等动作。

图 2-92 《啪嗒砰》

(图片来源：Sony 发布的游戏宣传视频)

上述案例的听觉刺激均属于"基本刺激"，即体验者无法关闭音乐进行游戏。除这种模式以外，设计师还可将听觉刺激作为"次级刺激"，根据背景音乐的节奏建构游戏空间。在开启游戏音乐时,音乐节奏能够对体验者的游戏行为进行提示。倘若人们在符合背景音乐的节奏下进行操作,那么体验者将获得最为流畅的游戏体验,并取得最优的游戏成绩。不过,体验者即使关闭音乐,也可基于游戏的视觉信号进行游戏。《勇敢的心:伟大战争》的部分关卡要求体验者扮演医护人员安娜驾驶汽车逃离敌人的追捕,这些关卡中从天而降的炸弹及木桶等障碍物都将搭配相应的音乐节奏出现在安娜面前。该游戏要求体验者避开障碍物,而非准确地捕捉音乐节奏,并且在每个障碍物出现前,该游戏还会通过视觉信号予以提示,如图2-93(a)所示。因此,体验者即便关闭音乐,也可依靠视觉信号顺利完成任务,但声音信号提示了即将出现的障碍物,能够辅助体验者更好地应对挑战。《雷曼:传奇》的音乐关卡也具有相似的设计模式,游戏关卡的地形与背景音乐的节奏形成了直接的对应关系。该游戏中的声音元素与视觉元素共同对游戏关卡中未来的障碍物进行提示,如图2-93(b)所示,其中,视觉刺激是基本刺激,而听觉刺激是次级刺激。体验者如果能同时根据视觉刺激与听觉刺激进行操作,那么将获得最为流畅的游戏体验。

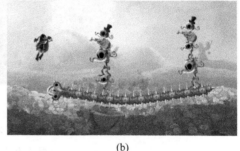

(a)　　　　　　　　　　　　　　(b)

图2-93　《勇敢的心:伟大战争》与《雷曼:传奇》

(图片来源:游戏截图)

2. 音高交互与响度交互

声波的频率决定音高,振幅决定响度。频率与振幅都会影响声波的能量,这种能量可通过数值来表示。在游戏核心元素中,结构规则代表游戏深层的数值模型与逻辑规则。其中,数值模型可以是主角的移动速度、武器的攻击力、敌人的生命值、飞行器的飞行高度等等一切可通过数值表示的属性。因此,设计师可将音高、响度与结构规则中的数值模型进行结合。

大量主流商业游戏中,体验者面临的游戏挑战是由设计师设定的,与游戏的背景音乐并不存在关联。而《危险节奏》则打破了这一设计模式,体验者能够自行导入任意一首乐曲作为游戏音乐,音乐的节奏将直接决定敌机的数量、速度与火力。

因此,当体验者导入节奏强烈的乐曲,或者当乐曲进入副歌片段时,游戏场景将涌入大量敌机,且每一架敌机都以猛烈的火力向体验者快速袭来,如图 2-94(a)所示。反之,倘若体验者导入节奏缓慢的音乐,或者当一首乐曲进入主歌片段时,游戏场景中的敌机将寥寥无几,且每一架敌机都缓慢地飞行,体验者驾驶的飞机与敌机的火力也将变得十分微弱。《危险节奏》通过背景音乐决定游戏的挑战系数的这一设计模式使得游戏挑战并非由设计师控制,而是由体验者设计。

音高、响度与结构规则的结合催生了一种全新的游戏类型——声控游戏。在横板动作游戏《不要停下来!八分音符酱》中,体验者通过声音控制游戏主角的移动,如图 2-94(b)所示。当音量(游戏未限制声音的来源,可以是体验者的嗓音,或乐器的乐音,或其他任何一个物体发出的声音)较低时,游戏主角将向右移动;而当音量较高时,游戏主角将跳跃。因此,体验者需要根据游戏关卡的地形不断调整声音的音高与响度。

图 2-94 《危险节奏》和《不要停下来!八分音符酱》
(图片来源:游戏截图)

3. 旋律交互

除结合节奏、音高、响度等单独的音乐属性设计交互性声音以外,设计师还可基于旋律设计声音交互机制。音乐游戏《环形》便融入了旋律交互机制,如图 2-95 所示。在体验者进入每个关卡后,该游戏都将播放一段音乐,体验者必须记忆这段音乐,再将关卡中代表着不同音乐片段的符号按顺序拼接,使其连接成之前听到的完整音乐。

《谜之音乐盒》将一段完整的音乐旋律拆分为不同的碎片,体验者需以正确的方式拼接这些碎片,在完成拼图时,游戏将从左至右依次播放所有碎片的旋律,如图 2-96 所示。游戏的拼图区域包含纵向与横向两个维度。横向维度代表时间,而纵向维度则代表不同乐器演奏的旋律。游戏中不同乐器演奏的旋律处在不同的碎片中。当体验者将多个碎片拼接在一条竖线上时,这些碎片的旋律将在相同的时间段播放。体验者既需关注不同旋律片段在时间线上的先后顺序,还需判断不同旋律的和声是否和谐。

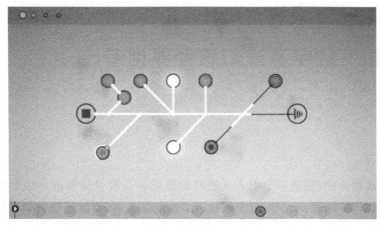

图 2-95 《环形》

(图片来源:游戏截图)

 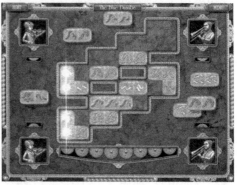

图 2-96 《谜之音乐盒》

(图片来源:游戏截图)

第 3 章　数字游戏幻想世界创造

在游戏设计中,创造一个引人入胜的幻想世界是至关重要的。这个世界是体验者探索和冒险的舞台,它不仅能够提供丰富的体验,还能够让他们沉浸其中并引发情感共鸣。本章将深入探讨游戏幻想世界的创造,从游戏角色设计、游戏叙事设计、游戏空间设计的角度全面解析如何构建一个充满吸引力的虚拟世界,帮助设计师创造出令人难忘的游戏旅程。

3.1　游戏角色设计

无论是《超级马里奥兄弟》中勤劳、乐观的水管工马里奥,还是《塞尔达传说》系列中英勇、忠诚的骑士林克;无论是《古墓丽影》系列中集美貌、智慧、敏捷于一身的考古学家劳拉,还是《光环》系列中冷静、果敢的超级战士士官长;无论是《最后生还者》中有情有义、智勇双全的少女艾莉,还是《巫师》系列中本领高强、受人尊敬的猎魔大师杰洛特(如图 3-1 所示)……优秀的角色设计能够赋予游戏独特的魅力,使体验者与之产生强烈的情感共鸣。这种情感连接将使人们更具动力地探索游戏世界,克服游戏挑战。成功的游戏角色还能够成为一种文化符号,助力游戏产品的营销与品牌建设,提升游戏的社会影响力与商业价值。本节将重点探讨如何设计游戏角色的形象、性格与技能,并结合案例深入剖析角色设计的各个关键要素,为设计者提供实践指导与借鉴。

1. 游戏角色形象策划

游戏角色的外观造型直接决定了它给体验者留下的第一印象。精心设计的游戏角色形象能使游戏角色在无比激烈的竞争中脱颖而出,吸引更多的体验者参与游戏。游戏角色的外观造型设计不单是为了美观,更是为了展现游戏角色的身份信息、性格特点与特殊技能。

图 3-1　劳拉、士官长、艾莉、杰洛特

（图片来源：网络平台）

1）设计高辨识度的角色形象

成功的虚拟角色通常具有高辨识度的形象。全世界知名度较高的虚拟角色之一"米奇老鼠"（Mickey Mouse）就拥有一对极易辨识的耳朵——无论米奇老鼠的脸部朝向哪个方向，其耳朵始终面朝前方，如图 3-2（a）和图 3-2（b）所示，这使得它的形象很容易被分辨。即便是采用由一个大圆和两个小圆构成的最简约的轮廓（图 3-2（c）为迪士尼专列地铁上的米奇老鼠形象），体验者也能第一时间辨识出来。

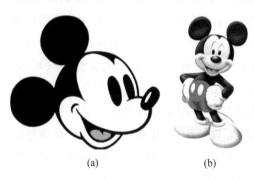 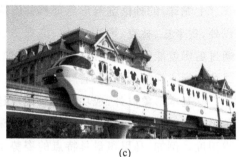

(a)　　　　　　　(b)　　　　　　　(c)

图 3-2　米奇老鼠形象设计

（图片来源：网络平台）

在游戏《任天堂明星大乱斗》中，由任天堂创造的一系列著名游戏角色都具有高辨识度的形象。其中，马里奥是任天堂游戏史上最著名且最具标志性的招牌角色，其形象特点是：矮个子、大肚子、圆脸、斗鸡眼、大鼻子、大胡子、红帽子、红色衬里和蓝色背带裤。其中，红帽子、大胡子和大鼻子是其主要的造型特征。即使采用夸张的变形或低像素的构图，人们也仍然能够迅速地辨别出该角色，如图 3-3 所示。此外，马里奥的造型设计体现了其友好而乐观的性格特点，他圆润的身材，上扬的胡子和眉毛，以及开朗的笑容可以向体验者传递积极、温暖、亲切的感觉，快速赢得体验者的喜爱。

图 3-3　任天堂招牌角色马里奥的形象
(图片来源：网络平台)

　　高辨识度的角色形象可以让观众通过剪影就能识别出来。日本漫画家空知英秋在 TV 动画《银魂》的第 100 集便传达了这一设计观点。TV 动画《海贼王》的路飞、《七龙珠》的孙悟空等形象都具备该特点。在《任天堂明星大乱斗》中，除马里奥以外，皮卡丘、林克、耀西、卡比、酷霸王、桃花公主、吃豆人等众多角色都具有仅仅通过剪影就能够识别的形象特征。例如，林克个头矮小，拥有又尖又长的双耳，始终背着标志性的大师剑、盾牌与弓箭，这几种武器的组合具有鲜明的个性化特征。

　　除基本形象以外，成功的游戏角色还拥有独特的姿势与动作。富有代表性的角色着装、外观轮廓、武器装备，结合特殊的姿势与动作，能够有效提升游戏角色的辨识度。例如，马里奥最具特点的姿势是跳跃，其左手高高举起，两腿则一字马打开。而林克在游戏中出现最多的动作则是持剑攻击——无论是与敌人对抗，让发光的种子开花，还是让左纳乌装置运转等。挥剑的姿势能够展现林克最核心的技能，因此他的标志性姿势之一便是右手持剑置于胸前或将宝剑高举指向天空。除宝剑以外，盾牌是林克重要的防御武器。无论在剧情影像还是游戏实时运行过程中，林克在守护塞尔达公主时曾多次使用盾牌抵御敌人的攻击。因此，身体微蹲、左手持盾成为林克的另一个标志性姿势，如图 3-4(a) 所示。此外，弓箭是林克的远程攻击武器。在游戏场景中，体验者不仅能够通过弓箭消灭强大的敌人，还可将弓箭与特殊的道具组合以解开谜题。因此，其拉弓瞄准的姿势也成为标志性姿势之一，如图 3-4(b)所示，该姿势甚至会出现在游戏海报与衍生品中。这些姿势与动作体现出林克英勇、警惕、灵活的战斗技巧。

图 3-4 《塞尔达传说》系列男主角林克的标志性姿势

(图片来源：网络平台)

在一个游戏系列中，不同作品的主角可能会发生变化。为了符合体验者的审美习惯，设计师通常会采用相似的形象来设计游戏主角，使历代游戏的主角外观造型有高度的一致性。以《刺客信条》系列为例，从初代游戏发展至今，游戏剧情从第三次十字军东征、意大利文艺复兴、美国独立战争，到法国大革命、英国维多利亚时代、维京人入侵英格兰，游戏的历代主角包括阿泰尔、艾吉奥、康纳、爱德华、谢伊、亚诺、雅各布、伊薇、巴耶克、卡珊德拉、阿利克西欧斯、艾沃尔等，其每一位主角都拥有不同的故事背景、样貌特征和性格特点。但除《刺客信条 3：解放》的女主角艾夫琳、《刺客信条：叛变》的男主角谢伊、《刺客信条：奥德赛》的男主角阿利克西欧斯和女主角卡珊德拉以外，其他主角的外观和形象设计高度相似——超过膝盖的刺客长袍、遮住额头的兜帽以及无名指处的标志性袖箭等，如图 3-5(a)所示。历代游戏主角形象的一致性使角色具有很高的辨识度，主角们头戴兜帽的形象也正反映了该游戏系列的标志——由三条曲线组成的兜帽轮廓。兜帽遮掩住脸部的形象设计为游戏角色增添了神秘气息，也是对刺客联盟"大隐于世"这一信条的隐喻。

众多动画、游戏中"刺客""法师""盗贼"等带有神秘气息的角色都与《刺客信条》系列塑造的主角形象存在一定的相似性。例如，《三位一体》系列中的女盗贼也身着长袍、头戴兜帽，甚至将面容全部遮盖住了，该角色形象可体现其高傲而凌厉的性格特点，如图 3-5(b)所示。此外，《部落冲突》中的法师也同样身穿长袍、头戴兜帽。

(a) (b)

图 3-5 《刺客信条》系列历代游戏主角与《三位一体》系列中女盗贼形象

（图片来源：网络平台）

2）设计具有隐喻作用的角色形象

角色形象还可对故事的内涵进行隐喻。动画电影《功夫熊猫》系列的角色包括阿宝、师父、悍娇虎、金猴、俏小龙、灵鹤与快螳螂等，这所有的角色形象均非无中生有，而是体现了博大精深的中华武术文化。电影的男主角大熊猫阿宝包含黑色与白色两种毛色，这两种颜色在八卦阵中分别代表"阴"和"阳"。这种通过主角形象对阴阳两合进行隐喻的方式在《功夫熊猫2》体现得淋漓尽致——在与沈王爷对战的过程中，阿宝在船上快速、连续地向前翻滚，黑色与白色两种毛色混合在一起，形成了八卦阵的图案，如图 3-6 所示。此外，影片中师父的五位弟子也分别象征着中国形意拳的五种拳法——虎鹤双形、猴拳、螳螂拳和蛇拳。

图 3-6 动画电影《功夫熊猫2》中阿宝向前翻滚时形成的八卦阵图案

（图片来源：电影截图）

除游戏主角以外，游戏场景中所有的 NPC（Non-player Character，非玩家角色）都对叙事内容具有隐喻作用。《小小梦魇 2》的男主角摩诺遭到世界的嫉妒和怨恨，为了获得安慰，忘记这个世界的丑恶，摩诺将一个纸袋套在头上。该形象是对男主角逃避心理的隐喻。除此之外，该游戏第二章的 Boss 女教师也具有显著的隐喻作用。她拥有比学生高大数倍的体型，手上拿着一把戒尺，如图 3-7（a）所示。其最重要的技能是将脖子无限伸长，当听见异常声响时，能够伸长脖子迅速巡查教室中的任何一个角落，如图 3-7（b）所示。在安静得令人不寒而栗的教室中，女教师经常走下讲台，使戒尺用力拍打学生的课桌。其高大的身躯遮住了微弱的灯光，使学生完全笼罩在她的阴影中。女教师的形象隐喻着在强制性教育体系中，教师对学生施展的暴力统治，以及学生压抑的、扭曲的心理。

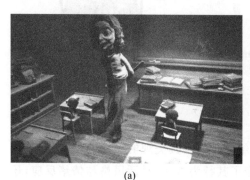 

(a) (b)

图 3-7 《小小梦魇 2》中的女教师

（图片来源：游戏截图）

在《寂静岭》系列中，游戏的里世界代表游戏主角的潜意识，里世界中的怪物象征着游戏主角内心深处最痛苦和恐惧的回忆，而每一种怪物的形态都具有隐喻作用，如图 3-8 所示。《寂静岭 2》的男主角詹姆斯深爱的妻子玛丽不幸身患绝症，在玛丽患病期间，詹姆斯承受着巨大的精神压力与经济压力。玛丽因病痛常常将负面情绪宣泄在詹姆斯身上，甚至当詹姆斯来医院看望她时，数次将其赶走。在负面情绪的侵蚀下，詹姆斯不愿再看到玛丽深受病痛的折磨，最终在家中杀死了玛丽，而后因内心无法面对这一事实来到了寂静岭。在寂静岭里的世界中，詹姆斯面对的所有怪物都是其内心深处纠结、恐惧、愤怒与压抑的象征。其中怪物 Lying Figure 扭曲的身体及匍匐在地的行动方式隐喻着玛丽身患绝症后因病痛而扭曲身体，以及当玛丽赶走詹姆斯后，又匍匐在地尝试追回詹姆斯的状态。Bubble Head Nurse 则是衣着暴露的护士，隐喻着玛丽在住院期间，因性压抑的詹姆斯而对护士产生的性幻想。Mannequin 是由两个下半身组成的模特，这是对性压抑詹姆斯将女性物化为没有思想（不会像玛丽一样对自己宣泄负面情绪）的性工具的隐喻。

Mary 是玛丽的映射,它在一个铁架子中伸出触手,是对玛丽住院期间躺在病床上动弹不得的隐喻。Mary 的两种攻击方式分别是伸出舌头刺向詹姆斯,以及缠住詹姆斯的脖子并将其吊起、令其窒息。前一种攻击方式暗指玛丽对詹姆斯恶语相向;后一种攻击方式则是指詹姆斯用枕头捂死玛丽后,潜意识中认为玛丽为了复仇也会想要吊死詹姆斯。

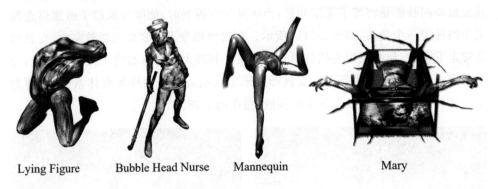

图 3-8 《寂静岭 2》部分怪物的形象

(图片来源:网络平台)

2. 游戏角色性格塑造

成功的游戏角色之所以富有吸引力,绝非仅仅因其美观的形象,更在于其复杂而多面的性格。游戏角色的性格不仅决定了其行为方式、对话风格与情绪反应,还深刻影响着体验者与游戏角色产生情感共鸣的程度。为了塑造真实可信的角色性格,设计师需要在角色背景故事、心理动机与行为逻辑等方面进行细致入微的构思。此外,设计师还需在特定情境中充分展现游戏角色独特的人格魅力。

1)通过细节塑造角色性格

细节是塑造游戏角色性格的关键。通过角色的言行举止、语气语调、服饰装备以及与环境的互动方式,设计师将传达游戏角色丰富的心理活动。2020 年的大年初一,动画电影《姜子牙》联动《哪吒之魔童降世》发布了春节拜年短片《姜子牙哪吒神仙联动拜年》。该影片在开场片段通过五处细节展现了姜子牙的"完美主义"性格特点(如图 3-9 所示):切白萝卜时,每片萝卜的宽度相同;将饺子进行摆盘时,饺子被摆成了完美的同心圆;即便是甜品盘上的装饰品,也需要使用小刀精心雕刻;每件餐具距离圆桌边缘的距离必须相等;看到哪吒裤子上的腰带系歪了,必须将其摆正。在吃年夜饭的过程中,哪吒的不拘小节几乎逼疯追求完美的姜子牙,从而构成一系列令人捧腹的剧情内容:哪吒使用筷子夹起饺子时,将不少饺子夹出盘外,严重破坏了其初始时的完美形状,姜子牙见后恐慌;哪吒端起汤盆将汤倒入小碗时,汤汁不慎全都洒在桌上,姜子牙不忍直视;哪吒拿起一块甜品后,甜品上方被姜子牙精心雕刻的装饰品倒在桌上,导致其头部断裂,过于恼怒的姜子牙将手中的酒杯握碎;当神仙们吃完年夜饭后离场时,见到哪吒嘴角残留的食物,姜子牙难以入眠,于是半夜起床闯入哪吒的房间,将其嘴角擦干净后重新入睡……这些细节生动地塑造了姜子牙与哪吒这两个角色截然相反的性格特点。

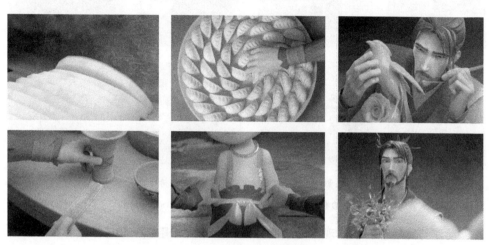

图 3-9　微电影《姜子牙哪吒神仙联动拜年》中体现姜子牙"完美主义"性格的细节
（图片来源：微电影截图）

在动画电影《超能陆战队》的角色设计过程中,为了塑造每个角色的独特性格,动画师创作了各角色在进入同一个房间时,从开门到坐在椅子上的动画,如图 3-10 所示。这个过程看似简单,但足以展现每个角色动作细节的差异。男主角小宏将双腿放于桌上,展现其不拘小节而活泼开朗的性格。小宏的哥哥则以一个较为规矩的姿势坐着,展现其温文尔雅的绅士风度。风驰电掣的神行御姐进门后将椅子调转 180°后坐下,将双手搭在椅背上吹着口香糖,主创人员描述其为"她不是想故作性感,也不是装模作样,她只是纯粹的自信"。甜美可人的哈妮柠檬是一个热情、亲切、积极乐观的化学天才,进门后,她将时尚的挎包放于桌上后跷起二郎腿坐着,尽展淑女浪漫而美丽的一面。作为机器人的大白与人类角色的动作具有显著区别——人类能够将多个动作连贯成一个整体,而机器人则需按顺序依次执行每一个小动作。例如,先扭头再转身体、先转身体后挥手等(而人类角色则能够同时扭头和转动身体)。在该动画中,大白先将椅子从桌边挪开,仔细测算椅子与桌边的距离后,再转身一步一步地挪进椅子前方的区域中,展现其憨厚、可爱的性格。

图 3-10　动画电影《超能陆战队》中不同角色坐在椅子上的动作细节

（图片来源：Disney 发布的视频 "Big Hero 6：The Characters behind The Characters"）

　　动作与对话都能够体现角色的性格。游戏《辐射：避难所》中，体验者需要操控大量的虚拟角色，这些角色的动作虽然没有显著区别，但游戏通过对话展现了他们的性格，如图 3-11 所示。

图 3-11　《辐射：避难所》中体现虚拟角色性格特点的对话

（图片来源：游戏截图）

《塞尔达传说：旷野之息》也通过对话展现了四位英杰的性格特点，如图3-12所示。卓拉族的英杰米法性格温柔内敛，她爱慕林克，却始终未能表达自己的爱意。在与灾厄加侬战斗之前，米法本想将自己亲手制作的铠甲送给林克，但却因羞涩只说出了："我……很高兴自己能替你治疗伤口……等到我们和灾厄加侬的战斗结束后，你还愿意像小时候那样，再来这里找我玩吗？"只是十分婉约地表达了自己愿意一直守护林克的心意。鼓隆族的英杰达尔克尔豪迈、爽朗、坚强、乐观，他曾经对林克说道："我达尔克尔身为鼓隆的英杰，自尊心可是很强的。怎么可以在神兽训练输给另外三个人。"这一对话十分明显、直接地呈现了达尔克尔直爽而自信的性格。利特族的英杰力巴尔十分自信，他在与林克和其他英杰交流时，大量的对话内容都体现了这一性格特点。力巴尔会直言不讳地夸奖自己并"贬低"他人，他曾经在展示自己高超的飞行战斗能力后，对林克说道："刚才那招怎么样？这技艺你是怎么样都学不来的吧？……而且我还是族里最好的弓箭手，所以，我力巴尔才是讨伐灾厄时最重要的战士……但是，他们却要我来协助你。就因为你是那把老旧驱魔之剑的主人！"力巴尔从不直接地夸奖他人，当林克打败风咒加侬时，力巴尔说道："哎呀，你真的打败它了吗，这还真是出乎我的意料……"不过，力巴尔虽然自信但并非刚愎自用、嫉贤妒能。当他操控风之神兽做好战斗准备时，曾经自言自语道："看来我也不得不承认了，那家伙明明不会飞，却还是来到了这座神兽，他办到了我做不到的事，虽然很不甘心，但是我彻底输了……林克，你才是我们的中心人物。"格鲁德的族长乌尔波扎则是一名精明强干的女性，当塞尔达公主排斥林克时，乌尔波扎告诫林克："你也别怪她，每次看到你背后的那把剑，小公主她都会非常沮丧。"在纪念林克成为亲卫骑士的仪式现场，乌尔波扎也说道："对于小公主来说，他就像是自己的心结一样。"寥寥数语便体现出乌尔波扎敏锐的洞察力，她准确地洞悉了塞尔达公主因始终未能获得封印灾厄加侬的力量而感到的痛苦与焦急，展现了她作为一名年龄稍长的英杰的沉稳和睿智的性格特点。

2) 打破游戏角色的固有形象

为了创造令人印象深刻的游戏角色，设计师需打破此类角色在影视作品中的固有形象。以"法师"为例，在大量电影、动画及游戏中，法师通常头戴兜帽遮住前额，是充满智慧且具有神秘色彩的角色，如图3-13所示。而《部落冲突》则突破了这一法师形象的设计惯例，向体验者呈现了一个可爱而幽默的法师角色。在《部落冲突》的宣传视频中，尚在睡梦中的法师被射在枕边的弓箭惊醒，起床后来到穿衣镜前。接着，视频展现了令观众无比惊讶的一幕——法师拿掉兜帽，其乌黑而茂盛的长发如同孔雀开屏一般竖立起来。法师一边梳头一边对着镜中的自己说道："你是个英雄，而且你看起来很帅。"这一令观众忍俊不禁的画面在战场上再次上演——法师在投掷火球时一不留神拿掉了兜帽,在场所有士兵都被惊讶得立刻停下脚步,目光被法师的发型所吸引。法师这一系列的举动体现了其风趣而自恋的性格特点。法师的性格在《部落冲突》的国服宣传视频中被进一步凸显,该宣传视频一共拍摄了五位法师,其中三个中箭的法师都"矫揉造作"而"充满诗意"地描绘其弥留之际所见的"神奇之地",令观众哭笑不得。除此之外,该宣传视频不仅刻画了法师的性格,还刻画了野蛮人、骷髅士兵、弓箭手、巨人等所有兵种的表情及动作细节,使每个角色都鲜活生动、有血有肉。有的观众甚至认为这一短短的宣传视频比一部完整的电影更加有趣,如图3-14所示。

图3-12 《塞尔达传说:旷野之息》中的四位英杰

(图片来源:游戏截图)

图3-13 《部落冲突》中的法师角色

(图片来源:Supercell Oy发布的游戏宣传视频与都城国服宣传片)

数字游戏幻想世界创造　第3章

不得不说部落冲突的动画(宣传片)是我见过做的最好看的动画，人物做的精致生动，每个人都有自己独立的表情，特别是细节，细节我直接满分，法师被击中大叫时背后兵种们的反应，法师将要倒地时的两个野蛮人，法师讲神秘之地时周围兵种们的期待，法师被石头砸时周围兵种的惊吓，第二个法师和兵种们的默契，第二个法师讲神秘之地时周围兵种的好奇(特别是巨人和野猪骑士)，第二个法师被砸时野猪骑士和野猪与女巫的细微表情，以及骷髅没听到结果时的难过，第二个法师被压在巨人下面甚至还叫了一声，第三个法师被射时周围两个法师的默契配合。整个过程细节无敌，略带幽默的同时也没有偏题，一分二十秒的宣传片我比看电影还有意思👍👍所以官方你什么时候把游戏内的兵种动画做流畅一点，每次看到他们在兵营里都感觉他们是个只有几帧的纸片

2022-12-18 21:05　👍20　　回复

图 3-14　观众对《部落冲突》都城国服宣传片的评论
(图片来源：网络平台)

3) 塑造立体的角色性格

再以任天堂明星角色、《塞尔达传说》系列的男主角林克为例。在整个游戏中，林克一言未发，他的所有性格特点均由动画与音效塑造。在讲述主线剧情内容时，游戏通过预制影像展现了林克恪职尽守、灵敏机智、高度自律、英勇无畏、忠心耿耿的性格特点。在《塞尔达无双：灾厄启示录》中，当守护者被反派角色灾厄伽农控制，并即将向塞尔达公主发起攻击时，林克敏锐地发觉并飞身持盾挡在塞尔达公主身前。在《塞尔达传说：旷野之息》中，即使大雨倾盆，林克仍然在树下刻苦练剑。灾厄伽农在杀死国王与四英杰后，操控神兽向塞尔达公主袭来，林克虽已身负重伤，但仍然为保护塞尔达公主而竭力战斗至最终倒下。

同时，游戏影像还呈现了林克温和、友好的性格。在《塞尔达传说：旷野之息》中，当塞尔达公主看见濒临灭绝的花朵"宁静公主"时，联想到自己可能无法战胜灾厄伽农而愁容满面，此时影像展示了林克抬手想要安慰公主的细节。

除此之外，为呈现林克作为一名未成年人天真、单纯而可爱的一面，游戏通过大量的微表情和小动作，展现了一幕幕十分有趣的动画场景，这些表面上看似微不足道的细节，实际上生动地刻画了林克的性格特点。在《塞尔达无双：灾厄启示录》中，无论遇见何等强大的敌人，林克始终冷静而勇敢地与之对抗。而当小型守护者对着林克指指点点、嘟嘟囔囔时，林克却瞬间束手无策，甚至感到害羞和难为情。当林克在开放世界中探索，与怪物决斗，与四英杰交流，甚至是见到塞尔达公主时，始终面无表情(这使很多体验者戏称其为"面瘫小哑巴")。而当林克在野外烹饪食物时，却会带着期待的表情哼唱小曲，在成功烹饪美食后，还会流露出十分快乐而

兴奋的表情,看见五星料理时甚至还会忍不住流口水。

除动画以外,游戏还可通过音效表现角色的性格。在《塞尔达传说:旷野之息》中,当林克在各驿站的特色床上休息时,将发出不同的声音。例如:在利特村睡"利特的羽毛床"时,林克将发出轻微而舒缓的呼噜声;在卓拉领地驿站的"幸福至极的水床"上睡觉时,林克将通宵在水床上十分欢快地蹦跳。这些音效展现了林克活泼可爱的性格特点。

游戏通过上述大量的细节将林克性格中作为骑士严肃认真的一面,作为同伴温柔体贴的一面,以及作为未成年单纯可爱的一面展现得淋漓尽致(如图 3-15 所示),成功地塑造了一个立体多维而受无数体验者热爱的角色。而除了林克,游戏同样通过大量的细节将其他角色的性格塑造得栩栩如生。在《塞尔达传说:旷野之息》中,塞尔达公主虽修炼十年却未获得封印灾厄伽农的能力,但她始终坚持不懈,即便看到一丝希望也会尽力尝试。当国王与四英杰都被灾厄伽农杀死,守护者即将对林克发起攻击时,为了保护林克,手无寸铁的塞尔达公主毫不犹豫地挡在林克身前。在唤醒了自己的封印之力后,塞尔达公主独自一人将灾厄伽农限制在城堡内,并与其战斗百年。这一系列动画影像向体验者展现了一个屡战屡败而屡败屡战的角色。与童话故事中那些需要被王子拯救和保护的公主有所不同,塞尔达公主这一角色展现了一个坚强、独立、智慧且富有仁爱之心的女性形象。

图 3-15 《塞尔达传说》系列中林克在不同状态下的表情和动作

(图片来源:游戏截图)

4)塑造"屡败屡战"的游戏角色

皮克斯叙事艺术家 Emma Coats 提出的 22 条讲故事原则[①]中,有一条是"You admire a character for trying more than for their successes."(你更加青睐那些不断努力,而非已经成功的角色。)正如林克与塞尔达公主,他们都是不断努力、永不言弃的角色。奥斯卡获奖动画短片《纸人》的男主角也具有这种性格特点。男主角在车站邂逅女主角,两人相视一笑后,女主角就坐上电车离开了。当男主角来到办

---

① Emma C. PIXAR'S 22 RULES OF STORYTELLING[EB/OL]. (2013-03-07)[2024-07-01]. https://www.aerogrammestudio.com/2013/03/07/pixars-22-rules-of-storytelling/.

公室后,却惊喜地发现女主角正在马路对面的大厦中面试。为了让女主角看到自己,男主角不断将办公桌上的文件折成纸飞机投向面试房间,期望飞进女主角所处的面试房间中,如图 3-16 所示,但这些纸飞机要么撞在墙上,要么飞进女主角面试的隔壁房间中,要么被风吹走……然而男主角在一次次失败后仍不气馁,当文件全部用完后,男主角勇敢地冲出办公室,寻找女主角。最终在纸飞机的帮助下,两人终于在车站再次相遇。在该短片中,男主角是一个默默无闻,做着乏味工作的普通人,但为了与女主角相见,即使不断遭遇失败,也坚持不懈、永不言弃。

图 3-16　动画微电影《纸人》中男主角不断将纸飞机投向女主角
（图片来源：微电影截图）

3. 游戏角色技能设计

一个成功的虚拟角色不仅拥有令人印象深刻的外观与富有吸引力的性格,还通常具备某种特殊的技能,角色的技能与其外观和性格存在一定关联。例如,迪士尼与皮克斯出品的动画电影中,几乎每个公主都拥有独特的技能。《冰雪奇缘》系列的艾莎公主拥有冰雪魔法,能够利用冰雪创造任何一种形状的物体。《魔发奇缘》中的乐佩公主拥有 18 年未剪的长发,它可发出耀眼的光芒并让人恢复青春。除这种神奇的魔力之外,她还可将这一头长发作为结实的绳子运输物品,或悬挂在任意一个支点上,如荡秋千一般到达常人无法抵达之处。《勇敢传说》中的梅莉达公主能够像一名出色的骑士那般弩张剑拔。《白雪公主与七个小矮人》中的白雪公主以及《阿拉丁》中的茉莉公主则能够与动物对话……根据公主们的这些特殊技能,动画电影《无敌破坏王 2：大闹互联网》创作了非常有趣的一幕：女主角云妮洛普意外闯入了公主休息室,并与公主们成为好友,如图 3-17 所示。当男主角拉尔夫从高空落下时,公主们发挥了各自的独特技能将拉尔夫救下。这些特殊的角色技能往往能给观众留下深刻的印象。

数字游戏 **创意设计**

图 3-17　动画电影《无敌破坏王 2：大闹互联网》中"各显神通"的公主们
（图片来源：电影截图）

1）角色技能与游戏机制

游戏机制可被理解为体验者为了实现游戏目标、应对游戏挑战所必须执行、反复执行的游戏行为。角色技能决定了游戏角色能够在虚拟世界中开展的动作，因此角色技能与游戏机制存在直接的关联。例如，在《超级马里奥兄弟》中，马里奥需要通过跳跃收集金币、吃蘑菇、消灭怪物、跃过沟渠、跃过食人花等，因此跳跃是马里奥最为重要的技能，也是《超级马里奥兄弟》的核心游戏机制。

游戏的类型在一定程度上确定了角色技能的范围。倘若设计师期望创作第一人称射击游戏，那么游戏角色的技能通常包含行走、跳跃、开枪射击、投掷炸弹等；倘若设计师创作的是平台跳跃游戏，那么游戏角色的技能一般包括向左/向右移动、跳跃。不过，在同一种类型的不同游戏作品中，游戏角色的技能会存在一定区别，这种区别决定了每一款游戏的独特性与创新性。《炉石传说》《皇室战争》《三国杀》《哈利波特：魔法觉醒》均属于卡牌对战类游戏，但其中每一款游戏的卡牌角色技能都存在显著差异，如《皇室战争》中，巨人卡牌的角色技能是移动与近程（使用拳头）攻击；弓箭手卡牌的角色技能是移动与远程（使用弓箭）攻击。《哈利波特：魔法觉醒》的巨怪卡将召唤一只巨型怪物，挥舞大棒对敌人进行近程攻击；而小蜘蛛群卡则可召唤六只蜘蛛，蜘蛛们将移动至敌人身前进行近程攻击。

独特的角色技能可有效提升人们购买和体验游戏的欲望，不少游戏支持人们开展大量现实世界中无法执行的行为。例如：在《刺客信条》系列中，体验者扮演身手矫健的刺客，在城市或森林中飞檐走壁，使用袖剑悄无声息地暗杀敌人，还可攀爬至高塔顶端再一跃而下，使用"鹰眼视角"透过墙体确认敌人的方位等；在《古墓丽影》系列中，身轻如燕的劳拉能够徒手攀岩，在幽暗的水沟中游泳，利用自然植被制造毒箭,使用弓箭、匕首和枪械进行远程或近程战斗,如图3-18所示。这些角色技能使体验者从现实世界的凡人转变为游戏世界的超人,为体验者带来了无比新奇而刺激的游戏体验。

图3-18 《古墓丽影9》与《古墓丽影:暗影》中具有高超攀爬技能的劳拉
(图片来源:游戏截图)

2) 角色技能与游戏挑战

角色技能与游戏挑战的类型直接相关,对于一个动作技能较强的角色而言,其宿敌通常是凶猛的怪物;而对于一个心智技能较强的角色而言,摆在他面前的则是古怪的谜题。倘若一款游戏包含多种角色供体验者扮演与操控,那么为了使游戏数值具有良好的平衡性,不同的角色应当具有不同类型的技能,以展现各自的优势与劣势。平衡的角色技能设计将使游戏更具挑战性与策略深度。

《三位一体》系列提供了三个角色供体验者扮演——骑士、法师和盗贼,这三个角色拥有截然不同的技能,如图3-19所示。骑士配备宝剑与盾牌,拥有较强的近身格斗技能;法师能够凭空创造立方体箱子,使物体悬浮于空中以及远距离改变物体的位置和旋转方向;盗贼可使用弓箭对敌人进行远程攻击,也可通过弓箭射出一条绳索,如同荡秋千一般越过又宽又深的沟渠。这三个角色的劣势也较为明显:骑士虽具备较强的近程攻击能力,但对于远距离的主动攻击型敌人便只能使用盾牌进行被动防御;法师无法与敌人直接对抗,只可通过创造物体、移动物体来间接攻击敌人;盗贼虽可通过弓箭进行近程与远程攻击,但不具备防御能力。

针对这三名技能差异显著的游戏角色,游戏呈现了多种类型的挑战元素——近程攻击型敌人、远程攻击型敌人、难以逾越的障碍物(较宽的沟渠或布满尖刺的高墙等)、一些"钥匙-锁"形态的谜题等。面临不同类型的挑战元素时,体验者需选择不同的游戏角色。例如,遭遇突然出现的近程攻击型敌人时,体验者需将主角切换为骑士;当敌人从远处主动袭击,或者当游戏空间包含大量需要跳跃才可通过的平台时,体验者则需将主角切换为盗贼;而当体验者面临紧闭的铁门或高耸陡峭的断崖时,法师便是最为合适的选择。

图 3-19 《三位一体 5:发条阴谋》的三名游戏主角

(图片来源:Steam 平台的游戏宣传图片)

这种角色技能的差异性在《植物大战僵尸》《部落冲突》《哈利波特:魔法觉醒》《三国杀》《炉石传说:魔兽英雄传》等策略类游戏中尤为突出。在《部落冲突》中,每一种士兵都具有显著的优势与劣势(见图 3-20):巨人与皮卡超人的生命值与伤害值较高,但是只能够近程战斗,且行动速度缓慢;弓箭手移动速度较快,具有远程攻击技能,但生命值较低,且缺乏近战能力;法师可近程或远程攻击,且行动速度快、伤害值高,但生命值较低;小偷行动敏捷,能够迅速盗取金币等资源,但生命值与伤害值均较低;天使虽然能够恢复其他角色的生命值,但不具备攻击技能;炸弹人奔跑速度较快,能一次性炸毁坚固的城墙,但是生命值较低,且不具备远程攻击技能……这些技能迥异的游戏角色大幅地提升了体验者制定游戏策略的难度。

图 3-20 《部落冲突》的弓箭手与炸弹人

(图片来源:Supercell Oy 发布的游戏宣传视频)

3）角色技能与游戏联动

创作团队可将同一个角色迁移至不同的游戏作品中，通过一个成功的游戏角色来吸引大量的体验者。例如，多人竞速游戏《马里奥赛车8：豪华版》引入了《超级马里奥兄弟》的马里奥、酷霸王、《塞尔达传说》系列的林克、《宝可梦》系列的皮卡丘等诸多其他游戏作品中的角色。在赛车过程中，体验者可使用的蘑菇、龟壳、食人花等道具均源自《超级马里奥兄弟》。《马里奥赛车8：豪华版》与《塞尔达传说：旷野之息》进行联动，将《塞尔达传说：旷野之息》中林克的零式摩托引入游戏，如图3-21（a）所示，当体验者从高处向低处飞跃时，林克还将自动使用《塞尔达传说》系列中的道具滑翔伞。这种设计模式能够有效地将热爱《塞尔达传说：旷野之息》的体验者吸引至《马里奥赛车8：豪华版》中。除此之外，还有体验者反其道而行之，在《塞尔达传说：旷野之息》中创作了"马里奥赛车"MOD（Modification，游戏模组），如图3-21（b）所示。人们在自行下载该MOD后，便可在游戏中体验赛车的乐趣。格斗类游戏《任天堂明星大乱斗》亦是如此，该游戏引入了诸多任天堂明星角色，每个角色的格斗技能都与其在原作中的核心技能保持一致。例如：马里奥具有较强的跳跃能力，正如在《超级马里奥兄弟》中，马里奥总是通过跳跃来消灭敌人；大金刚能够将对手高高举起，也可使用大力拳，这与其在《大金刚》系列的核心动作一致；林克主要使用剑进行攻击，也可使用炸弹或回旋镖等武器，这同样与其在《塞尔达传说》系列中的核心攻击技能是一致的。

(a)   (b)

图 3-21 《马里奥赛车8：豪华版》与《塞尔达传说：旷野之息》

（图片来源：Nintendo 发布的游戏宣传视频与体验者录制的游戏实时演示视频）

4）角色技能与影游融合

在影游融合的时代背景下，不少厂商会将广受欢迎的动画作品改编为游戏。例如，深圳市中手游网络科技有限公司、北京朝夕光年信息技术有限公司基于日本TV动画《海贼王》，创作了《航海王：热血航线》这款智能移动平台动作角色扮演游戏，如

图 3-22 所示。也有的厂商会基于游戏 IP(Intellectual Property,知识产权)创作电影或动画作品。例如,照明娱乐根据任天堂出品的《超级马里奥兄弟》游戏,制作并发行了动画电影《超级马里奥兄弟大电影》。在电影(包括动画)与游戏相互转化时,具有特殊技能的虚拟角色是影游联动的关键。倘若在一部动画作品中,存在大量拥有特殊技能的角色,那么该动画便容易转化为游戏。以《航海王:热血航线》为例,在其原始 IP 所在的动画《海贼王》中,当人们吃下恶魔果实后,将获得果实对应的技能。《海贼王》塑造了路飞、索隆、娜美、罗宾、乔巴、弗兰奇等一系列著名的角色,每个角色都拥有与众不同的特殊技能:食用了橡胶果实的路飞能够不断拉伸自己的肢体;食用了花花果实的罗宾能使身体的任何部位(例如,眼睛、耳朵等)如同开花一般,生长在其他有形的物体上,从而攻击敌人或窃听他人的对话等;食用了人人果实的驯鹿乔巴拥有与人类同等水平的智力,能够理解人类与其他动物的语言,并可在人型态、人兽型态及兽型态中转变……基于这些具有独特技能的角色,在《航海王:热血航线》中,体验者能够选择他们喜爱的角色,并使用该角色的专属技能进行对战。

图 3-22 《航海王:热血航线》中的路飞与索隆

(图片来源:App Store 平台的游戏宣传图片)

3.2 游戏叙事设计

"最亲爱的玛丽:

对我来说,战争已经结束。

我没有任何遗憾,我见过了太多骇人的惨状。

我希望这些年来,命运对你比对我更仁慈。

我们在尘世逗留的时光匆匆即逝,而我短暂的一生充满了幸福。

对此我只能心怀感激,我承蒙了如此多的祝福,尤其是你,你为我的生命带来了许多奇迹。

这是我的最后一封信,因为一名军官的死,我已被军事法庭判为有罪,杀死他并不是我的本意,但战争使人疯狂。

尽管我让卡尔失望了,但我知道,我的牺牲并非徒劳,我为我的国家和我的自由而战,我的荣誉不会旁落。

既然是上帝的旨意要我们在尘世分离,我希望他还会让我们在天堂重聚,请继续为我祈祷。

永远爱你的,爸爸。"

——《勇敢的心:伟大战争》

这段独白是《勇敢的心:伟大战争》中主角埃米尔写给女儿的最后一封信。在游戏的最终幕,埃米尔的长官被战争折磨到精神失常,即使战场上尸横遍野、血流成河,他却仍然手持长刀和机枪疯狂地逼迫士兵们冲锋陷阵,去打一场白白送命的战役。眼看着身边一个个年轻的战士在无情的战火中倒下,埃米尔勇敢地杀死了他的长官,成功阻止了这场毫无希望的战役。埃米尔因此成为士兵们心中的英雄,然而,他却因故意杀人罪被军事法庭判处死刑,从此再也无法见到自己日日思念的女儿。在体验者控制埃米尔从监狱走向刑场的过程中,游戏通过画外音同步播放埃米尔写给女儿的最后一封信,这一幕让无数体验者潸然泪下,而这也充分体现了游戏叙事的魅力。

在数字游戏的发展过程中,叙事曾经是具有争议的话题之一,两个派别长期进行着激烈的辩论:一派是叙事研究者(Narratologist),他们将游戏视为一种叙事媒介,专注于如何通过游戏讲好故事,并且同等看待游戏与其他叙事媒介;另一派则是游戏研究者(Ludologist),他们认为叙事并非游戏的必备要素[1]。如今,这场学术论战已经过去,大量设计师正在不断尝试如何在讲好故事的过程中营造优良的游戏性体验,游戏交互叙事研究也已进入全新的发展阶段。由于应用市场既存在不具备叙事元素但营造了极强游戏性的作品(如《俄罗斯方块》),也存在通过叙事内容感动成千上万体验者的作品(如《去月球》)。因此,本书不再致力于探讨叙事内容和游戏机制何者更为重要,而是旨在帮助读者更加深刻地理解游戏的典型叙

---

[1] ADAMS E,DORMANS J. 游戏机制:高级游戏设计技术[M]. 石曦,译. 北京:人民邮电出版社,2014:29.

事模式、游戏作为叙事媒介的独特性,以及如何基于游戏交互机制进行叙事。

3.2.1 渐进型叙事与突现型叙事

"渐进"(Progression)与"突现"(Emergence)的概念是著名游戏研究者Jesper Juul于2003年提出的,这两个概念能够将数量庞大的游戏作品划分为两大类型[①]。渐进型游戏指体验者在游戏过程中经历的事件全部由设计师提前制定,此类游戏的游戏谜题通常只有一种解法,不同的体验者必须按照一个相同的路径完成游戏任务。《纪念碑谷》系列、《画中世界》、《迷室》系列、《勇敢的心:伟大战争》、《弗洛伦斯》等都属于典型的渐进型游戏。由于渐进型游戏的游戏事件均由设计师提前制定,不同体验者经历的游戏事件完全相同,同一个体验者在反复进行游戏时经历的事件也不会发生变化,因此渐进型游戏的重复可玩性较弱。而突现型游戏则恰恰相反,此类游戏的游戏事件由体验者在与游戏交互的过程中动态生成,它们不可被预知,无法被提前制定。此类游戏拥有简单的规则和极高的概率空间,不同体验者将获得截然不同的游戏经历,同一个体验者在反复进行游戏时也将经历不同的游戏事件,因此突现型游戏具有较高的重复可玩性。

早期的游戏(诸如古代的围棋、象棋)都是突现型的,一些经典的数字游戏作品(诸如《俄罗斯方块》)也属于典型的突现型游戏;而现在大量游戏作品都将渐进结构与突现结构相结合。例如,《植物大战僵尸》中游戏关卡的递进过程体现典型的渐进性,所有体验者都将依次经历白天花园、黑夜花园、白天泳池、黑夜泳池和白天屋顶这五大关卡。同时,所有体验者在完成关卡任务后解锁植物的顺序也是相同的。而在各个关卡的塔防对战过程中,每名体验者都可选择不同的植物并创造截然不同的防御阵型,僵尸的进攻路径也具有一定随机性,这使得植物与僵尸的对抗过程呈现典型的突现性,如图3-23(a)所示。在《部落冲突》中,每名体验者都可按照自己的意愿,规划所有建筑物与防御武器的布阵方式。同时,在攻打他人的部落时,每名体验者都可选择不同的兵种,创造不同的进攻阵容,采取不同的进攻路径,如图3-23(b)所示。因此,《部落冲突》的攻防过程具有较强的突现性。每位体验者在攻打他人的部落(或者被他人进攻)时,都将获得独一无二的攻防体验。《部落冲突》的升级系统则体现出典型的渐进性,各类建筑物和防御武器需要消耗多少资源才可升至下一等级,以及当体验者升级大本营后能够解锁哪些兵种、哪些建筑物,

---

① JUUL J. The open and the closed: Games of emergence and games of progression[C]// Computer games and digital cultures conference proceedings. 2002:323-329.

均由设计师提前制定,所有体验者都必须按照相同的路径进行升级。

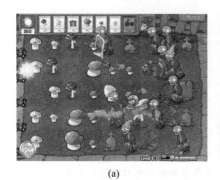

(a) (b)

图 3-23 《植物大战僵尸》与《部落冲突》的攻防过程

(图片来源:Steam 平台与 App Store 上的游戏宣传图片、游戏宣传视频)

  虽然"渐进"与"突现"的概念最早被用来描绘游戏的交互机制,但它们也恰恰体现了电影与游戏的潜在特征。电影与游戏是两种常见的数字媒体艺术形态,它们都将运动影像作为内容传播的载体。这两种艺术形态早期有着显著的区别:传统电影的叙事模式都是渐进的,每个叙事片段均由编剧提前制定,所有体验者必须按照一个固定的顺序与节奏观看影像;相反,传统的游戏都是突现的,如围棋、象棋等古代桌面游戏与《俄罗斯方块》等早期的数字游戏。随着数字媒体技术的发展,电影与游戏的相互借鉴与融合已成为行业的重要发展趋势。电影不断引入游戏交互机制,支持体验者主动参与叙事过程,甚至改变电影的叙事走向。这种趋势催生出互动电影这一新兴的电影类型,它在纯粹的渐进型叙事模式的基础上体现出越来越强的突现性。例如,互动电影《夜班》设计了 180 个可以做出选择的时刻和 7 种不同的结局[1],影片在关键的叙事节点允许体验者为主角做出选择,进而引导影片导向,使影片走向不同的叙事支线与结局。在传统电影融入交互机制的过程中,游戏也在不断引入电影的经典视听语言与镜头运动模式,在体验者与虚拟世界互动的过程中,呈现渐进型叙事影像。设计师基于计算机的存储能力将连续的剧情、关卡和场景提前制作并保存,使所有体验者按照某种固定的顺序经历一系列游戏事件,从而获得连贯而流畅的叙事体验。例如,在《塞尔达传说:旷野之息》中,每当体验者完成了一个主线任务,游戏都将播放一段预制影像来展现与该主线任务对应的叙事内容,如图 3-24 所示。如果将每个主线任务对应的预制影像进行组合,便能够形成一部完整的动画电影。体验者在未体验游戏时即可通过观看该动画电影,了解游戏的全部叙事内容。

---

[1] 孙可佳,关玲. 从叙事理论到交互实践:互动影视的出现与发展[J]. 编辑之友,2022(02):69-75.

数字游戏 创意设计

图 3-24 《塞尔达传说：旷野之息》中，体验者打败魔兽加侬后解锁的预制影像

（图片来源：游戏截图）

虽然渐进结构是游戏性的重要来源之一，但 Jesper Juul 认为突现结构才是营造游戏性的最佳结构，著名设计师 Chris Crawford 也认为计算机与其他媒介的不同在于其具有灵活的模拟能力与生成突现结构的能力①。因此，如何在连贯而流畅的渐进型叙事结构的基础上，合理地融入能够有效生成游戏性的突现结构，成为游戏交互叙事设计的难点。为了全面而完整地分析游戏交互叙事模式，同时帮助读者从更多类型的叙事媒介中汲取创作灵感，本节将研究对象拓展至三种交互叙事媒介类型，分别为：①多线分支式互动电影，采用麻省理工学院科学家 Glorianna Davenport 的界定，即电影语言、电影美学与具有控制、反馈机制的传播系统相融合的电影类型②，代表作品包括《夜班》《黑镜：潘达斯奈基》等；②虚拟现实电影（包括虚拟现实动画），指基于虚拟现实头戴式显示器观看的电影，体验者可自由环视虚拟空间，并通过手柄与场景中的部分虚拟物品进行互动，代表作品包括 Google Spotlight Stories 出品的虚拟现实电影《亨利》《入侵！》《虫虫之夜》《二重奏》等；③数字游戏，包括互动式电影游戏，以及其他所有包含叙事元素的游戏作品，除经典版《俄罗斯方块》等完全不具备叙事元素的作品外，其余作品均在讨论范围内。其中，互动式电影游戏可被理解为多线分支式互动电影与角色扮演类游戏的结合，代表作品包括 Quantic Dream 出品的《暴雨》《超凡双生》与《底特律：成为人类》，其中《底特律：成为人类》的叙事支线如图 3-25 所示。针对这三类交互叙事媒介，本节将多线分支式互动电影与虚拟现实电影归为"互动电影"类。我们首先针对互动电影与数字游戏的叙事模式进行探讨，然后对互动电影与数字游戏的叙事模式差异进行分析，

---

① ADAMS E,DORMANS J. 游戏机制：高级游戏设计技术［M］. 石曦，译. 北京：人民邮电出版社，2014：22-23.

② 施畅. 互动电影崛起：媒介脉络与游戏基因［J］. 当代电影，2020(9)：113-118.

最后提出数字游戏交互叙事策略。本节内容可参考作者曾经发表的论文《互动电影游戏化设计研究》[①]与《虚拟现实电影的交互特性及设计策略研究》[②]。

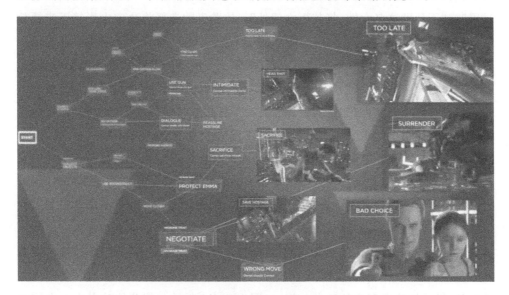

图 3-25 《底特律:成为人类》的叙事支线

(图片来源:游戏宣传视频)

3.2.2 互动电影与数字游戏的叙事模式

1. 多线分支式互动电影的叙事模式

传统电影的叙事模式体现出纯粹的渐进性特点,即所有体验者都按照一个相同的固定顺序来观看剧情片段。而多线分支式互动电影则为体验者提供了多条叙事支线,在剧情发展的关键节点,电影将提供不同的选项,并要求体验者在有限的时间内为主角接下来的行为做出选择,不同的选择将促使剧情朝不同方向发展,并导向不同的最终结局[③]。世界首部互动电影是《自动电影》。在电影院中,每位体验者的座椅旁都设置了红色与绿色两种按钮。当电影剧情发展至关键节点时,所有体验者都需要按下红色或绿色的按钮,选择自己期望的电影发展方向。电影院在统计所有体验者的投票结果后,播放得票数较高的叙事支线内容。例如,《自动电影》的一个关键剧情节点是一个穿着浴袍的女性走出房间后,其房间的门却被意

---

① 陈柏君,黄心渊. 互动电影游戏化设计研究[J]. 当代电影,2024(1):168-173.
② 黄心渊,陈柏君. 虚拟现实电影的交互特性及设计策略研究[J]. 当代电影,2018(12):107-111.
③ 张晗. 融媒体时代下互动电影的叙事研究——以《黑镜:潘达斯奈基》为例[J]. 电影文学,2019(16):65-68.

外关上了,于是这名女性非常焦急地敲门求助隔壁房间的男性住户,如图 3-26(a)所示。接下来,电影便要求体验者替男性住户做出选择——"帮助这名女性,请她进屋"或"不帮助这名女性,将其拒之门外"。体验者的选择将决定电影接下来播放的叙事内容。这种提供多条叙事支线,并且在剧情的关键节点要求体验者为电影角色的行为做出选择的叙事模式,一直保留至当今的多线分支式互动电影作品中。《黑镜:潘达斯奈基》《夜班》等互动电影都是此类叙事模式的典型代表。这些电影并非仅在电影院放映,而是也支持体验者在计算机或智能移动设备上观看,每位体验者都可按照自己的意愿在一定程度上"主导"电影播放的叙事内容。

多线分支式互动电影的一个设计要点是此类电影需要在支持体验者与电影互动的前提下进行连贯而流畅的叙事,使互动电影同时具备交互性与叙事的连续性。当今互动电影的设计模式是在每个要求体验者做出选择的叙事分支节点给予人们短暂的思考时间(如 3 秒),倘若体验者未选择任何选项,电影将自动进入一个默认的叙事支线。同时,在体验者思考与选择的过程中,电影的剧情影像仍将正常播放。在《夜班》的每个叙事分支节点,电影都会在两个选项的下方显示一个倒计时进度条,提示体验者剩余的思考时间,如图 3-26(b)所示。倘若体验者未能在该时间段内做出选择,电影则会通过将某个选项按钮变白的方式,提示体验者该选项为电影默认为体验者做出的选择。如此,互动电影便能够确保影像的播放不会因体验者的思考和选择而中断。

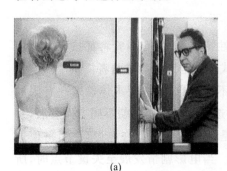 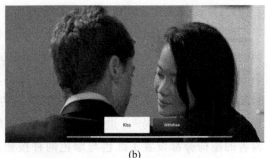

(a) (b)

图 3-26　互动电影《自动电影》与《夜班》

(图片来源:两部互动电影的预告片)

虽然在关键的剧情节点,多线分支式互动电影给予了体验者代替主角做出选择的权力,但是体验者的选择范围是有限的。同时,无论体验者如何选择,每一条叙事支线的具体影像内容是电影创作团队提前制定的,体验者无法对其做出改变。此外,在部分剧情节点,即使体验者做出了不同的选择,电影的叙事结局也仍然相同。因此,多线分支式互动电影具有受限制的自由叙事特征,即表面上,此类电影支持体验者主导剧情的走向;实际上,体验者并非完全自由,其主导权受到了很大的约束和限制。以《夜班》为例,当男主角在地下车库受到一名持枪男子的威胁时,电影虽然向体验者提供了两种选择——"屈从"或"逃跑",然而这两种选择导向的是同一条叙事线。倘若体验者选择了"屈从",那么男主角将开车带领犯罪分子离开地下车库;而如果体验者选择了"逃跑",那么男主角虽然会向车库出口奔跑,但犯罪分子将朝男主角身旁的柱子开枪,最终迫使男主角回到车里。因此,虽然体验者做出了不同的选择且观看到了不同的叙事影像,但这两种选择导向的结局是相同的,即男主角都将开车带领犯罪分子到达其团伙所在的位置。

《黑镜:潘达斯奈基》利用多线分支式互动电影的受限制的自由叙事特征对自由意志进行了探讨。在这部多线分支式互动电影的背景设定中,《潘达斯奈基》是一部互动式小说,与传统的线性叙事式小说有所不同,《潘达斯奈基》在大量剧情节点向读者提供了多项选择,不同的选项对应小说的不同页码,读者需要根据自己的选择不断跳转至相应的页面进行阅读。在《潘达斯奈基》的创作过程中,其作者因出现严重的精神问题而谋杀了自己的妻子,小说口碑也因此急转直下。1984年,男主角斯蒂芬期望将这部小说改编为电子游戏,让体验者可以通过在游戏中做出不同的选择来主导游戏剧情的发展。互动电影《黑镜:潘达斯奈基》讲述的是斯蒂芬在游戏创作过程中经历的故事。电影在大量的剧情节点都向体验者提供了选择,例如,当斯蒂芬与他的父亲共进早餐,他的父亲问他想吃何种口味的麦片时,体验者便需要替斯蒂芬在"白糖口味"与"玉米口味"中进行选择,如图3-27(a)所示;当斯蒂芬坐上去游戏公司的公交车后,需要在两盘磁带中选择听哪一盘磁带的音乐,如图3-27(b)所示;当斯蒂芬来到游戏公司,向老板介绍了自己的游戏创作思路后,老板将邀请斯蒂芬留在公司并成立一个项目团队共同研发这款游戏,此时体验者需要选择"同意"或"拒绝"。部分剧情节点的选择(如吃早餐时对麦片口味的选择)不会影响电影的结局,然而在关键的剧情情节,一旦体验者选择了"错误"的选项,便会立刻将影片导向悲惨的结局。例如,当体验者选择让斯蒂芬接受老板的邀请,留在公司进行游戏开发后,电影将立刻播放游戏创作失败这一结局。表面上,这部电影给予了体验者主导剧情的权力,但实际上体验者无论如何选择,始终无法改变斯蒂芬悲惨的命运。最终,斯蒂芬创作的游戏或流产,或因剧情不够优秀而遭受差评,或虽成功交付却因斯蒂芬杀死了父亲被判入狱而无人问津(与电影中《潘达斯奈基》小说作者的结局相似)。这部互动电影通过受限制的自由叙事这一手法,对"人类无法对抗自己的宿命"这一问题进行了探讨。

(a) (b)

图 3-27 互动电影《黑镜:潘达斯奈基》

(图片来源:电影截图)

2. 虚拟现实电影的叙事模式

1)虚拟现实电影与传统电影的区别

在银幕技术的发展过程中,电影实现了从黑白到彩色、从小屏幕到巨幕、从二维影像到三维影像的转变。不过,这些都未改变电影以镜头为基本构成单位、基于镜头语言塑造电影艺术的本质特征。镜头是电影的基本构成单位,摄像师采用不同的机位与景别拍摄画面,而剪辑师则基于蒙太奇技法将不同的镜头进行组接。因此,本书将此类电影统一界定为"传统电影",其中"传统"并非意味着电影作品的上映年代较早,而是因为其体现了典型的电影艺术呈现方式。

与传统电影不同,虚拟现实电影打破了"镜头"的概念。体验者使用虚拟现实头戴式显示器观看全景式、沉浸式电影,此类电影具有"自由观影视角"与"视觉沉浸"两个重要特征。"自由观影视角"指体验者在使用虚拟现实头戴式显示器后,能够以虚拟化身为中心,自由观看虚拟世界任意一个方向的影像。而在观看传统电影时,体验者只能通过摄像师的镜头观看叙事场景。因此,在虚拟现实电影中,体验者不再受限于导演、摄像师与剪辑师的前期编排,而是拥有了主动观察、探索虚拟场景的权力。相较于传统电影,观看虚拟现实电影更接近于观看舞台剧。

"自由观影视角"并非虚拟现实电影的专利,球幕电影及智能移动平台的全景电影也具有该特征。不过,在观看此类电影时,体验者的视野范围内会出现真实场景的事物(如体验者能够看见电影院前排的观众)。因此,体验者能够明确地感知到自己身处的世界与虚拟世界是截然不同的。而虚拟现实电影有所不同,头戴式显示器将体验者与现实世界进行了彻底的隔离,体验者接收的视觉信号全部来自虚拟世界。这便是虚拟现实电影的"视觉沉浸"特性,该特性是其构成"临场感"的前提。

2) 虚拟现实电影的叙事特征

(1) 互动性

与传统电影基于镜头的叙事有所不同,采用虚拟现实头戴式显示器后,体验者不再受限于电影创作团队的前期编排,能够自由观看叙事场景中任意方向的内容[①]。电影能够通过头戴式显示器捕捉体验者的观看行为,并据此调整虚拟世界中物体和角色的状态。这使此类电影体现出较强的互动性。以虚拟现实动画电影《虫虫之夜》为例,体验者在观看草丛或抬头仰望天空时,如图 3-28 所示,影片将播放不同的背景音乐;当体验者凝视天空超过一段时间后,树洞中将出现一只猫头鹰。这种互动性使虚拟现实电影具备更强的游戏性,体验者将更加主动地探索虚拟场景,并尝试与不同的物品进行交互。

图 3-28　虚拟现实动画电影《虫虫之夜》
(图片来源:电影截图)

(2) 视线引导性

虚拟现实电影支持人们自由环视虚拟场景。由于关键的叙事内容通常只显示在某个方位,因此影片需对体验者的视线进行引导,以避免体验者在环视虚拟场景的过程中,错过重要的剧情内容。以虚拟现实动画电影《二重奏》为例,倘若体验者的视线不在男主角或女主角身上,而是投向了其他方向,那么由男女主角演绎的叙事影像将暂停播放。与此同时,一只发光的蝴蝶将飞进体验者的视野,这只蝴蝶最终将飞至男女主角所处的方向,以引导体验者将视线重新聚焦于关键的叙事影像,如图 3-29 所示。

---

① 黄心渊,陈柏君.虚拟现实电影的交互特性及设计策略研究[J].当代电影,2018(12):107-111.

数字游戏 创意设计

图 3-29 虚拟现实动画电影《二重奏》中的主线叙事内容与引导体验者视线的蝴蝶

(图片来源:电影截图)

虚拟现实动画电影《有风的日子》的故事是:主角小老鼠出门后看见地上有一顶橙色的帽子,它希望将这顶帽子戴在头上,然而猛烈的大风似乎对小老鼠不太友好,总是将帽子吹跑,而小老鼠则竭尽全力地追赶帽子。由于大风不断将帽子吹跑,帽子在虚拟世界中快速运动。为了有效引导体验者的视线,这部动画电影采用了白色的雪地作为主场景。相比之下,橙色的帽子鲜艳夺目,如图 3-30 所示。采用这种色彩搭配方式使体验者的视线能够较为容易地追踪帽子,不至于在帽子快速飞行过程中"跟丢"。如此,帽子既是故事的主角,又是有效的视线引导元素,能够始终吸引体验者的视线。

图 3-30 虚拟现实动画电影《有风的日子》

(图片来源:电影截图)

(3) 化身性

在观看传统电影的过程中,观众只是旁观者,不能参与电影世界。而虚拟现实电影则为体验者设置了化身,体验者可以"置身"于虚拟世界中,获得身临其境的体验。虚拟现实电影为体验者设置化身,与其底层技术的实现逻辑相关。使用 Unity 或 Unreal 等游戏引擎创建虚拟场景后,在场景中放置摄像机,才可渲染出游戏画面,人们方可观看虚拟世界。虚拟现实电影中体验者的化身便是摄像机,只是在不同的作品中,化身也许可见,也许不可见。虚拟现实动画电影《亨利》中的体验者化身不可见;而虚拟现实动画电影《入侵!》中的体验者化身是一只可见的大白兔,体验者操控手柄使体验者化身低头便可看见大白兔的下半身,举起手柄还可看见兔前腿,如图 3-31 所示。

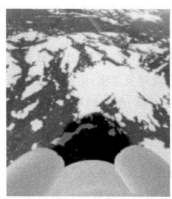 

图 3-31　虚拟现实动画电影《入侵!》中的体验者化身

(图片来源:电影截图)

虚拟现实电影可通过角色的"凝视"行为,使体验者意识到体验者化身的存在。《亨利》中的体验者化身虽不可见,但当主角刺猬端着生日蛋糕走向客厅时,他多次将视线投向体验者,暗示体验者化身可以被"看见",如图 3-32(a)所示。除"凝视"外,虚拟角色还可与体验者化身开展更丰富的互动。《迷失》的主角手臂机器人在初次"看"到体验者化身时,因好奇而上前探索,紧接着又被吓退。《入侵!》的主角小兔子从洞穴中探出脑袋后,很快"发现"了体验者化身,如图 3-32(b)所示。于是它快速奔向体验者化身,并凑近其脸颊"嗅"其气味。当外星人的宇宙飞船着陆后,小兔子还因害怕躲在体验者化身的身后。小兔子的这一系列动作,都强化了体验者对其化身的意识。

(a)　　　　　　　　　　　　　　(b)

图 3-32　虚拟现实动画电影《亨利》的主角刺猬与《入侵!》的主角小白兔

(图片来源:电影截图)

虽然大部分虚拟现实电影都包含体验者化身,但体验者化身并不会对叙事内容造成影响。例如,《亨利》中的刺猬虽然"看见了"体验者,但他仍深陷孤独之中,仍因过生日时没有朋友庆祝而感到难过。体验者化身的存在与主角的孤独相互矛盾;倘若体验者化身真的存在,那么刺猬应当不会觉得孤独;倘若刺猬感到孤独,那么说明体验者化身并不存在。因此,体验者化身究竟是否存在?这使人们感到困惑。针对这一点,虚拟现实电影与数字游戏存在一定区别:体验者在游戏中扮演和控制其化身时,其他的游戏对象势必会与体验者化身交互,比如敌人会向体验者化身发起攻击,因此体验者化身不会被其他游戏对象忽视;而在目前大部分虚拟现实电影中,体验者虽然在虚拟世界中拥有化身,但仍然如同观看传统电影一般,以旁观者的姿态观看虚拟现实电影,其化身尚未深度参与叙事内容。

(4) 挑战性

挑战是游戏性的重要来源,不少虚拟现实电影也融入了挑战机制,以增添观影乐趣。《虫虫之夜》讲述了五只昆虫与一只饥饿的大青蛙对抗的故事。动画将完整的叙事内容拆分为五个片段,分别讲述一只昆虫被青蛙吞食的故事。当只剩最后一只昆虫时,这只昆虫与青蛙斗智斗勇,最终救回了前四只被青蛙吞食的昆虫。整个动画空间笼罩在一片夜色中,一束聚光灯照亮了体验者正在观看的区域,即体验者朝何处观看,该处便会被聚光灯照亮。《虫虫之夜》的叙事挑战在于,每当一只昆虫被消灭,其余昆虫就会逃窜至一个新的位置躲藏起来。只有体验者找到了这几只昆虫,如图3-33所示,新的叙事片段才会开启。该虚拟现实动画电影的叙事挑战难度系数并不高,几乎所有体验者都能够相对轻松地找到昆虫,但该挑战机制仍有效增添了体验者的观影乐趣。

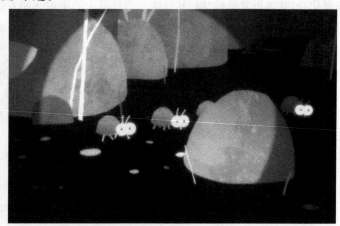

图 3-33　虚拟现实动画电影《虫虫之夜》

(图片来源:电影截图)

3. 数字游戏的叙事模式

1) 预制影像式叙事

预制影像式叙事是通过预先制作的真人实拍影像或动画影像来讲述游戏的叙事内容。与观看电影、动画相似，观看预制影像时，体验者将暂停与游戏的互动。因此，这种叙事方式会在一定程度上将游戏综合体验拆分为"游戏过程"与"观影过程"两个部分："游戏过程"是指体验者克服游戏挑战、完成游戏目标的过程；"观影过程"则是指体验者在完成短期目标后，观看游戏预制影像的过程。不同体验者在游戏过程中经历的事件有所区别，但其观看的预制影像均是相同的。

以游戏《刺客信条：大革命》"刺杀乞丐之王"的片段为例，体验者需要在探索下水道的过程中刺杀一系列守卫。当体验者抵达乞丐之王的位置后，游戏将播放一段预制影像来展示剧情内容，如图 3-44(a)所示。体验者刺杀守卫的过程具有一定突现性（有的体验者在守卫入睡时将其暗杀，而有的体验者则在守卫清醒时与其直接对抗，因此不同体验者会经历不同的游戏事件）；而体验者在完成任务后观看的预制影像则是渐进的，该影像由设计师制作，所有体验者观看的影像内容完全一致。《鬼泣》系列也采用了预制影像式叙事模式，每当体验者完成一个短期目标，游戏便播放一段预制影像，如图 3-34(b)所示。游戏过程与观影过程相互独立，体验者甚至能够在不观看影片的前提下顺利完成游戏任务。

(a)   (b)

图 3-34　《刺客信条：大革命》与《鬼泣 4》的预制影像

(图片来源：游戏截图)

预制影像式叙事模式也是互动式电影游戏的主要叙事模式。在《底特律：成为人类》康纳首次出场的片段，游戏在不到 20 s 的时间内，使用了 12 个镜头展示康纳在电梯里玩硬币的影像[1]，如图 3-35 所示。在游戏正式开始之前，该预制影像通过

---

[1] 黄心渊，久子. 试论互动电影的本体特征——电影与游戏的融合、碰撞与新生[J]. 当代电影，2020 (01)：167-171.

经典电影视听语言,塑造了康纳冷静、干练、自信的性格特点。

图 3-35 《底特律:成为人类》中康纳首次出场的预制影像

(图片来源:游戏截图)

《超凡双生》同样采用了预制影像式叙事模式,使游戏不断在"游戏过程"与"观影过程"间切换。该游戏的女主角祖迪出生便与一个名为艾登的灵体相连,艾登拥有超自然的力量,祖迪能够与艾登交流并控制其完成凡人无法想象的任务。《超凡双生》讲述了祖迪从 8 岁到 23 岁的人生经历。在游戏的第三章"大使馆",男女主角来到大使馆的宴会厅,游戏采用预制影像交代环境背景与人物信息,如图 3-36 所示。预制影像播放完毕后,体验者需控制祖迪在宴会厅中探索并找到卫生间。在探索宴会厅的过程中,体验者拥有较高的自由度,能够探索自己感兴趣的区域,并与一些虚拟角色交互(如欣赏乐队演奏的音乐,或者喝掉一杯桌上的饮品等)。在祖迪到达卫生间后,游戏再次通过预制影像,展现祖迪拿出笔记本并要求艾登盗取机密文件的叙事内容。而在该预制影像播放完毕后,体验者便需操控艾登从一层宴会厅向二层办公室探索……游戏始终在播放预制影像与体验者操控游戏主角完成任务之间交替进行。

图 3-36 《超凡双生》大使馆片段的预制影像

(图片来源:游戏截图)

部分游戏存在"游戏过程"与"观影过程"相互割裂的问题。例如，《梦幻花园》讲述的是花园管家奥斯汀的故事，然而在游戏过程中，体验者完成的是"三消"任务。不过，设计师也可以建立"游戏过程"与"观影过程"之间的联系，使预制影像内容与游戏任务内容存在显性的关系。《刺客信条：大革命》在讲述主角亚诺童年丧父的游戏片段时，在游戏第一段的预制影像中，亚诺的父亲为了完成任务需要离开，他安慰亚诺："孩子，勇敢点！你在这里等着，等这个分针走到最上面，我就回来了。"而亚诺则回答："那根本是永远！"如图3-37（a）所示。亚诺的台词为父亲的死亡埋下了伏笔。随后进入"游戏过程"，体验者控制亚诺追随艾莉丝（亚诺成年后的恋人），偷取庭院中的苹果，如图3-37（b）所示。体验者需要在这个过程中学习躲避守卫的游戏技能。在该任务完成后，游戏播放下一段预制影像——亚诺回到室内，看到已经死去的父亲，如图3-37（c）所示。该游戏的"观影过程"与"游戏过程"的组合，向体验者展现了一个突然降临的悲剧——仅仅是偷取一个苹果的时间，亚诺就不幸地失去了父亲，如此短暂的时间却成为永远。该游戏片段中的预制影像内容与游戏任务内容体现出了较强的延续性。

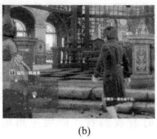

(a)　　　　　　　　　　　(b)　　　　　　　　　　　(c)

图3-37　《刺客信条：大革命》的"观影过程"与"游戏过程"

（图片来源：游戏截图）

多线分支式互动电影与虚拟现实电影的预制影像均由设计师提前制作，不允许体验者修改。而部分游戏的预制影像则支持体验者参与创作或修改。在《哈利波特：魔法觉醒》的舞会模块，体验者将邀请舞池中的其他体验者共舞。舞会模块采用最为常见的节奏类音乐游戏的形式——根据背景音乐的节奏，不断在屏幕上显示圆形视觉符号，体验者需要尽可能准确地点击这些符号，如图3-38所示。在体验者完成游戏任务的过程中，游戏同步播放两名虚拟角色跳舞的动画影像。由于不同的体验者会选择不同形象的游戏主角，并且给游戏主角穿上不同的服装，因此，游戏并非采用完全预制的影像，而是将预制影像与游戏画面的实时渲染相结合，使该游戏片段的影像既呈现了设计师提前制作的角色舞蹈动作，又符合体验者对游戏主角的个性化形象设计。

图 3-38 《哈利波特:魔法觉醒》的舞会

(图片来源:游戏截图)

2) 多线分支式叙事

《底特律:成为人类》《超凡双生》和《暴雨》等互动式电影游戏,在通过预制影像进行叙事时,都采用了多线分支式叙事模式。在剧情的关键节点,游戏要求体验者为主角做出选择,并根据体验者的选择播放相应的预制影像。这种叙事模式与多线分支式互动电影的叙事模式相同。例如,《超凡双生》中祖迪在抵达大使馆时,游戏界面显示了"B 计划""客人""衣服""害羞"四个选项,如图 3-39(a)所示。倘若体验者选择"客人",在预制影像中,祖迪将问男主角:"这些人是谁?"男主角将回答:"外交官、企业家、政治家、间谍……都是常进出大使馆的人。"这段影像播放完毕后,游戏界面将显示剩下的三个选项,如图 3-39(b)所示。倘若体验者选择"害羞",祖迪将说道:"这些人好像在盯着我们看。"而男主角则回应:"不是好像,他们的确在盯着我们看……"

(a) (b)

图 3-39 《超凡双生》向体验者提供的选项

(图片来源:游戏截图)

在互动式电影游戏为体验者呈现的多个选择中,一部分选择会影响叙事结局,而另一部分选择对叙事结局并不产生影响,但能够丰富游戏的叙事内容。《超凡双生》"大使馆"片段的多线分支式叙事属于后者,无论体验者选择让祖迪与男主角谈论何种话题,都不会改变"祖迪在卫生间控制艾登盗取机密文件未遂"这一阶段性结局。而在《底特律:成为人类》康纳解救人质的片段中,体验者做出的选择将直接影响叙事结局。异常仿生人丹尼尔杀害主人后劫持女孩站在天台边缘,在康纳与丹尼尔交涉的各个关键节点,游戏都给体验者提供了不同的选择。倘若康纳始终保持强硬态度,拒绝丹尼尔的一切要求,那么将导致谈判失败;反之,将提升丹尼尔对康纳的信任,使丹尼尔的情绪更加稳定。例如,当丹尼尔痛苦地说道:"我以为他们在乎我,结果我只不过是玩具,用完就丢弃。"时,游戏向体验者提供了四个选择——"务实""责怪""同情""失常",如图3-40(a)所示。如果体验者选择"失常",康纳就会告诉丹尼尔"我知道这并不是你的错,你现在感受到的情绪只是软体错误。"如此,丹尼尔的情绪将更加稳定,而康纳成功解救人质的概率也将提升。当丹尼尔表示直升机的噪声过大,并要求康纳让直升机离开时,游戏向体验者提供了两个选择——"同意"或"拒绝",如图3-40(b)所示。倘若体验者选择让直升机离开,则会进一步取得丹尼尔的信任。反之,游戏将被导向两种悲惨的结局:丹尼尔带着女孩坠楼,康纳冲向天台但未能抓住女孩;康纳救回了女孩,但自己却与丹尼尔一同坠楼。

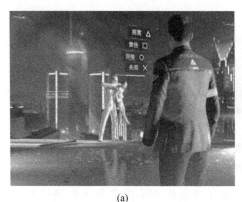 

(a) (b)

图3-40 《底特律:成为人类》向体验者提供的选项

(图片来源:游戏截图)

3)角色扮演式叙事

在角色扮演的过程中叙事,体验者将与游戏主角共情,身临其境地感受叙事内容带来的情感触动。以游戏《请出示文件》为例,在此游戏中体验者扮演边境检察官,需要对申请入境的人员进行审查,决定是否批准其入境。游戏共有二十种结局,体验者的每个抉择都决定着申请者的未来,同时也影响着自己和家人的安危。通过角色扮演,体验者将深入理解边境检察官的艰难处境与复杂情感。

（1）将叙事过程与游戏过程合二为一

与预制影像式叙事不同,角色扮演式叙事并非将"观看影像"与"游戏过程"分离,而是将二者融合。以《勇敢的心:伟大战争》的最终幕为例,体验者需要持续按键控制埃米尔走向刑场,站在道路两旁的士兵对其行注目礼——当埃米尔从自己身边经过时,士兵将转身朝向他,部分士兵还会脱帽致敬,如图3-41(a)所示。此外,当埃米尔即将走到处刑柱时,埃米尔的前方将首先出现他的狗狗,而当埃米尔走到狗狗身前时,狗狗却淡出了;然后,埃米尔的前方将出现同伴安娜,但当埃米尔走到她身前时,安娜也淡出了;最后,埃米尔的前方还会出现女婿卡尔、女儿玛丽和孙儿,但每当埃米尔走到自己家人的身前时,他的家人便会淡出,如图3-41(b)所示。这一幕是一个交互过程,体验者需要一直操控埃米尔行走,而上述道路两旁的士兵、埃米尔的狗狗、同伴和家人等角色都与埃米尔进行着互动。这一幕是讲述重要剧情的叙事影像,所有角色的动画及画外音都在叙述故事内容。该游戏将叙事影像与游戏过程进行了充分融合。

(a)　　　　　　　　　　　　　　(b)

图3-41　《勇敢的心:伟大战争》的最终幕

（图片来源：游戏截图）

《底特律:成为人类》《超凡双生》《暴雨》等互动电影亦采用了角色扮演式叙事模式,即使在播放预制影像时,也不会让体验者静坐观看,而是要求体验者不断进行操作。在《超凡双生》"大使馆"片段中,当祖迪到达卫生间后,体验者需要持续按下手柄的A键,祖迪才会在镜子前左右转动身体,如图3-42(a)所示。接下来,游戏会依次在卫生间的门把手处以及马桶盖上出现提示符号,如图3-42(b)和图3-42(c)所示。体验者需要摇动手柄的右摇杆,才能触发"祖迪开门进入卫生间并锁门"以及"祖迪坐到马桶盖上"的预制影像。

数字游戏幻想世界创造　第3章

(a)

(b)

(c)

图 3-42 《超凡双生》中体验者与虚拟物品的交互

（图片来源：游戏截图）

在《暴雨》"序章"伊森的妻子带着午餐食材回家的片段中，体验者需要依次按下手柄的"○"键和"×"键，伊森才会接过妻子手中的物品。当伊森配合妻子准备午餐时，体验者需要按照游戏界面的提示，依次将手柄摇杆摇向不同的方向，伊森才会将四个盘子分别放置于桌上的不同位置，如图 3-43 所示。

图 3-43 《暴雨》中伊森将餐盘置于餐桌的不同位置

（图片来源：游戏截图）

在《底特律：成为人类》卡拉带领爱丽丝逃离陶德家的片段中，卡拉先是实现了自我意识的觉醒，再是与爱丽丝的父亲陶德对抗，最后一边与陶德对抗，一边带领爱丽丝逃向家门外。当卡拉实现自我意识的觉醒时，体验者需要根据游戏要求持续而快速地按下手柄的特定按键，如图 3-44（a）所示。当卡拉被陶德打倒在地时，体验者需持续按下 Q 键并将手柄摇杆向上推，才能让卡拉站起来，如图 3-44（b）所

· 141 ·

示。当卡拉带领爱丽丝向家门外逃跑时,体验者需要控制卡拉依次解开两道门锁,第一道锁要求体验者将手柄摇杆自左向右转动,第二道锁要求体验者将手柄摇杆自右向左转动。上述案例体现了互动式电影游戏与传统电影的重要区别:观看传统电影时,观众被动地观看叙事内容;而在体验互动式电影游戏时,体验者可主动参与叙事过程。

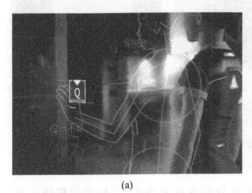
(a)

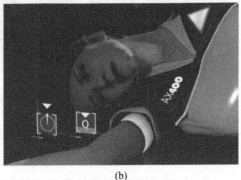
(b)

图 3-44 《底特律:成为人类》中体验者主动参与叙事过程

(图片来源:游戏截图)

(2)基于反馈系统叙事

设计师可通过游戏的反馈系统,传达游戏主角所处的环境或其情感状态,使体验者与游戏主角共情。在《勇敢的心:伟大战争》的第一章与最终幕中,体验者均需按下计算机键盘的方向键,以控制埃米尔移动。不同的是,埃米尔在第一章中以小跑的速度移动,而在最终幕中的移动速度却十分缓慢。第一章埃米尔小跑的速度体现了其积极的战斗精神,而最终幕埃米尔走向刑场时缓慢的速度,充分地表达了其内心的遗憾、沉重,以及再也无法见到女儿的悲伤。如此,游戏通过埃米尔不同的行走速度这一反馈系统,对其内心的情感状态进行了描绘。这种设计在《风之旅人》中亦有体现。在沙漠场景中,游戏主角能够轻快地奔跑、滑行,如图 3-45(a)所示;而在雪地场景中,即使体验者持续推动手柄摇杆,游戏主角仍行走得十分缓慢,如图 3-45(b)所示;当遭遇暴风时,体验者甚至会在短时间内失去对主角的控制。游戏通过这种方式传达游戏主角所处的环境,并将其困难与艰辛传递给体验者。

(3)基于游戏挑战叙事

游戏挑战是体验者在完成游戏任务的过程中感受到的阻力与障碍,即利用体验者在完成游戏任务时感受到的阻力直接模拟游戏角色在游戏故事中遇到的困难。例如,智能移动平台游戏《弗洛伦斯》讲述了一个女孩的初恋故事。在女孩与男友约会的片段中,为了让体验者感受女孩在与男友交流时由最初的矜持、紧张、到逐渐放松,再到流畅自如地表达,设计师创作了一系列由难至易的拼图挑战。游戏界面显示了多个拼图碎片,每当体验者完成一个拼图挑战,女孩才能说出一句话。最初,拼图挑战的拼图碎片数量较多,如图3-46(a)所示,而后其数量逐渐减少,最后体验者只需拼接两个图形,如图3-46(b)所示。如此,体验者最初在拼接拼图时需要消耗较长的时间、感受到较强的挑战,这寓意着最初女孩与男友交流时会耗费较长的时间组织语言;而伴随着拼图挑战难度逐渐降低,体验者将愈来愈快地完成拼图,这也意味着女孩能够轻松、流畅地与男友对话。《弗洛伦斯》通过改变挑战系数,使体验者直接感受女孩心理状态的转变。该设计模式将游戏过程与叙事过程融为一体。

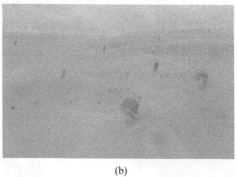

(a)　　　　　　　　　　　　　　　(b)

图3-45　《风之旅人》的游戏主角在沙漠场景中轻快地滑行和在暴风雪场景中艰难地前行

(图片来源:游戏截图)

(a)　　　　　　　　　　　　　　　(b)

图3-46　《弗洛伦斯》中女孩与男友的对话过程

(图片来源:游戏截图)

(4) 支持体验者扮演多个角色

体验者在扮演不同游戏角色的过程中,游戏可分别推进不同的叙事支线。《勇敢的心：伟大战争》一共要求体验者扮演五个角色（包括狗狗在内），体验者扮演每个角色的过程都形成了一条独特的叙事支线。在《底特律：成为人类》中，体验者将扮演康纳、卡拉与马库斯，不同角色的叙事线既存在相互独立的部分，又会在部分剧情节点交织。在《超凡双生》中，体验者也需扮演祖迪与艾登这两个主角。

部分模拟类游戏支持体验者扮演更多角色。以《模拟人生：畅玩版》为例，体验者能够控制数十个虚拟角色，在游戏规则允许的范围内执行任意一种行为，如图 3-47 所示。下班后，体验者可控制妻子使其在厨房烹饪美味的烤鸡，也可控制丈夫使其在客厅与宠物玩耍；疲惫时，体验者可控制夫妻二人使其在舒适柔软的双人床上美美地睡上一觉，也可使其饮用咖啡，提神后继续种地赚钱；体验者可以让男性角色手持钻戒向女性角色求婚，求婚成功后让他们入住崭新的别墅，并烹饪精美的婚礼蛋糕……这种支持体验者扮演多个角色的叙事模式，能够在很大程度上丰富游戏的叙事体验。

图 3-47 《模拟人生：畅玩版》支持体验者扮演多个虚拟角色
（图片来源：游戏截图）

4）环境叙事

环境叙事（Environmental Storytelling）理论由迪士尼前设计师唐·卡森（Don Carson）在 2000 年 3 月发表的论文 *Environmental Storytelling：Creating Immersive 3D Worlds Using Lessons Learned from the Theme Park Industry*[①] 中首次提出。这篇论文探讨了如何从迪士尼主题公园中获得灵感，并创造具有沉浸感的三维虚拟世界。而在 2010 年的 GDC Vault 上，Harvey Smith 和 Matthias Worch 发表了主题为 *What Happened Here? Environmental Storytelling* 的演讲[②]，在这个演讲中，他们再次提到环境叙事，这才使得人们普遍关注如何通过游戏空间进行叙事。

环境叙事涵盖四种叙事模式：第一种叙事模式为创造能够唤起体验者情绪的游戏空间（Evocative Spaces）；第二种叙事模式为使体验者通过角色扮演，在实践过程中演绎故事（Enacting Stories），而非被动地接收故事信息；第三种叙事模式为将叙事元素嵌入游戏空间，在游戏空间中布置可交互的物品、解谜线索等，体验者在探索游戏空间的过程中收集叙事片段、理解完整的故事（Embedded Storytelling）；第四种叙事模式为在体验者与游戏元素交互的过程中，游戏空间将生成大量涌现性叙事（Emergent Narratives）内容[③]。其中，第二种叙事模式已经在角色扮演式叙事部分阐述过，此处不再赘述。

（1）通过游戏空间唤起体验者的情绪

游戏空间（形态、体积、纹理、光影等）通过感官刺激唤起体验者的情绪。《暴雨》的故事发生在美国东海岸的一座小城市，每当大雨倾盆，警方就会在雨水中发现一具八至十岁男童的尸体，其手中握着折纸，胸口放着一朵兰花。游戏通过四名主角与多条叙事线呈现案件的前因后果，体验者需要在探索过程中寻找凶手。

《暴雨》的序章呈现了一个阳光明媚、温暖舒适的环境，如图 3-48（a）所示。而当伊森的长子死亡、次子失踪、妻子离开后，天空乌云密布，游戏色调灰暗不堪，如图 3-48（b）所示。这两种游戏空间使体验者产生了截然不同的两种情绪。在《底特律：成为人类》卡拉带领爱丽丝逃离陶德家的片段中，屋外黑夜笼罩、电闪雷鸣、暴雨

---

① CARSON D. Environmental Storytelling：Creating Immersive 3D Worlds Using Lessons Learned from the Theme Park Industry[EB/OL].（2000-03-01）[2024-01-21]. https://www.gamedeveloper.com/design/environmental-storytelling-creating-immersive-3d-worlds-using-lessons-learned-from-the-theme-park-industry#close-modal.

② WORCH M. GDC：2010："What Happened Here? —Environmental Storytelling"[EB/OL].（2010-03-11）[2024-06-18]. https://www.worch.com/2010/03/11/gdc-2010.

③ 腾讯游戏学堂. 环境叙事实践：共创世界之旅[EB/OL].（2022-04-02）[2024-01-21]. https://www.gameres.com/893995.html.

倾盆,屋内灯光昏暗、冰冷无声,如图 3-49 所示。整个游戏空间看不见一丝温暖,体现爱丽丝因缺乏母爱、长期遭受父亲家暴,而产生的孤独、恐惧、无助与绝望之情。

(a)

(b)

图 3-48 《暴雨》的两种游戏环境

(图片来源:游戏截图)

图 3-49 《底特律:成为人类》中陶德的家

(图片来源:游戏截图)

(2) 将叙事元素嵌入游戏空间

设计师可将叙事元素嵌入游戏空间,使体验者通过与叙事元素交互,不断解锁叙事内容。以第一人称叙事探索游戏《看火人》为例,游戏空间包含对讲机、日记本等大量叙事元素,体验者通过与这些物品互动,逐渐解开谜题、拼凑出完整的叙事内容。《底特律:成为人类》包括两种类型的游戏空间:一种类型的游戏空间支持体验者主动探索,如康纳在解救人质时能够主动探索受害者的房间;另一种类型的游戏空间不支持体验者主动探索,游戏通过预制影像呈现游戏空间的形态,康纳与异常仿生人丹尼尔对峙的天台便属于这种类型的游戏空间。当康纳走出电梯,到达受害者住所的玄关时,他需要拿起矮桌上受害者的家庭合影,从而读取受害者的详细信息。受害者的客厅、厨房和卧室都被嵌入了一系列可交互的物品,体验者在与这些物品互动时，逐渐获取破案的关键线索，如图3-50所示。例如，在探索小女孩的卧室时，体验者可操控康纳拿起书桌上的平板电脑，并观看一段影像。影像中，小女孩与丹尼尔外出时说道："他是丹尼尔，全世界最酷的仿生人！……你是我最好的朋友，我们要永远在一起！"。通过这段影像，一方面康纳解锁了异常仿生人的姓名——丹尼尔，这使康纳到达天台后，能够喊出异常仿生人的姓名，进而与其进行交涉。另一方面，平板电脑中的影像还体现了丹尼尔与小女孩曾是极为友好的关系（这使丹尼尔劫持小女孩成为令人困惑的谜团）。康纳进入客厅后，还将与倒地的男主人、正在冒气的煮锅等大量虚拟角色和物品互动，从而还原犯罪现场。

图3-50 《底特律：成为人类》中康纳与嵌入游戏空间的叙事元素交互

（图片来源：游戏截图）

(3)基于游戏空间进行涌现性叙事

环境叙事中的涌现性叙事体现了较强的突现性。《模拟人生:畅玩版》便体现了这种叙事模式,在该游戏的虚拟城市中,不同类型的建筑包含不同的可交互物品,虚拟角色能够坐在皇宫二层的王座上,制订统治虚拟王国的计划;能够在现代风格住宅的鱼缸旁喂鱼;也能够在古典诡异风格的住宅中,与挂在墙面的手铐交互,从而"捕捉幽灵"……与此同时,体验者可操控不同状态(不同的饥饿程度、清洁程度、疲劳程度、心情程度等)的虚拟角色与不同物品交互,与其他虚拟角色互动,进而涌现大量的动态事件。体验者还可为不同的虚拟角色建立复杂的人际关系,每名体验者都可按照自己的意愿创造独特的叙事内容。这使《模拟人生:畅玩版》的环境叙事具有很强的突现性。这种涌现性叙事在《辐射:避难所》中亦有体现,该游戏通过引入随机事件,使叙事内容的突现性更为显著。例如,避难所随时可能遭受变异生物的入侵;任意一个房间都可能突然遭遇火灾;两名在避难所的虚拟人物在相遇后可能会互生好感,女性角色可能怀孕,并在一段时间后产下婴儿……《模拟城市:我是市长》同样通过引入随机事件增强游戏叙事的突现性。例如,居民区随时可能有家庭失火,倘若消防救援局距离失火家庭太远,或者消防救援局数量过少,无法及时给每个失火家庭灭火,那么会导致虚拟市民流失、市长支持率下降。此类环境叙事模式能够有效强化游戏的持续可玩性与重复可玩性。

3.2.3 数字游戏与互动电影叙事模式的差异

数字游戏与互动电影在叙事模式上具有显著差异。前者以体验者的深度参与和主动决策为核心,通过交互机制塑造叙事内容。体验者在数字游戏中扮演一个或多个角色,该角色的选择和行为将直接影响游戏的叙事走向,不同体验者能够创造不同的叙事内容。后者的交互程度相对较弱,更强调创作者对叙事内容的掌控。

本小节将数字游戏与互动电影(包括多线分支式互动电影与虚拟现实电影)进行对照分析,帮助读者更好地理解这两种媒介的叙事模式差异,并充分认识数字游戏作为交互式叙事媒介的独特性。同时,数字游戏能够有效借鉴互动电影的叙事模式,塑造既具有戏剧张力,又具有参与性与娱乐性的游戏体验。

1. 叙事目标的差异

目标是区分游戏与普通嬉戏的重要元素。除沙盒游戏外,其余类型的游戏均具备清晰的目标。并且,目标通常也是游戏最初想传达给体验者的信息。《风之旅人》在第一幕就通过远方一座高耸入云的发光山峰明晰了游戏的最终目标。《暴雨》也在整个影片的初期阶段就明确了叙事目标——寻找折纸杀手、拯救男主角的次子肖恩。

相较于游戏,创作者可将互动电影的叙事目标设置得更加模糊或隐晦,也无须在电影的开篇就将叙事目标呈现给观众。当《夜班》的男主角在地下车库值班,而一名女子前来借车钥匙时,电影并未呈现明确的叙事目标。直至剧情发展到后期,电影才展现较为清晰的叙事目标——拍卖会上的一件宝物丢失了,反派手中的是赝品,他们绑架了男女主角,并要求男主角找回真品。此时,叙事目标已浮现,男主角必须找到真品,才能拯救自己和女主角。因此,接下来在做每个选择时,体验者都需要思考何种选择能够实现该叙事目标。

互动电影无须在其初期阶段就将叙事目标明确地传达给观众,甚至可在叙事的全流程中都不呈现叙事目标。而游戏则与之相反,其各个阶段都需要设置清晰的叙事目标,以指引体验者执行有意义的游戏行为。

2. 对体验者化身控制的差异

虚拟现实电影与数字游戏都包含体验者化身。《亨利》《入侵!》《迷失》等虚拟现实动画电影的主角会通过凝视等行为使体验者意识到自己的化身。不过,这些虚拟现实动画电影尚不支持体验者控制其化身与虚拟物品交互。在体验《入侵!》时,体验者虽然能够通过手柄操控虚拟化身大白兔的前腿,但并不能与主角小白兔或其他虚拟对象开展实际的交互,主角小白兔也不会因体验者的操作而改变其在整个剧情发展过程中的行为。在体验《亨利》时,体验者只能够自由环视虚拟场景,无法控制化身执行其他任何行为。因此,在此类虚拟现实电影中,体验者只能以化身的视角观看叙事影像,无法执行其他的行为以参与叙事。

与虚拟现实电影不同,数字游戏支持体验者控制其化身执行丰富多样的行为,参与叙事过程,甚至创造叙事内容。《底特律:成为人类》《超凡双生》《暴雨》等互动式电影游戏都支持体验者控制其化身与游戏场景中其他的物品或角色进行交互,并且体验者与其他角色交互的过程会对叙事结局产生一定影响。《请出示文件》《这是我的战争》等游戏也具备这个特点,体验者控制其化身执行的任何行为都会创造新的叙事内容。

3. 对叙事空间探索的差异

叙事空间是游戏事件及互动电影剧情发生的场所。《夜班》《黑镜:潘达斯奈基》等多线分支式互动电影,通过预制影像向体验者呈现叙事空间的形态,而不支持体验者主动探索叙事空间。《虫虫之夜》《二重奏》《入侵!》等虚拟现实电影虽然支持体验者自由环视叙事空间,但体验者无法改变其化身在虚拟空间中所处的位置,因此也无法实际探索虚拟空间。

一般情况下,游戏支持体验者主动探索叙事空间,这在开放世界游戏与探索类游戏中尤为突出。Thatgamecompany出品的《花》《风之旅人》《光·遇》等游戏都具有这个特点。《风之旅人》提供了沙漠、雪地、水底,以及古代神庙等空间供体验者主动探索;在《光·遇》中,体验者能够在云端自由飞行。此类游戏将探索叙事空间作为其游戏性的核心来源。

《底特律:成为人类》《超凡双生》《暴雨》等互动式电影游戏,可被分为"多线分支式互动电影"与"角色扮演游戏"两个部分。在"多线分支式互动电影"部分,体验者无法主动探索叙事空间,只能通过预制影像了解叙事空间的形态。而在"角色扮演游戏"部分,体验者能够操控游戏主角自由探索叙事空间。在《底特律:成为人类》的"多线分支式互动电影"部分的某些片段(如康纳在天台与异常仿生人丹尼尔交涉,卡拉在家中与陶德对抗)中,体验者通过做出不同的选择将剧情导向不同的叙事支线,但人们只能够观看设计师提前制作的动画影像,无法控制游戏主角在叙事空间中自由探索;而在"角色扮演游戏"部分的某些片段(如康纳探索受害者的住处以收集破案线索)中,体验者能够操控游戏主角在有限的空间中自由探索,并与虚拟空间中的各式物品进行交互。

4. 叙事时间的差异

在叙事过程中,部分数字游戏可能会针对某些片段重复叙事。体验者完成游戏挑战时,会有一定概率失败,此时游戏便会要求体验者退回上一个存档点重新完成任务。体验者可能重复经历完成任务过程中发生的事件(重复叙事),这一特点在渐进型游戏中尤为突出。在《勇敢的心:伟大战争》的某个关卡,体验者需要控制游戏主角依次剪开铁丝、利用炮弹车炸开障碍物、扔飞弹炸开障碍物、利用掩体躲避炮弹的袭击。倘若体验者在完成任意一个子任务的过程中失败,游戏都将要求体验者退回上一个存档点,重新完成上述子任务,游戏叙事被中断并再次重复。

而电影则不同,传统电影不支持体验者进行交互,仅按照时间顺序播放叙事影像。多线分支式互动电影与虚拟现实电影都体现了叙事的连贯性。部分互动式电影游戏也具有连贯的叙事,即使体验者做出的选择导致主角死亡,游戏也不会退回上一个节点并要求体验者重新做出选择,体验者观看的影像仍构成了一个流畅且完整的叙事文本。例如,在《底特律:成为人类》的第十六章,卡拉将被格式化,倘若体验者未能成功唤醒她的记忆,爱丽丝将被拆除,她与其余两位主角的互动内容将消失在后续的剧情中。于是游戏会在加载界面,通过一个仿生人向体验者说道:"您让卡拉和爱丽丝死了……您怎么能这么做?您明明救得了她们……别忘了,这些仿生人的性命全都握在您手中……"如图3-51所示,但这并不会中断游戏叙事,剧情仍将继续推进①。

图 3-51 《底特律：成为人类》中卡拉与爱丽丝死后，游戏界面中仿生人的台词
（图片来源：游戏截图）

3.2.4 数字游戏交互叙事策略

1. 已知目标与未知情节互补

游戏中，体验者首先从具体游戏情境中提炼游戏目标，根据游戏机制与结构规则建构游戏问题解决方案（体会心智技能挑战），通过操作规则触发游戏机制（体会动作技能挑战），将游戏环境导向目标状态。该过程中，目标将从漫无目的地探索转变为有方向、有计划地行动，它是游戏挑战存在的前提，同时也决定了何种游戏机制的触发能够推进游戏进程。

设置悬念是维持并强化体验者对于未知情节的期待的重要手段。悬念源于未知，比如体验者对游戏中虚拟人物的未知信息产生好奇，或者对即将发生的事件产生期待等②。叙事目标会在一定程度上暗示叙事结局，从而对游戏悬念性的塑造

---

① 张成,曲一公.电影与游戏的跨界力作：互动电影《底特律：成为人类》的叙事性与身份认同[J].电影评析,2018(6):112-115.
② 韩佳彤.电影叙事研究：电影悬念的建置策略[J].电影文学,2021(14):35-40.

产生一定影响。为使游戏既具有清晰的叙事目标，又能够营造较强的悬念，设计师需要针对一个叙事目标提供多种不同的叙事结局。

以《底特律：成为人类》中康纳拯救人质的片段为例，游戏通过"不计代价救出人质"这一任务，清晰而直接地呈现了叙事目标。为了营造叙事悬念，体验者即使成功完成任务，也可能经历四种结局：第一种，康纳直接开枪击毙丹尼尔，如图 3-52(a) 所示；第二种，康纳冲向天台拉回人质，自己却与丹尼尔一同坠落楼底，如图 3-52(b) 所示；第三种，康纳冲向天台拉回人质，自己却被丹尼尔从身后开枪击毙，如图 3-52(c) 所示；第四种，康纳说服丹尼尔释放人质后，直升机上的狙击手将丹尼尔击毙，如图 3-52(d) 所示。虽然游戏该阶段的叙事目标在一定程度上暗示了一种结局，即康纳成功拯救人质。但体验者仍无法确定成功拯救人质的结局究竟是康纳与异常仿生人同归于尽（以及以何种方式同归于尽），还是康纳生还。这使得互动式电影游戏虽然呈现了清晰的叙事目标，但仍然具有较强的悬念性，能够始终维持和强化体验者对于未知情节的期待。

图 3-52 《底特律：成为人类》中康纳成功解救人质的四种结局

(图片来源：游戏截图)

2. 叙事影像融入化身控制

预制影像能够创造连贯而流畅的渐进性叙事，而良好的控制性能使体验者获得较高的参与度与沉浸感，并且使突现机制的存在成为可能。在叙事影像中融入化身控制，能够使游戏叙事既具有渐进型叙事的连贯性，又具备突现型叙事的娱乐性。然而，化身控制与预制影像具有一定的矛盾性：纯粹的渐进型叙事意味着体验者无法控制化身执行任何行为，而倘若体验者能够控制化身执行大量行为，游戏便难以通过预制影像进行叙事。

该矛盾的一种解决方案是通过交互机制支持体验者在一定程度上控制其化身，同时其他游戏角色的动画根据体验者化身的状态进行实时调整。以游戏《神秘海域4：盗贼末路》为例，当吉普车从悬崖上滑落时，体验者能够在一定范围内控制吉普车的位置，车内所有游戏角色的位置均以吉普车为中心，并配合吉普车的位置进行实时调整。当体验者控制吉普车驶向火山时，吉普车后排的游戏角色山姆将会起身。为了确保山姆起身后能够面朝火山，创作团队设计了三种动画——山姆面朝前方起身、山姆头部左转起身、山姆头部右转起身，如图3-53所示。游戏根据实时运行过程中吉普车与火山的相对位置，采用不同的山姆起身动画，使体验者无论采取何种驾驶路线，山姆始终能够面朝火山。如此，游戏既具有良好的控制性，又具备连贯的叙事影像。

图3-53 《神秘海域4：盗贼末路》中山姆的三种起身动画

（图片来源：Naughty Dog 发布的视频"Interactive Cinematics in Uncharted 4：A Thief's End"）

3. 主观挑战强于客观挑战

挑战是游戏性的重要来源。虚拟现实动画电影《虫虫之夜》便通过设置一定程度的挑战(体验者需要寻找五只隐藏于森林的昆虫方可推进剧情)来强化交互叙事的趣味性。根据游戏心流理论,当挑战难度远高于体验者技能水平时,体验者将感到焦虑与压力;而当挑战难度远低于体验者技能水平时,体验者将感到枯燥与倦怠。为了维持和强化体验者的心流状态,游戏挑战难度需与体验者的技能水平保持平衡[①]。然而,与体验者技能相平衡的游戏挑战,通常会使体验者经历多次任务失败,这将导致叙事中断和影像重复播放。为了有效避免体验者反复遭遇失败,从而维持叙事的连贯性,设计师可通过叙事内容营造高强度的主观挑战,同时通过交互机制创造低强度的客观挑战。

以游戏《神秘海域4:盗贼末路》中卡车与摩托车的追逐战片段为例,大卡车如同闯入瓷器店的公牛一般,高速驶入建筑密集的城市,集装箱、电线杆等不断被卡车撞毁,人群四散而逃。两名主角则驾驶着小型摩托车躲避大卡车的追击,如图3-54所示。该片段的叙事影像极大地激发了体验者的焦虑感、紧迫感、恐惧感,使体验者感到对抗大卡车的挑战无比艰难。而实际上体验者仅需朝卡车的方向不断射击,便可完成该挑战。

图3-54 《神秘海域4:盗贼末路》中卡车与摩托车的追逐战

(图片来源:游戏截图)

《底特律:成为人类》中卡拉带领爱丽丝逃离陶德的家时,游戏预制影像自始至终都在激发体验者的紧迫感和恐惧感。当卡拉觉醒自我意识并决定守护爱丽丝后,她批评陶德道:"你作为父亲,不应该伤害女儿。"被激怒的陶德立刻掐住卡拉的脖子并将她摔倒在地。随后,陶德来到二楼向爱丽丝施暴,卡拉立刻赶往二楼,却被陶德推向墙边拳打脚踢,陶德甚至掐住其脖子向上拎起,如图3-55所示。在这一系列的暴

---

① SWEETSER P, WYETH P. GameFlow: A Model for Evaluating Player Enjoyment in Games[J]. Computers in Entertainment, 2005, 3(3):1-24.

力冲突中,陶德始终扮演强者的角色——他是这个家庭中唯一的男性。女性仿生人卡拉在体能与力量上都弱于陶德,年幼的爱丽丝尚无还手之力。而除陶德外,还有诸多其他因素向卡拉施加了阻力。当卡拉与爱丽丝从二楼逃向门外时,一层客厅的房门上有多道门锁,卡拉必须赶在陶德追上前解开所有门锁。当卡拉与爱丽丝来到庭院时,高高的围墙又再次挡住了二人,等等。这些都使体验者感到在保护爱丽丝的同时与陶德对抗的挑战难以实现。游戏的预制影像营造了高强度的主观挑战。不过,体验者仅需根据游戏界面的提示,不断按下手柄按键或推移摇杆,即可顺利赢得陶德、解开门锁、翻越围墙。这与动作类游戏中与 Boss 对战时,体验者需要实际克服高强度的客观挑战有所不同。游戏通过预制影像,使体验者在主观层面感受到高强度的挑战,而实际完成低强度的客观挑战,避免了体验者因任务失败导致叙事中断。进而在维持和强化体验者心流状态的同时确保了叙事的连贯性。

图 3-55 《底特律:成为人类》中卡拉与陶德对战的场景

(图片来源:游戏截图)

3.3 游戏空间设计

进入游戏后,游戏空间每时每刻都在影响着人们的情感体验。首先,作为一种视觉刺激,游戏空间能够直接唤起体验者的情绪;其次,游戏空间是叙事内容的重要载体,设计师可将叙事元素嵌入游戏空间,使体验者在探索游戏空间的过程中,通过与虚拟物品交互生成叙事内容;再次,游戏空间的形态特征,能够暗示体验者叙事内容的深层含义,强化体验者与游戏角色的情感共鸣;最后,游戏空间还可以传达历史文化内容,使游戏更具时代气息。

3.3.1 狭小空间与开放空间

海量的游戏作品呈现了千姿百态的游戏空间,如《巫师 3:狂猎》中奇幻的中世纪大陆，《荒野大镖客 2》中辽阔的原野和密林，《寂静岭》系列中笼罩在浓雾下空无一人的城市废墟，《孤岛惊魂》系列中被雪白沙滩和蔚蓝海水环绕的岛屿，《古墓丽影》系列中庞大而神秘的地下密室，《刺客信条：奥德赛》中遍布古老建筑和文化遗迹的古希腊城镇等。这些游戏空间令人目不暇接，为体验者带来了无限的惊喜，如图 3-56 所示。看似纷繁复杂的游戏空间，可以划分为狭小空间与开放空间这两种典型的形态，这两种形态构成了游戏空间的基本单元。

图 3-56 《巫师 3：狂猎》、《孤岛惊魂 6》、
《荒野大镖客 2》、《刺客信条：奥德赛》中的游戏空间
（图片来源：Steam 平台的游戏宣传图片）

　　狭小空间包括卫生间、密室、走廊、下水道、隧道、升降梯等。此类空间通过限制体验者的视野和逃生路线，有效强化了游戏挑战，从而激发体验者压抑和恐惧的情绪。狭小空间在恐怖求生类游戏与动作类游戏中具有广泛应用。开放空间则包括天空、海洋、草原、沙漠等。此类空间能够给予体验者最大限度的自由，使人们感到松弛与舒适。开放世界游戏与探索类游戏体现了对开放空间的典型应用。此类游戏将体验者置身于一个广阔无边的虚拟世界中，赋予他们自由探索和冒险的机会。其开放性、自由度和丰富的交互机制备受人们喜爱。

3.3.2 游戏空间与情绪唤起

狭小空间结合幽暗的光照效果,通常能够唤起体验者紧张、压抑和恐惧的情绪,此类空间在恐怖求生类游戏中具有广泛应用。例如,《寂静岭》系列的"里世界"笼罩在不见一丝光明的黑暗中。体验者总是需要在狭小的卫生间、地下室、走廊等空间中进行探索,如图 3-57(a)所示。游戏空间还充斥着丑陋的尸体和怪物、肮脏的污水,以及令人恶心的血渍。《寂静岭》系列同时将狭小空间、幽暗的光照效果、与死亡和杀戮相关的物品集合在一起,从而最大限度地唤起体验者的恐惧情绪。这种空间设计模式在《恶灵附身》系列、《生化危机》系列(图 3-57(b))等其他恐怖求生类游戏中也有体现。

(a) (b)

图 3-57 《寂静岭 2》与《生化危机 2:重制版》的狭小空间

(图片来源:Steam 平台的游戏宣传图片与游戏宣传视频)

即使游戏并非恐怖求生类游戏,但倘若设计师期望唤起体验者的紧张与压抑之感,也同样可以采用狭小空间。例如,动作冒险游戏《小小梦魇》系列将狭小空间作为游戏的主要场景,并且游戏空间始终笼罩在黑暗当中。这种特点在其第一代作品中尤为突出。《小小梦魇》系列的故事发生在一艘轮船上,体验者需要控制主角小六在不同的船舱中探索。游戏的部分区域,甚至将低矮得不足一个儿童身高的狭长通道作为游戏空间。除空间形态与光照效果外,《小小梦魇》系列还通常在游戏空间中设置对小六构成巨大威胁的敌人,以及象征死亡的物品,如图 3-58 所示。譬如,上吊的尸体(游戏界面只显示了从空中垂下的双腿)、病床上一动不动的儿童、监狱铁栏杆中孤独的陌生人、厨房中大力剁肉的厨师、高墙上监视着一切的眼睛,以及体型比小六高大数倍且能够将触手伸至任何一个位置的长臂怪物,等等。《小小梦魇》系列虽然并未被界定为恐怖求生类游戏,但是和《寂静岭》系列、

《生化危机》系列类似,其同样将狭小幽暗的空间与象征死亡、监禁、杀戮的元素融合在一起,营造出一种压抑的氛围。

图 3-58 《小小梦魇》中幽暗的狭小空间

(图片来源:Steam 平台的游戏宣传图片)

解谜游戏《迷室》系列也在众多关卡中采用了狭小空间,虽然该系列游戏并非恐怖求生类游戏或动作类游戏,但其仍然在很大程度上营造了令人紧张和恐惧的氛围。将解谜元素与恐怖氛围相结合的空间设计,不仅存在于数字游戏中,而且也存在于很多现实空间的密室逃脱和剧本杀游戏中,这种空间设计在现实空间中的应用也体现了相应的空间设计理念。例如,在"暴风岛"沉浸式剧本杀体验馆中,扮演船员的体验者需要在一个十分狭小而幽暗的"船舱"中寻找逃生通道。该逃生通道与通风管道类似,体验者需要手脚并用爬行通过该区域。在这个过程中,虽然体验者所处的游戏环境几乎不存在实际危险,但该游戏空间同样营造了较强的恐怖氛围,如图 3-59 所示。

图 3-59 "暴风岛"沉浸式剧本杀体验馆的游戏空间

(图片来源:美团平台商家提供的照片)

开放空间也能唤起人们紧张、恐惧与压抑的情绪。其原理为设计师能够在开放空间的任意一个位置放置敌人,而体验者只能够观察到其前方的一个相对有限的区域。当开放空间与视线阻碍元素结合时,其唤起恐惧情绪的效果更为显著。《辐射4》的"轻语岭"MOD创造了一片浓雾笼罩下的枯木森林,该开放空间中随时随地都可能出现敌人,如图3-60所示。雾气在很大程度上限制了体验者的观察范围,降低了体验者迅速发现并锁定敌人的能力。游戏场景中敌人的形态与枯木十分接近,敌人可以十分容易地隐藏在森林当中。作为开放空间的森林、浓重的雾气、与枯木形态接近的敌人,这三种要素的叠加,营造了一个危机四伏的游戏空间。体验者必须始终保持专注与警惕,并且具有灵敏而快捷的反应速度,才能够在如此危险的环境中生存下来。

图3-60 《辐射4》的"轻语岭"MOD
(图片来源:游戏截图)

与狭小空间不同,开放空间没有限制体验者的活动范围,支持人们无拘无束地漫游。因此,此类空间能够有效唤起人们轻松与愉悦的情绪。《塞尔达传说:旷野之息》支持体验者在开放世界策马驰骋;《塞尔达传说:王国之泪》支持体验者通过高耸入云的鸟望台飞跃至高空后缓缓飘落,如图3-61所示,或者乘坐飞行翼及自行创建的飞行工具在高空滑翔。《刺客信条》系列中,体验者能够控制游戏主角攀爬至高塔的顶端,以远景的景别俯瞰整个游戏空间,再由塔顶向下俯冲落地。这些游戏不仅创造了开放空间,还拓展了体验者的探索行为,体验者不仅能够控制游戏主角行走、奔跑,还可操纵其在空中飞行或自由下落。此类游戏赋予体验者在现实世界中难以体验到的自由。

Thatgamecompany出品的一系列游戏,体现了对开放空间的典型应用,这与设计师陈星汉的游戏设计理念存在一定关联。游戏《花》呈现了两个截然不同的游戏空间:肮脏灰暗而充满噪声的现代化城市,与蓝天白云和绿草红花构成的空旷郊外。游戏未设置完成任务的时间,游戏空间内也不存在敌人。体验者操控一股"清风",在游戏空间中漫无目地飞行,点亮草地中的花朵、收集各种类型的花瓣,如图 3-62 所示。《花》的开放空间主要使用了绿色和蓝色,绿色代表大自然的生机勃勃,而蓝色则令人感到宁静,以帮助人们释放在都市环境中积累的压力,感受自然环境的宁静与美好。

图 3-61 《塞尔达传说:王国之泪》中体验者通过鸟望台飞跃至高空

(图片来源:游戏截图)

图 3-62 《花》的开放空间

(图片来源:Steam 平台的游戏宣传图片)

《风之旅人》也在大量的游戏场景中采用了开放空间。该空间不仅营造了自由与舒适的氛围,同时还唤起了人们孤独的情绪。在游戏开发者大会(Game Developers Conference,GDC)上,陈星汉曾经发表过主题为 *Designing Journey* 的演讲[①]。他认为主流商业游戏总是强调"力量",体验者在游戏中拥有相较于现实

---

① JENOVA C. Designing Journey[EB/OL]. (2015-11-10)[2024-06-20]. https://archive.org/details/GDC2013Chen.

世界中更强大的力量，而人们也习惯于利用这种力量相互对抗、竞争。但他希望游戏能够为人们建立情感连接，除战斗与杀戮外，人们能够在游戏中相互帮助、相互鼓励。在《风之旅人》漫无边际的开放空间中，体验者或者独自一人完成旅程，或者最多遇见另一名同伴，并且游戏不支持这两名体验者使用文字或语音进行交流。游戏通过开放空间最大限度地唤起体验者的孤独感。在雪地场景中，暴风雪的猛烈袭击还将唤起体验者的无助感。孤独感与无助感的交织，使体验者更珍惜自己的同伴。

开放空间与巨型物体的结合，能够有效激发体验者的渺小感和敬畏感。康德在《论优美感和崇高感》中提出了"优美"与"崇高"，这两种感情都能够令人愉悦但其并不完全相同。"一座顶峰积雪、高耸入云的崇山景象，对一场狂风暴雨的描写或者是弥尔顿对地狱国土的叙述，都能激发人们的欢愉，但又使人们充满着畏惧；相反地，一片鲜花怒放的原野景色，一座溪水蜿蜒、布满着牧群的山谷，对伊里修姆的描写或者是荷马对维纳斯的腰束的描绘，也能给人们一种愉悦的感受，但那却是欢乐的和微笑的……高大的橡树、神圣丛林中孤独的阴影是崇高的，花坛、低矮的篱笆和修剪得很整齐的树木则是优美的。黑夜是崇高的，白昼则是优美的……"[①]康德还提到了埃及金字塔和罗马圣彼得大教堂，与其他远古的建筑一样，它们纯朴、高贵、伟大而崇高，"……远比人们根据一切描写所能形成的东西都更加感动人……"[②]这种"崇高感"源自一种远远超过人类能力的物体，"崇高必定总是伟大的，而优美却也可以是渺小的。"[③]无论是金字塔这一宏伟且被视作人类未解之谜的建筑，还是能够吞噬一切的黑夜或狂风暴雨，当人们处在此类环境中，必将感到自己力量的微薄，从而滋生一种渺小而无助之感，并对其面前的伟大力量感到无比敬畏。

即使巨大的物体不会对人们构成实际威胁，其压倒性的力量也足以唤起人们的崇高感和敬畏感。壮丽的自然景观和规模宏大的建筑物都具有这个特性。《魔戒1：魔戒同盟》创造了一个中土神话世界，在安都因河的两岸耸立着两座巨大的石雕人像——埃西铎和安那瑞安，如图3-63所示。在小说中，作者约翰·罗纳德·瑞尔·托尔金如此描写："……这两根石柱就像两个巨人，庞大的灰色身影虽沉默不语，却威势逼人……两座雕像都举起了左手，掌心朝外，摆出警告的手势；右手中都握着一把斧头，头上则各戴着风化破损的头盔与王冠。他们是消逝已久的王国

---

① KANT I.论优美感和崇高感[M].何兆武，译.北京：商务印书馆，2001：2-3.
② 同①5.
③ 同①4.

的沉默守护者,仍拥有伟大的力量和威严。弗罗多缩起身子闭上眼睛,敬畏感和恐惧感油然而生,船靠近时他也不敢抬头去看。小船飞速从努门诺尔双卫的恒久阴影下飘过,如同渺小的树叶般脆弱短暂,这时就连波洛米尔都低下了头……"作者在这个段落描绘的正是巨大人文建筑所能唤起的崇高感和敬畏感。

图 3-63 电影《指环王 1:护戒使者》中的刚铎之门
(图片来源:电影截图)

电影《星际穿越》中也有一幕呈现了相似的效果,当主角们到达米勒星球时,该星球的表面被水覆盖,远方一个略微隆起的区域形似山坡。然而实际上那并非远山,而是巨浪!当巨浪迅速袭来,到达主角面前时,它早已不是稍稍隆起的高度,而是仿佛一堵又厚又高的墙,遮天蔽日,如图 3-64 所示。在开放空间中面对此类巨大的物体,人类简直微不足道、不堪一击。

设计师也可在游戏中通过设置巨大的敌人或建筑物,激发体验者的崇高感与敬畏感。《汪达与巨像》是开放空间结合巨型物体的典型。空旷的野外、乌黑的云层、体验者必须抬头仰望的巨大石像,都营造出压抑而紧张的气氛。体验者稍有失误,汪达便会在巨像的猛烈攻击下粉身碎骨。除作为战斗对象的巨型敌人外,《汪达与巨像》的游戏空间还遍布着高大华丽的自然与人文景观,如图 3-65 所示。辽阔的草原一直延伸至遥远的天边,草原上矗立着巍峨高耸的山脉,从断崖上倾泻而下的瀑布和幽暗且深不见底的湖泊,都充分展现大自然的壮丽与宏伟。空无一人的广阔世界里巍然屹立着空旷的祠堂、庄严的祭坛和狭长的石桥,遗迹中巨大的石块、厚重的高墙、古老的文字和精致的图腾符号,无不体现沧桑的历史与神秘的宗教气息。"悠久的年代是崇高的……崇高的性质激发人们的尊敬"[①],游戏通过古老的历史遗迹唤起体验者的敬畏感。

图 3-64　电影《星际穿越》中的巨浪

(图片来源:电影截图)

图 3-65　《汪达与巨像》的游戏空间

(图片来源:网络平台)

① KANT I. 论优美感和崇高感[M]. 何兆武,译. 北京:商务印书馆,2001:5-6.

《风之旅人》同样通过壮丽的自然风貌和宏伟的古代遗迹,唤起体验者的崇高感和敬畏感。游戏的最终目标是攀登一座耸入云霄、仿佛直通天国的山峰,在其面前渺小如蝼蚁一般的游戏主角,需要保持仰望的姿态前行,整个探索过程如同朝圣之旅。到达雪地场景后,游戏主角在狭窄的道路上行进,道路两侧均是陡峭的崖壁。狭小的道路几乎阻断了逃生空间,一旦雪山崩塌,游戏主角可能立即被无情埋没(雪山并不会真正崩塌,但是高耸的山脉和狭小的通道共同展现了雪山的压倒性威力)。分散在沙漠各处的墓碑隐喻着无数生命的消亡,残破的断桥孤独地耸立着〔图3-66(a)〕,古代遗迹正在被一点点堆积的黄沙掩埋,呈现出似乎早已被人们忘却的悠久历史。而在遗迹内部,游戏主角在石碑前静坐冥想,四周则是高大厚重的墙壁以及从顶端洒落的阳光,如图3-66(b)所示。这种室内空间设计不禁让人联想起欧洲的哥特式教堂:成排的柱子矗立在教堂内部,将教堂顶端推向天空,塑造出一种指向天堂的空间引力。而阳光透过教堂高墙上的彩色玻璃投下绚丽的光影,营造出唯美、神秘、神圣而庄严的气氛。除自然景观与古代遗迹外,《风之旅人》还呈现了两种大型物体。一是对游戏主角具有威胁、象征着危险与死亡的龙,如图3-66(c)所示。游戏主角不具备任何与龙对战的能力,因此当龙出现时,体验者只能寻找掩体躲避。二是指引着游戏主角前行、拥有至高力量的亡灵。每当体验者完成一个关卡的最终任务,游戏便会通过一段预制影像展现相关剧情。每段影像的第一幕,都展示着高大挺立的亡灵,以及抬头仰望亡灵的游戏主角,如图3-66(d)所示。此外,当游戏主角在暴风雪中倒地后,数个亡灵将出现在其周围,给予游戏主角冲破云霄的力量。此时亡灵的伟大与游戏主角的渺小形成鲜明对比。

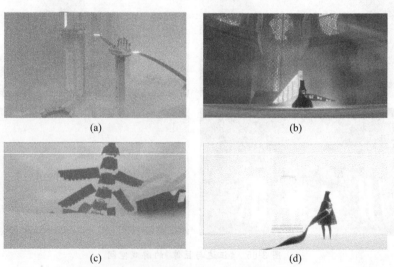

图 3-66 《风之旅人》的游戏空间

(图片来源:游戏截图)

3.3.3 游戏空间与叙事隐喻

游戏空间是体验者与敌人对抗、与各类物品交互的场所,但游戏空间的功能不仅限于此,它还能够对游戏的叙事内容进行隐喻。《寂静岭》系列的游戏空间、游戏角色以及怪物都具有重要的隐喻作用。游戏世界的"寂静岭"是一个具有超自然力量的空间,该空间支撑着"表世界"与"里世界"这两个与现实空间相对的异世界,而异世界则是游戏角色内心世界的隐喻,如图 3-67 所示。表世界乍看之下与现实世界相似,但二者具有显著差别:一方面,表世界虽然也存在白天和黑夜,但是日夜轮转的时间并不固定;另一方面,表世界一直沉浸在浓浓的雾气中,街道空无一人,即使在温暖的季节也仍有雪花飘落,部分区域会出现破旧的货车、坍塌的房屋、巨大的铁丝网或断崖,某些角落还会出现一些血迹或尸体。里世界的某些区域虽然存在微弱的灯光,但整个世界都深陷于伸手不见五指的黑暗中。《寂静岭》系列历代作品的里世界,总是充斥着生锈的钢铁、挂在铁网上或躺在病床上的尸体、在污水浸润下满是青苔或霉菌的地面、血迹遍地的卫生间、下着倾盆大雨的漆黑夜空……体验者能够在表世界与里世界之间穿越,当一个世界的障碍物导致体验者无法前行时,体验者便可来到另一个世界穿越该区域。因此,这两个世界的不同构造在很大程度上强化了游戏的探索和解谜挑战。但更为重要的是,表世界与里世界分别隐喻了游戏主角的浅层意识和深层意识。阴暗的里世界及其中各种类型的恐怖怪物,代表了游戏主角内心最深处的恐惧、愤怒、痛苦以及被压抑的欲望。游戏的背景设定是,不同的游戏主角看到的里世界是不同的,因为里世界本身就是游戏主角的内心世界。倘若游戏主角的内心不存在阴暗面,那么他在表世界与里世界中都不会遇到任何怪物。

图 3-67 《寂静岭》游戏系列中的现实世界、表世界与里世界

(图片来源:网络平台)

设计师还可将经典叙事结构融入游戏空间设计。《风之旅人》的空间设计便体现了"英雄之旅(Hero's Journey)"叙事结构。该叙事结构由约瑟夫·坎贝尔在《千面英雄》中提出,包含"普通的世界""冒险的召唤""对冒险的拒绝""与智者相遇""穿越第一个极限""测试、盟友、敌人""鲸鱼之腹/接近深层洞穴""严峻的考验""得

到嘉奖""回去的路""复活""满载而归"这十二个重要的步骤①。《哈利波特》系列、《指环王》系列、《黑客帝国》系列等大量电影和小说都应用了英雄之旅的叙事结构,呈现主角从默默无闻的普通人成长为拯救世界的英雄的故事。

《风之旅人》的游戏主角并非如同电影中的超级英雄那般,克服一系列的困难、击败异常强大的敌人并拯救世界。体验者只是控制游戏主角不断探索游戏空间,历经沙漠、水底、雪地和山巅等场景,阅读古代遗迹的壁画,了解这个世界曾经发生的故事,最终抵达目的地。游戏主要通过游戏空间对主角的英雄之旅进行隐喻。以"鲸鱼之腹(Belly of the Whale)"环节为例,该环节指主角未能征服或者驯服某个未知事物,反被其吞噬,在几乎丧命的绝望处境下获得自我毁灭与重生的过程②。这个环节意味着主角要鼓足勇气,直面自己内心最深处的恐惧和黑暗面。《功夫熊猫2》的主角阿宝尚处幼年时,反派角色沈王爷曾经发动了一场歼灭所有熊猫的战争,而他的母亲则为了保护阿宝而被沈王爷追杀身亡。阿宝曾经一直将这一痛苦的回忆封锁在内心深处,由于无法直面这一回忆,阿宝也始终未能获得内心的宁静。在影片的"鲸鱼之腹"环节,阿宝在智者羊仙姑的指引下唤醒了这一回忆,这也使得阿宝终于获得质的飞跃,成长为足以对抗反派角色的英雄。而在《风之旅人》的"鲸鱼之腹"环节,体验者将探索幽暗的地下空间,这种空间与初始阶段的明亮沙漠形成了鲜明的对比,如图3-68所示。同时,人们将在地下空间首次遇到体型巨大的龙,龙会威胁游戏主角的性命,而游戏主角却无任何力量与龙对抗。该游戏空间暗示着游戏主角正处于一个黑暗且极端危险的环境中,他需要实现自我突破与涅槃。

图3-68 《风之旅人》的地下空间

(图片来源:Steam平台的游戏宣传图片)

---

① CAMPBELL J. 千面英雄[M]. 黄珏苹,译. 杭州:浙江人民出版社,2022:38-39.
② 同①76-80.

3.3.4 游戏空间与文化复现

《倩女幽魂 2》复现了敦煌莫高窟的壁画,《合金弹头》复现了柬埔寨吴哥窟"高棉的微笑",而《帝国时代 3:亚洲王朝》则通过游戏空间复现了印度的泰姬陵,如图 3-69 所示。游戏空间是一种重要的文化载体,设计师可将富有影响力的文化元素融入游戏空间,从而复现特定历史时期的自然风貌、人文景观、社会价值观、人们的风俗习惯与宗教信仰。这种游戏空间设计将为体验者提供沉浸式的文化体验,增强游戏世界的文化底蕴与时代气息,使游戏叙事更具深度。同时,游戏空间也为不同国家与民族的体验者搭建了相互交流与理解的桥梁,以支持体验者探索和体验不同种族的文化。此外,对于一些濒临消失甚至已经消失的文化,游戏空间能够对其进行数字活化、保存与传播。因此,在游戏空间设计过程中,充分考虑文化复现是至关重要的,它能够提升游戏的吸引力与趣味性,同时也使游戏具有重要的教育意义和艺术价值。

图 3-69 《帝国时代 3:亚洲王朝》对泰姬陵的复现
(图片来源:游戏资料片)

"电子游戏可以让我们以从未想象过的方式探索世界各地。我们希望通过这个小小的方式为每个人提供一个机会,共同欣赏这一不朽的建筑作品。"这段话是育碧公司做出的声明。2019 年 4 月 15 日,巴黎的著名地标性建筑和天主教的象征之一——巴黎圣母院发生了一场震惊世界的火灾,如图 3-70 所示。巴黎圣母院的屋顶和尖塔被烧毁,所幸建筑的主体结构和"耶稣荆棘冠""圣路易祭服"等重要文物都得以保存。作为人类文明的瑰宝,拥有 800 多年历史的巴黎圣母院的失火牵动了全世界人民的心。大量巴黎市民聚集在巴黎圣母院前的广场祈祷,来自不同国家的人们纷纷在网络上发声,表达他们的悲戚与叹惋。

图 3-70　巴黎圣母院的失火照片

(图片来源:网络平台)

此时,游戏《刺客信条:大革命》给这些悲伤的人们注入了安慰剂。该游戏的一名关卡设计师 Caroline Miousse,曾经将游戏设计的 80% 时间都用于搭建游戏中巴黎圣母院这栋虚拟建筑,她花费了大约两年的时间,对巴黎圣母院的内部与外部进行建模,几乎以 1∶1 的比例在游戏中还原了真实的巴黎圣母院[①],如图 3-71 所示。此外,游戏开发商育碧公司提出捐款 50 万欧元修缮巴黎圣母院。所有的体验者都可在 2019 年 4 月 17 日—25 日于 UPlay 平台免费领取《刺客信条:大革命》计算机版。领取游戏的网站上显示"In light of the devastating fire at the Notre Dame de Paris, Ubisoft wants to give all gamers the chance to experience the majesty and beauty of the cathedral through Assassin's Creed Unity on PC."(鉴于巴黎圣母院遭受的毁灭性火灾,育碧公司希望为所有体验者提供 PC 版《刺客信条:大革命》游戏,以让所有体验者都有机会体验这座大教堂的壮观与美丽。)

在巴黎圣母院失火和等待修缮的日子里,这款游戏给不少体验者带来了精神慰藉,有体验者在社交媒体上写道"我要回到虚拟的巴黎并且拍摄一些巴黎圣母院的美景,这样我就不会那么难过。"如图 3-72(a)所示。还有体验者表示巴黎圣母院是其在《刺客信条》系列作品中看到的最美建筑,如图 3-72(b)所示。

---

① WEBSTER A. Building a better Paris in Assassin's Creed Unity:Historical accuracy meets game design[EB/OL]. (2019-04-18)[2024-02-29]. https://www.theverge.com/2014/10/31/7132587/assassins-creed-unity-paris.

图 3-71 《刺客信条：大革命》中巴黎圣母院的内部

（图片来源：游戏截图）

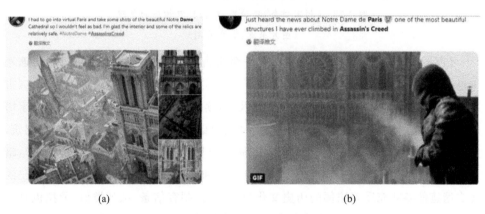

图 3-72 体验者在社交媒体上发表的评论

（图片来源：网络平台）

与照片和视频不同，在游戏场景中复原巴黎圣母院，不仅仅是对这座建筑的外形进行记录，更是支持体验者通过与在现实世界中截然不同的方式探索该建筑。在游戏中，体验者能够控制主角攀爬至巴黎圣母院的顶端并进行塔顶瞭望，其室内的柱子和墙壁也支持游戏主角攀爬，而这些操作在现实生活中是绝对不可能发生的。因此，在游戏世界中，体验者能够在更多的视角欣赏巴黎圣母院的美景。这种空间设计理念在《刺客信条》系列的其他作品中也有体现：《刺客信条 2》复现了佛罗伦萨主教堂，《刺客信条：枭雄》复现了圣保罗大教堂，《刺客信条：奥德赛》复现了帕特农神庙（图 3-73 所示），《刺客信条：起源》则复现了胡夫金字塔。

图 3-73 《刺客信条：奥德赛》对帕特农神庙的复现

（图片来源：游戏截图）

　　《古墓丽影》系列的游戏主角劳拉是一名考古学家，她将在世界各处的历史遗迹中进行探索。该系列的游戏空间也体现了对现实世界中著名历史遗迹的复现。《古墓丽影》系列的初代作品的故事发生在埃及，后续的多部作品也经常出现重返金字塔的游戏挑战。体验者将在游戏中发现金字塔、狮身人面像等埃及文明的代表性建筑，如图 3-74 所示。除埃及古迹以外，《古墓丽影 2》复现了中国的长城。《古墓丽影：暗影》涉及美洲三大文明——印加文明、玛雅文明和阿兹特克文明，游戏空间中神秘的历史遗迹使游戏充斥着浓郁的历史文化色彩。与《刺客信条》系列类似，劳拉也具有飞檐走壁的高超探险技能，体验者不仅能够在游戏世界中观赏这些建筑，而且能够深入建筑物内部或攀爬至其顶端，获得在现实世界中无法实现的冒险经历。

数字游戏幻想世界创造 第3章

 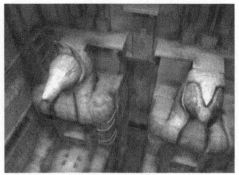

图 3-74 《古墓丽影:周年纪念》"大金字塔"主线任务中的游戏空间
（图片来源:游戏截图）

第 4 章 数字游戏挑战系统搭建

数字游戏挑战系统由游戏目标、游戏挑战、游戏规则与游戏机制等游戏核心元素共同塑造。其中,游戏目标是体验者必须完成的任务。游戏挑战则是体验者在实现目标的过程中,游戏为其设置的阻碍与压力。游戏规则是游戏世界的法律,它规定了何种游戏机制能够被触发,游戏环境会根据游戏规则对体验者进行反馈。游戏机制可被理解为体验者为了克服挑战、实现目标而触发的游戏行为。本章将对这四个游戏核心元素分别进行阐述,讨论如何通过挑战系统有效营造游戏性体验。

4.1 游戏目标设计

游戏目标是数字游戏挑战系统的基础,没有目标,挑战便不存在。因此,目标通常是游戏最初传达给体验者的元素。游戏目标包括长期目标与短期目标。游戏通过一系列的短期目标引导体验者执行有意义的游戏行为,以最终实现长期目标。游戏目标的实现情况还可体现体验者的游戏进度。

积极心理学家米哈里·契克森米哈赖(Mihaly Csikszentmihalyi)创建了著名的"心流"理论。"心流"是指人们高度沉浸和专注于某个活动,以至于忘却了现实世界中时间的流逝。体验者能否长期保持在心流状态,在很大程度上决定了游戏作品是否成功。游戏心流体验的构成要素包括以下几点:①游戏目标本身是可被完成的(A task that can be completed);②体验者具有专注于当前游戏目标的能力(Ability to concentrate on the task);③体验者的技能与游戏挑战平衡,并且二者都需要超过一定的水平(Perceived skills should match challenges and both must exceed a certain threshold);④游戏提供良好的控制性(Allowed to exercise a sense of control over actions);⑤游戏具有清晰的目标(The task has clear goals);

⑥游戏提供即刻的反馈(The task provides immediate feedback);⑦体验者能够毫不费力地深度沉浸于游戏中,减少其自我关注与对时间流逝的感知(Deep but effortless involvement, reduced concern for self and sense of time)[①]。在上述游戏心流体验的构成要素中,③与游戏目标直接相关。这表明在游戏中,清晰的目标是人们进入高度沉浸状态的必备要素。

4.1.1 强制性目标与非强制性目标

游戏目标可被分为强制性目标与非强制性目标两种类型。强制性目标由设计师制定,要求所有的体验者必须实现;而非强制性目标则是体验者自行确立的,体验者可以按照自己的喜好开展不同的游戏活动。强制性目标又包含任务性目标与叙事性目标。具有叙事元素的游戏,一般都包含叙事性目标。不少游戏将任务性目标与叙事性目标捆绑在一起,体验者只需完成任务性目标,游戏的剧情便会推进,并同步实现叙事性目标。例如,《超级马里奥兄弟》的叙事性目标是马里奥拯救蘑菇王国的公主,而体验者只需不断击败各种敌人、跨越所有的沟渠,顺利抵达每个关卡最右侧的城堡。当体验者实现所有任务性目标后,马里奥便能成功拯救公主。《勇敢的心:伟大战争》也具有叙事性目标——主角埃米尔期望见到女儿。为此,体验者必须实现一系列任务性目标(例如,体验者需要在枪林弹雨的战场上活下来,在充满毒气的房间中解开谜题等)。体验者在完成任务性目标的过程中,游戏剧情也在同步推进。部分互动式电影游戏则将任务性目标与叙事性目标进行了结合。在《底特律:成为人类》康纳解救人质的片段中,当体验者控制康纳在天台与异常仿生人丹尼尔对峙时,体验者在每个叙事的关键节点做出的选择,都决定了康纳能否成功解救人质,该过程的任务性目标等同于叙事性目标。

沙盒游戏通常支持体验者自由探索游戏世界,并允许体验者自行确立游戏目标。《我的世界》提供了广阔的游戏世界供体验者探索,体验者能够与游戏世界的各种动物、植物交互,可以采集矿石等资源来制作物件。体验者可以尽情发挥自己的想象力,在游戏世界中建造各种形态的建筑物。《泰拉瑞亚》同样支持体验者自由探索游戏世界,体验者可以采集金钱、矿石、木材等资源,建造武器及房屋,与怪物战斗,如图4-1所示。体验者能够按照自行确立的游戏目标体验游戏,有的体验者期望挑战各种各样的怪物,有的体验者希望建造温馨的房屋并不断拓展自己的领地。

---

① SWEETSER P, PETA W. GameFlow: A Model for Evaluating Player Enjoyment in Games[J]. Computers in Entertainment,2005,3(3): 1-24.

数字游戏 创意设计

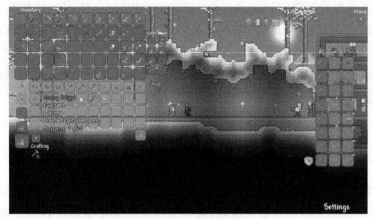

图 4-1 《泰拉瑞亚》游戏场景
（图片来源：Steam 平台的游戏宣传图片）

  部分游戏既提出了强制性目标，又具有一个沙盒游戏世界，支持体验者自行确立其他的游戏目标。《刺客信条》系列包含主线任务目标，体验者只有实现所有强制性目标才能完成游戏，并观看完整的剧情。除此之外，该系列游戏还呈现了一个开放世界供人们探索。有的体验者将游戏目标定为攀爬每一座鹰塔，在塔顶瞭望后再执行"信仰之跃"；有的体验者则期望探索城市当中的每一个房间，并暗杀所有的守卫……《塞尔达传说》系列也是如此，除实现主线剧情的强制性目标外，该系列游戏的开放世界为体验者提供了极高的自由度，体验者可以根据自己的喜好确立不同的游戏目标。在《塞尔达传说：王国之泪》中，体验者可以选择探索开放世界的每一寸土地、造访每一个洞穴。在探索过程中，体验者可以采集发现的所有食材，并拾取武器；也可以选择不同的食材烹饪料理，并且解锁游戏中的所有食谱；还可以购买所有商铺中的衣服，让林克摆出各种姿势并拍摄照片；甚至可以收集所有类型的左纳乌装置，并将其组装成各种类型的武器或交通工具……《模拟人生》系列也呈现了主线任务，不过，即便体验者不完成该主线任务，也同样能够按照自己的意愿进行游戏。同一个体验者在不同的游戏阶段，可以确立不同的游戏目标。以《模拟人生：畅玩版》为例，有的体验者会将游戏目标确立为以最高的效率赚钱，以最快的速度增加人口数量，并且购买最昂贵的别墅；有的体验者确立的游戏目标是让每个虚拟角色都过上"幸福的生活"，这些体验者会让不同的虚拟角色发展不同的兴趣爱好，给他们购买漂亮的衣服，让虚拟角色烹饪美味的食物；还有的体验者希望在游戏中满足自己的"装修"欲望，他们并不会直接购买游戏提供的整套别墅，而是会单独购买床铺、书桌、盥洗台、冰箱、台灯、电视等家具，并按照自己的审美标准组合这些家具并创建虚拟角色的房屋……此类游戏为体验者提供了较高的自由度,能够激发体验者的想象力与创造力,满足体验者的个性化游戏需求,增强游戏的娱乐性。

4.1.2 游戏目标的呈现方式

1. 通过文字呈现游戏目标

文字是一种显性、高效的游戏目标呈现方式。几乎所有类型的游戏,都可通过文字呈现游戏目标,如图 4-2 所示。规模较大、时间周期较长、具有大量短期目标的游戏尤为如此。《哈利波特:魔法觉醒》的任务系统由活动任务、限时任务、日常任务、赛季任务和成就(主线任务)组成。在完成主线任务的过程中,游戏目标将通过文字显示在界面左侧。很多模拟类游戏也会采用文字呈现游戏目标。《波西亚时光》的游戏目标是:体验者通过砍伐、采集、挖掘、战斗、种植、养殖等方式收集资源,并在工坊中将其制作成特定物品,以完成商会和小镇居民的订单。该游戏的所有短期目标,均以文字的形式显示在游戏界面上。《模拟人生:畅玩版》具有每周任务、社交任务、职业发展任务、特殊任务等,这些游戏目标均通过文字呈现。《模拟城市:我是市长》同样如此,游戏的船运任务、海运任务、活动任务等,均通过文字清晰地呈现给体验者。不少互动式电影游戏也采用文字传达游戏目标。在《底特律:成为人类》康纳解救人质的片段中,康纳探索受害者的房间并还原犯罪现场时,游戏始终通过文字"寻找艾伦队长""想办法理清状况""不计代价救出人质"等提示游戏目标。

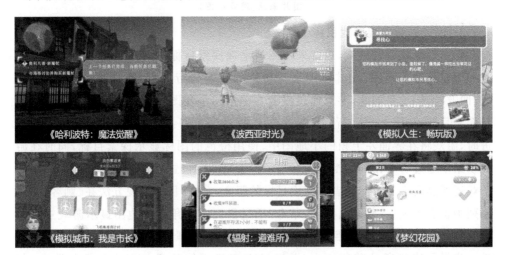

图 4-2 通过文字呈现游戏目标

(图片来源:游戏截图)

不少开放世界游戏通过文字呈现探索目标。《合金装备5：幻痛》未使用小地图显示游戏主角所处的位置及探索方向，而是在游戏界面上通过字母呈现体验者的探索目标，并通过数字显示游戏主角与探索目标的距离，如图4-3所示。这种游戏目标呈现方式使游戏界面更为简洁。

图4-3 《合金装备5：幻痛》通过文字呈现探索目标

（图片来源：游戏截图）

2. 通过图像呈现游戏目标

场景规模较大的游戏，通常采用图像呈现探索目标。《极品飞车》系列通过游戏界面左侧的小地图，向体验者呈现赛道的形态与行驶目标，如图4-4(a)所示。《波西亚时光》也是如此，游戏通过界面右下角的小地图显示游戏主角当前的位置及探索目标，如图4-4(b)所示。当体验者在《哈利波特：魔法觉醒》中朝探索目标行进时，游戏将在界面左上角的小地图中，使用橙色的图标显示探索目标，同时在游戏场景中通过一个相同的橙色图标提示探索目标的位置，如图4-4(c)所示。此外，游戏还通过文字显示体验者与探索目标的距离。这种目标呈现方法在《刺客信条》系列中也有体现。《刺客信条：大革命》通过界面左下角的小地图显示游戏主角当前的位置、朝向，以及探索目标的位置，同时在游戏场景中通过绿色或蓝色的图标，进一步提示体验者的前行方向，并通过文字显示体验者与探索目标的距离，如图4-4(d)所示。

图 4-4 通过图像呈现游戏目标

（图片来源：游戏截图）

游戏界面上的小地图与游戏场景中的提示性图标，能够直观地呈现游戏目标，从而辅助体验者高效地推进游戏。《汪达与巨像》则采用了一种更加婉约的方式。在呈现叙事内容的预制影像中，传说中操控死者灵魂的魔神多尔暝告诉汪达："高举起你的剑，让光照射巨像，前往宝剑光束汇集的地方。"当汪达驰骋于漫无边际的"往昔大地"时，一旦他上扬宝剑，一束耀眼的光芒便从宝剑发出，直指巨像的位置，如图 4-5 所示。这使游戏目标的呈现方式更具独特性与戏剧性。

图 4-5 《汪达与巨像》的游戏目标呈现方式

（图片来源：游戏截图）

3. 通过游戏空间呈现游戏目标

体验者能否有方向、有目的地在游戏空间中探索,是其能否顺利推进游戏进程、实现游戏目标的关键。探索类游戏与开放世界游戏尤为如此,此类游戏呈现了广阔无边的游戏世界,体验者通常需要遍访游戏空间中的不同建筑。为此,游戏需要通过特殊形态的空间,有效呈现体验者的探索目标。相较于文字和图像,通过游戏空间呈现游戏目标是一种更为隐性的方式。

狭小空间与开放空间都可用来呈现游戏目标。其中,狭小空间能够限制体验者的活动范围,具有天然的引导功能。《超阈限空间》的大部分空间,属于狭小的走廊以及介于狭小空间与开放空间之间的中等规模房间。体验者在狭小走廊〔图 4-6(a)〕的引导下来到一间房间,在当前房间中进行解谜,并在下一条狭小的走廊引导下进入下一间房间……当体验者初次进入游戏,对游戏空间尚不熟悉时,设计师可采用狭小空间来引导体验者进行探索。《半条命 2》的初始片段便采用了列车这一狭小空间来引导体验者,该游戏世界乍看十分广阔,但实际上却只有一条狭窄的路线[1],如图 4-6(b)所示。

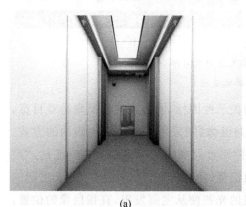
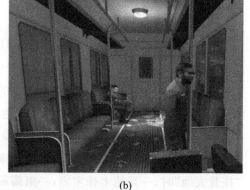

(a)　　　　　　　　　　　　　　(b)

图 4-6　《超阈限空间》与《半条命 2》的狭小空间

(图片来源:游戏截图)

相较于狭小空间,在开放空间中引导体验者更具挑战。一种有效的方式是"小香肠(weenies)"技法,该技法由沃尔特·迪士尼在拍摄电影时发明[2]。当需要动物按照一个固定的路线奔跑时,工作人员便会在路径上放置一系列香肠对动物进行引导。这种引导动物的方式同样适用于引导人类。无论是现实空间还是虚拟空间,设计师

---

[1]　ADAMS E,DORMANS J. 游戏机制:高级游戏设计技术[M]. 石曦,译. 北京:人民邮电出版社,2014:30.

[2]　TOTTEN C. An Architectural Approach to Level Design[M]. Florida:CRC Press,2014:136.

都可通过建造富有特色的建筑,对在开放空间中探索的体验者形成视线引导,使体验者在好奇心的驱动下探索这些建筑。这种具有"小香肠"作用的建筑被游戏设计师 Jesse Schell 称为"建筑香肠(architectural weenie)"[①]。当设计师通过"建筑香肠"对体验者进行引导时,体验者通常会认为自己是在兴趣的驱动下主动探索的,而实际上体验者是在设计师的规划下探索的。通过空间传达探索目标,不像通过文字和图像那般显性和刻意。在迪士尼乐园中,设计师建造了睡美人城堡、飞溅山等一系列"建筑香肠",这些高耸的建筑富有特色,使游客在游览过程中,不自觉地被其吸引,下意识地按照设计师精心设计的路线进行参观。现实世界中富有特色的城市地标,也都属于"建筑香肠"。如北京的中央电视台总部大楼、广州的广洲塔、上海的东方明珠电视塔、法国巴黎的巴黎圣母院、美国纽约的自由女神像等,如图4-7所示。

图 4-7 中央电视台总部大楼、广洲塔、东方明珠电视塔、巴黎圣母院与自由女神像
(图片来源:网络平台)

---

① TOTTEN C. An Architectural Approach to Level Design[M]. Florida: CRC Press, 2014: 136.

开放世界游戏的设计师,可将游戏短期目标分布在一系列的富有特色的建筑中,引导体验者依次对其进行探索。除引导体验者外,这些建筑还能辅助体验者明确自己的方位,掌握游戏进程。在《风之旅人》的第一幕中,游戏通过天边一座发光而高耸入云的山峰,提示了体验者的最终探索目标,如图4-8所示。这座山峰可被理解为《风之旅人》中最富有特色的"建筑香肠"。体验者在探索过程中,无论位于何方,始终能够看到这座山峰。这座山峰不仅提示了最终探索目标,而且能够辅助体验者明确自己的方位、判断行进方向是否正确。除此之外,为了引导体验者探索这座山峰,设计师在开放世界中安置了一系列"建筑香肠"。一座座造型独特的古代神庙和高耸的断桥,在茫茫大漠中显得十分突出,能够有效吸引体验者的视线。

图4-8 《风之旅人》通过远方发光的高山提示游戏目标

(图片来源:游戏截图)

相似的设计在《艾尔登法环》中也有体现。这是一款开放世界动作角色扮演游戏,游戏空间包括地上和地下两个部分,各种类型的城堡、地牢、遗迹、村庄、树林为体验者打造了一个规模宏大的游戏世界。该游戏空间中最引人注目的黄金树,成为该游戏开放世界的"建筑香肠",如图4-9所示。地上游戏空间的中央盘踞着一棵巨大的黄金树(该黄金树是游戏场景中体积最大的黄金树,是整个游戏世界的核心),黄金树金色的光芒、庞大的树杈与其他暗黑风格的建筑形成了极为鲜明的对比,使体验者在初次进入游戏场景时便能被其吸引。与《风之旅人》中远方高耸的山峰相同,《艾尔登法环》地上游戏空间中央的黄金树是体验者探索开放世界的重要地标。无论体验者身处何处,都能够瞥见这棵黄金树的一隅。除此之外,该游戏的地上游戏空间的不同位置分布着许多小型黄金树,大黄金树与小黄金树都是引导体验者探索的"建筑香肠"。

图 4-9 《艾尔登法环》中作为"建筑香肠"的黄金树

(图片来源：游戏截图)

与上述游戏类似，《刺客信条》系列也呈现了一个大规模的开放世界。《刺客信条：大革命》的游戏场景包含高矮不一、风格不同的建筑，而在这些普通的建筑群中，巴黎圣母院成为能够有效吸引体验者视线的地标性建筑，如图 4-10(a)所示。该游戏的一个主线任务便需要在巴黎圣母院中完成。除巴黎圣母院外，游戏中其他的高塔也具有类似的效果。该游戏的"塔顶瞭望"任务要求体验者找到这些高塔并攀爬至顶端，再从塔顶进行"信仰之跃"。这些高塔同样形成了开放世界的"建筑香肠"，能够辅助体验者在探索过程中快速明确自己的方位。此外，在完成该游戏的其中一个主线任务时，游戏主角将穿越至十九世纪末的巴黎。此时的游戏空间包含埃菲尔铁塔和自由女神像，这两座建筑与巴黎圣母院类似，都属于游戏开放空间中的"建筑香肠"，如图 4-10(b)所示。

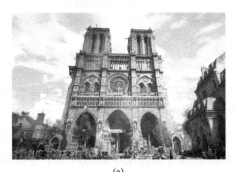
(a)

(b)

图 4-10 《刺客信条：大革命》中的巴黎圣母院、埃菲尔铁塔与自由女神像

(图片来源：游戏截图)

数字游戏 创意设计

以《塞尔达传说：王国之泪》为例，游戏包含空岛、陆地与地下洞穴三类开放空间，在这三类开放空间中遍布着152座神庙。在游戏的初始阶段，游戏主角林克的生命值只有三颗心，每当体验者完成四座神庙的任务后，便能够给林克的生命值增加一颗心。林克的生命值决定了其与敌人对抗时生还的概率，因此，在该游戏中，神庙是非常重要的一类建筑，几乎所有的体验者都需要花费较长的时间探索这些神庙，并依次解开神庙中的谜题。为了便于体验者找寻，神庙具有与其他建筑不同的造型——以岩石为纹理，呈现椭球形，并围绕着蓝色和绿色的光圈。体验者能够通过游戏的"望远镜"功能来寻找光圈的位置，从而便捷地锁定神庙的方向。除神庙外，鸟望台同样是一个具有重要功能的特殊建筑，游戏主角林克能够通过鸟望台解锁当前区域的地图，并且在已解锁的不同鸟望台之间传送。游戏的15座鸟望台均匀分布在陆地开放空间中，此类建筑高耸挺拔，与其他的建筑形成鲜明对比，也是能够有效引导体验者视线的"建筑香肠"，如图4-11所示。

图4-11 《塞尔达传说：王国之泪》中的鸟望台

(图片来源：游戏截图)

4. 通过叙事内容呈现游戏目标

将游戏目标隐藏在叙事内容中，是一种十分巧妙的设计方法，能够促使体验者更加关注游戏剧情，并使体验者与游戏主角共情。这种游戏目标呈现方式在互动式电影游戏中较为常见。例如，当《超凡双生》的女主角祖迪来到大使馆后，需要进入卫生间并操控灵体艾登盗取机密文件。此时游戏并未使用小地图或文字等显性的方式向体验者传达探索目标，而是通过预制影像中祖迪与男主角克雷顿的对话，对目标进行暗示。在预制影像中，克雷顿带领祖迪来到一层宴会厅的中心区域时，向祖迪说道："我去和大家打下招呼，你找个安静点的地方，你知道该怎么做。"如

图 4-12(a)所示,其中"找个安静点的地方"便是接下来体验者需要探索的目标。为了确保体验者明确探索目标,当体验者开始操控祖迪探索宴会厅时,游戏会通过祖迪的画外音"我必须找个安静的地方"再次提示体验者探索目标,如图 4-12(b)所示。倘若体验者未能理解预制影像和画外音的暗示,或者在探索过程中始终未能寻找到"安静的地方",那么游戏会在一段时间后,再次通过祖迪的画外音"我必须找个安静的地方"来提示体验者探索目标,如图 4-12(c)所示。

  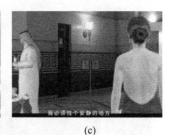

(a)　　　　　　　　　　　(b)　　　　　　　　　　　(c)

图 4-12　《超凡双生》通过叙事内容传达游戏目标

(图片来源:游戏截图)

5. 通过特殊的摄像机视角呈现游戏目标

在上述《超凡双生》的大使馆片段中,倘若体验者始终未能抵达目的地,游戏将通过摄像机在特殊机位与视角拍摄的画面,来提醒体验者前进的方向。当游戏通过叙事内容传达了"寻找安静的地方"这一探索目标后,倘若体验者始终在大厅探索,游戏将提示体验者与克雷顿交流,如图 4-13(a)所示,进而触发一段新的预制影像。在该影像中,克雷顿将再次告诉祖迪"现在找个地方躲起来做你该做的事……"如图 4-13(b)所示。"找个地方躲起来"对上一段预制影像中的"安静的地方"进行了补充说明。同时,在预制影像即将播放完毕时,影片将给大使馆一层的卫生间一个镜头,如图 4-13(c)所示。当预制影像播放完毕,体验者再次操控祖迪自由探索时,祖迪与第三人称摄像机将直接朝向卫生间,如图 4-13(d)所示。这个过程同时通过叙事内容与特殊的摄像机视角提示游戏目标。

《塞尔达传说:旷野之息》的开场片段也通过特殊的摄像机视角提示了探索目标。当林克在塞尔达公主的呼唤下苏醒,并重启冒险之旅后,体验者开始操控林克朝遗迹外的空间探索,摄像机则始终跟随在林克身后。当林克来到悬崖边时,摄像机先是以大远景的景别拍摄整个游戏的广袤空间,如图 4-14(a)所示。接着摄像机转变视角,以大远景的景别拍摄林克右侧海拉鲁王国的城堡,以及朝城堡行走的一位老人,如图 4-14(b)所示。为了进一步提示体验者探索目标,下一个镜头变为小远景,画面的中心为老人,如图 4-14(c)所示。游戏通过摄像机视角的变化,强调了老人的重要性，提示体验者与老人对话，指明体验者在开放世界中的探索目标。

图 4-13 《超凡双生》通过特殊的摄像机视角提示游戏目标

（图片来源：游戏截图）

图 4-14 《塞尔达传说：旷野之息》通过摄像机视角的变化呈现游戏目标

（图片来源：游戏截图）

4.2　游戏挑战设计

4.2.1　主观挑战与客观挑战

游戏挑战包含主观挑战与客观挑战。客观挑战是指体验者在实现游戏目标的过程中需要克服的挑战，主观挑战是指体验者内心感受到的挑战。高强度的客观挑战，会让体验者同步感受到较强的主观挑战。当数量众多的敌人阻挡在体验者面前（高强度的客观挑战）时，体验者将感到极度紧张并承受巨大压力（较强的主观挑战）。而当体验者感受到较强的主观挑战时，游戏却未必营造了同等难度的客观挑战。本书在第3章的游戏交互叙事部分曾经分析过《神秘海域4：盗贼末路》中摩托车与卡车的追逐战片段，该片段的叙事影像展示了对摩托车穷追猛打的大卡车，给体验者带来了极强的压迫感，使体验者在主观层面上感受到高强度的挑战。而体验者只需朝卡车的方向不断射击即可顺利完成任务，即游戏实际上只营造了低强度的客观挑战。

针对客观挑战，本节将探讨基于障碍物、空间、时间的游戏挑战营造方式。而针对主观挑战，本节将主要说明如何基于叙事营造游戏挑战。

4.2.2 游戏挑战的营造方式

1. 基于障碍物营造游戏挑战

障碍物可被理解为在实现目标的过程中，游戏为体验者设置的阻碍。障碍物的形式多种多样：《纪念碑谷》中看似无法衔接的空间是障碍物；《鬼泣》系列中每一个Boss都是障碍物；《风之旅人》中强劲的暴风雪是障碍物；《部落冲突》中围绕在大本营周围的防御武器是障碍物；《飞扬的小鸟》中高低不一的柱子是障碍物；《超级马里奥兄弟》中诺库龟、栗子小子、食人花等都是障碍物，如图4-15所示。

障碍物的形式与游戏挑战的类型存在一定关联。动作技能挑战类游戏中能够对体验者造成直接伤害的敌人，以及挡在体验者面前的高墙、沟渠等，都是非常典型的障碍物形式。此处的"敌人"并非狭义层面上具有生命体的怪物或人类，而是指一切能够对体验者构成生命威胁的元素，如《三位一体》中不断喷火的机关也属于"敌人"。很多动作技能挑战类游戏（动作类游戏、体育类游戏等）支持体验者在复杂的游戏场景中探索，而这些场景可能遍布各种高墙、断桥、水沟等，这些元素与"敌人"类似，都是体验者前行的阻碍。而在心智技能挑战类游戏（解谜类游戏、策略类游戏等）中，一种典型的障碍物便是"锁"。《游戏机制：高级游戏设计技术》的两位作者曾经详细描述过"钥匙-锁"结构的游戏挑战类型[1]。"锁"与"钥匙"并非指狭义层面上，人们在日常生活中使用的防盗门锁、抽屉锁，以及装在口袋中的能够解开这些锁的钥匙；而是指游戏场景中相互形成因果关系的元素——"钥匙"是

---

[1] ADAMS E, DORMANS J. 游戏机制：高级游戏设计技术[M]. 石曦, 译. 北京：人民邮电出版社, 2014：232-233.

"因",而"锁"则是"果"。为了解开这些"锁",体验者需要通过充分的思考以创造或寻找相应的"钥匙"。例如,《三位一体》的初始关卡包含三个子关卡,要求体验者分别扮演骑士、盗贼与法师。体验者在扮演法师时,将在某个场景遇见一道紧闭的铁门。此时,体验者需要找到控制铁门的机关,并将一个箱子压在机关上。当机关被箱子压下后,铁门便可打开。门是体验者直接面对的障碍物,同时也可以被理解为"钥匙-锁"结构中的"锁",而被压下的机关则是"钥匙"。

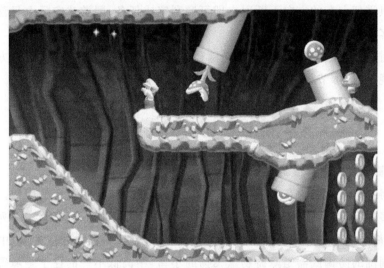

图 4-15 《新超级马里奥兄弟 U 豪华版》中的食人花障碍物

(图片来源:游戏截图)

无论是动作技能挑战类游戏还是心智技能挑战类游戏,设计师都需要在游戏渐进的过程中不断强化游戏挑战。通过障碍物强化游戏挑战的方式主要包括增加障碍物的数量,以及丰富障碍物的类型。游戏心流理论表明,游戏挑战需要与体验者的技能保持动态平衡。因此,设计师需要在关卡渐进的过程中,使"障碍物数量的增加及障碍物类型的丰富"与"体验者技能的优化"形成直接的对应关系。以《植物大战僵尸》系列为例,该游戏的每个关卡都包含多个阶段。初始阶段只有少量僵尸进攻,当一个僵尸出现后,需要经过一定时间才会出现下一个僵尸;而当界面显示"一大波僵尸来袭",即游戏进入高潮阶段时,僵尸则会成群结队地出现,如图 4-16 所示。在关卡的初始阶段,完整的植物防御阵型尚未形成,体验者需要尽快收集阳光,以种植各种类型的植物。此时,少量的僵尸虽然能够给体验者施加一定的压力,但不会对体验者造成实际的威胁,体验者处于较为轻松且安全的状态。而在关卡的高潮阶段,体验者已经建造了完整的植物防御阵容,于是大规模进攻的僵尸与具有强大防御能力的植物势均力敌,使得塔防的对抗过程达到最激烈的状态。在关卡渐进的过程中,障碍物的数量(僵尸的数量)与体验者的技能(植物阵容的防御能力)同步渐近,二者始终保持平衡。这种游戏挑战设计模式在众多动作类游戏、策略类游戏中都有体现。在《鬼泣》系列游戏中,伴随着游戏进程的推进,体验者通常会面临数量逐渐增多的敌人,这与体验者战斗技能的提升、战斗装备的优化、防御能力的强化均成正比。

图 4-16 《植物大战僵尸》中"一大波僵尸来袭"的高潮阶段

(图片来源:Steam 平台的游戏宣传视频)

数量不断增加的障碍物能够引导体验者不断磨炼自己的游戏技能。而不同类型的挑战,还将促使体验者学习不同类型的知识、训练不同方面的技能。因此,在游戏渐进过程中,除不断增加障碍物的数量外,游戏还可同步丰富障碍物的种类。例如,每当体验者在《部落冲突》中升级大本营后:一方面,体验者能够建造更多的防御武器、率领更多的士兵去攻打其他部落(障碍物数量的增加);另一方面,体验者能够解锁新型的防御武器和士兵(障碍物种类的丰富)。《部落冲突》的障碍物数量与障碍物种类,在体验者升级的过程中同步渐进。障碍物数量的增加,要求体验者不断适应规模更大的战争;而障碍物类型的丰富,则促使体验者不断学习新兵种的进攻模式及新武器的防御模式,由此迭代和更新自己的攻防策略。

针对"钥匙-锁"结构的障碍物,游戏挑战在于体验者能否创造合适的"钥匙"。开锁过程中需要的"钥匙"的数量与种类,直接决定了游戏挑战的难度系数。一方面,游戏可通过增加"钥匙"的数量来强化挑战,即游戏的谜题并非创造一把"钥匙"

解开一道"锁",而是要求体验者创造多把"钥匙"解开多道"锁"。另一方面,游戏可通过不断引入新型的"锁",并要求体验者不断创造新型的"钥匙",来强化挑战。"锁"与"钥匙"的数量并非完全对应,即设计师可在游戏中设置多道"锁",而体验者则可通过少量的"钥匙"解开多道"锁";设计师也可在游戏中设置少量的"锁",但要求体验者创造多把"钥匙"。

以《塞尔达传说:王国之泪》中的神庙为例,在游戏的"初始空岛"中,体验者需要通关四座神庙,以解锁林克的四大基本技能——究极手、通天术、余料建造,以及扭转乾坤。"余料建造"技能是指体验者将武器与其他物品组合,从而大幅提升武器的攻击力。该技能对应的神庙为"伊恩伊萨神庙"。体验者初次进入这座神庙时,将被一堵岩石墙阻挡。体验者需要将物品栏中普通的武器(例如,木棒、长枪、盾牌、宝剑等)与墙边的岩石组合,以大幅提升武器的攻击力,从而击碎墙体,如图 4-17(a)所示。游戏在这个环节呈现了一道"锁"——岩石墙,而体验者也仅需创造一把"钥匙"——将岩石与普通武器组合后的新型武器。接下来,体验者将遇上一扇上锁的门,门的钥匙被隐藏在一个宝箱中,而该宝箱却放置在一堵高墙的木架上。体验者需要收集宝箱附近的火焰果,将火焰果附着在弓箭上向宝箱射出,点燃宝箱下方的木架,如图 4-17(b)所示。木架燃烧后,宝箱将从高墙上掉落,体验者便能够取出其中的钥匙。相较于上一个环节,这个环节展现了更多的"锁":第一道"锁"是上锁的门,第二道"锁"则是高墙上的宝箱。与之对应,体验者也需要找到两把"钥匙":第一把"钥匙"是附加了火焰果的箭,第二把"钥匙"则是宝箱中的钥匙。不过,虽然该环节展现了两道"锁",但实际上只有第一把钥匙是需要体验者创造的。

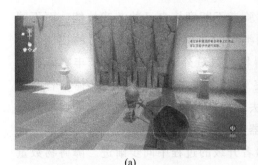
(a)

(b)

图 4-17 《塞尔达传说:王国之泪》伊恩伊萨神庙中的两把"钥匙"

(图片来源:游戏截图)

相较于伊恩伊萨神庙,马亚奇诺乌神庙则要求体验者创造更多的"钥匙",故其也营造了更强的游戏挑战。该神庙中"钥匙-锁"的结构为神庙的左右两侧各存在一个房间,并且这两个房间的铁门都是紧闭的("锁"),神庙中心区域的上方会不断掉落大球,只有将大球分别击打至两个靶子上("钥匙"),才能打开这两个房间的铁门。虽然该谜题结构看似简单,但游戏为了增加挑战难度,设置了一系列的限制条件,使得原本能够打开两个房间铁门的"钥匙"成为另一种形式的"锁"。一方面,左侧靶子的靶面最初朝向墙角,右侧靶子的前方被一块较大的木板遮挡,体验者无法直接将大球击打至这两个靶子上。此外,要将大球击打至靶子处,需要利用神庙中心区域的转向器,而该转向器上没有附着任何可以击打大球的武器。体验者一共需要创建四把"钥匙":第一把"钥匙"为将神庙中心区域的重力踏板向下压,使左侧靶子旋转并露出靶面,如图4-18(a)所示;第二把"钥匙"为将地上的长棍安装在转向器上,如图4-18(b)所示;第三把"钥匙"为取出地面上的柱子,将右侧靶子前方的木板固定在上方的墙面,使其不再遮挡靶子,如图4-18(c)所示;第四把"钥匙"为当大球滚落至合适的位置时,挥动武器击打神庙中心区域发光的柱子,触发转向器,使其迅速转动,最后通过转向器上的长棍,将大球分别击打至左侧和右侧的靶子上,如图4-18(d)所示。如此,体验者便可进入右侧房间领取宝箱中的物品,再进入左侧房间通关。该神庙通过数量众多的"锁",促使体验者创造各种不同类型的"钥匙",从而强化游戏挑战。

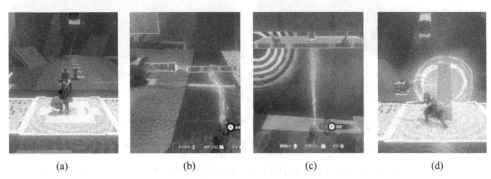

(a)　　　　　　　(b)　　　　　　　(c)　　　　　　　(d)

图4-18　《塞尔达传说:王国之泪》马亚奇诺乌神庙的四把"钥匙"

(图片来源:游戏截图)

游戏挑战虽可被分为动作技能挑战与心智技能挑战,但在具体的游戏作品中,这两种不同类型挑战的边界愈来愈模糊,很多作品的游戏任务混合了不同类型的挑战。一些在动作技能挑战类游戏中经常出现的障碍物形式,也可以出现在以心智技能挑战为主的游戏中,反之同理。上文曾经分析过的《植物大战僵尸》便既存在动作技能挑战(体验者需要在大量僵尸袭来的压力下,迅速地将不同植物放置在合适的位置),又存在心智技能挑战(体验者需要构思如何建造植物防御阵容,以实现防御力的最大化)。"敌人"与"钥匙-锁"结构的障碍物只是商业游戏中较为常见的挑战形式,并不能代表游戏中所有障碍物的类型,设计师在创作过程中能够充分发挥想象力,不断丰富游戏障碍物的形式。

2. 基于游戏空间营造游戏挑战

1) 设计挑战型游戏空间

无论是动作技能挑战类游戏还是心智技能挑战类游戏,设计师都可基于复杂形态的游戏空间营造游戏挑战。很多动作技能挑战类游戏要求体验者控制游戏主角在错综复杂的地形上探索,体验者必须拥有娴熟的动作技巧,才能控制游戏主角穿越各种障碍物。《古墓丽影:暗影》第七关的悬崖营造了高强度的动作技能挑战,体验者需要操控劳拉使用钩斧在一系列悬吊物上摆荡,稍有失误便会导致劳拉跌至万丈深渊,如图 4-19 所示。

图 4-19 《古墓丽影:暗影》中营造高强度动作技能挑战的游戏空间

(图片来源:游戏截图)

特殊形态与结构的游戏空间,也可成为游戏心智技能挑战的来源,即便该空间中不存在任何敌人或"钥匙-锁"结构的障碍物。迷宫便是此类游戏空间的典型代表,《塞尔达传说:旷野之息》《塞尔达传说:王国之泪》等不少开放世界游戏都会在部分关卡设置迷宫。本书在 1.3 节分析的《纪念碑谷》《菲斯》与《超阈限空间》这三款游戏,结合了透视原理、视觉错觉原理、矛盾体空间,基于游戏空间营造了极富创意的游戏挑战。

基于游戏空间营造心智技能挑战时,设计师可在游戏空间中设置隐藏的通道,以及一系列"钥匙-锁"结构的障碍物,这要求体验者对游戏空间进行细致入微的观察、收集充足的解谜线索、思考如何与解谜机关交互,以及如何有效利用道具顺利过关。例如,《小小梦魇》的一个重要物品是镜子,它在众多游戏关卡中都出现过。仔细观察便可发现,几乎在所有的场景中,镜子都是破碎的。而在游戏第四章的一个看似没有出口的房间中,墙上却挂着一面完好无损的镜子,这暗示着体验者应该将其打碎,如图4-20(a)所示。这面镜子实际上是一个隐藏通道,打碎后该通道便可显现,如图4-20(b)所示。

(a)　　　　　　　　　　　　　　(b)

图 4-20　《小小梦魇》中完好无损的镜子与隐藏通道

(图片来源:游戏截图)

2) 将障碍物与特殊形态的游戏空间结合

设置障碍物是营造游戏挑战的常见方式,体验者与障碍物共处于一个游戏空间,因此游戏空间的形态与结构,以及障碍物在游戏空间中的分布,将决定游戏的综合挑战系数。比如,相同数量和种类的障碍物,在狭小空间与开放空间这两种截然相反的空间中,将营造不同的游戏挑战。

(1) 基于狭小空间营造游戏挑战

狭小空间在恐怖求生类游戏中具有广泛应用,如图4-21所示。狭小空间大幅限制了体验者释放特殊技能的自由度(例如,难以触发远距离攻击、二段跳等行为),并且限制了体验者的逃生范围。因此,在这类空间中,一个敌人便可对体验者形成威胁。《生化危机》系列常常要求体验者在幽闭的空间中与僵尸对抗,《寂静岭》系列也总是要求体验者在狭小幽暗的卫生间或走廊进行探索。除恐怖求生类游戏外,狭小空间也经常出现在其他类型的动作类游戏中,用来强化游戏挑战。例如,完成《刺客信条:大革命》"刺杀乞丐之王"的任务时,体验者需要在幽暗的下水道中探索,并且刺杀一系列守卫,下水道空间的宽度只可容纳两名虚拟角色,体验者一旦未能成功暗杀守卫,那么将需要与守卫正面对抗,在这种情况下,该狭小空间将给体验者造成较大的限制,从而强化游戏挑战。《极品飞车》系列也经常要求体验者在狭长的隧道中驾驶。在此类空间中,即便体验者的附近只有少数车辆,也会给体验者施加高强度的心理压力。狭小空间的这一特性,使得即便游戏不包含恐怖元素,也会使体验者感到一定程度的紧张和不安。

图 4-21 狭小空间在恐怖求生类游戏和其他动作类游戏中的应用
(图片来源:游戏截图)

在狭小空间中,游戏可通过限制体验者的视野范围,进一步强化游戏挑战。《寂静岭》系列的里世界通常笼罩在一片黑暗中,游戏主角通常需要携带手电筒在阴暗而压抑的环境中探索,如图 4-22(a)所示。即使该环境充满危险,体验者也只能通过聚光灯照亮十分有限的区域来观察游戏空间。《最后生还者》的众多游戏场景也具有此特点,如图 4-22(b)所示。一方面,狭小空间限制了游戏主角的逃生路线;另一方面,受限的视野削弱了体验者及时发现敌人的能力。游戏空间据此营造出高强度的游戏挑战。这种在狭小空间中仅支持体验者使用聚光灯照明的设计模式,在大量恐怖求生类游戏、动作类游戏、探索类游戏中都有体现。在游戏引擎 Unreal 5 的官方宣传视频展现的探索类游戏中,体验者在伸手不见五指的古老洞穴中探索,此时游戏主角只能通过一束聚光灯照亮前方的小范围区域,如图 4-22(c)所示。

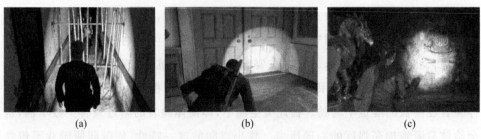

图 4-22 《寂静岭 2》、《最后生还者》与 Unreal 5 的官方宣传视频
(图片来源:游戏截图、虚幻引擎宣传视频)

动作解谜游戏《小小梦魇》也将狭小空间与受限制的视野结合,营造了很强的游戏挑战。在游戏第一章的初始阶段,游戏主角小六从噩梦中惊醒,在一片漆黑的船舱中探索。小六时而需要攀爬楼梯,时而需要在一块狭窄的木板上小心翼翼地行走,时而需要跃过木板之间的空隙,时而需要钻过墙角的小洞来到另一个房间……游戏空间黑暗且充满危险,然而体验者只能通过小六手中打火机发出的微弱灯光照亮十分有限的区域,如图 4-23 所示。

图 4-23 《小小梦魇》的狭小幽暗空间
(图片来源:游戏截图)

在《小小梦魇》的最后一关,小六需要在一个极端黑暗的封闭空间与 Boss"夫人"战斗,如图 4-24 所示。小六与"夫人"的战斗包含数轮,每一轮战斗中,游戏场景的顶端都有一束聚光灯向下照射,小六需要来到被聚光灯照亮的区域,等待"夫人"出现。除被顶端聚光灯照射的区域外,游戏空间中其余的区域全都笼罩在不见一丝光明的黑暗中。此时,小六在明处,而隐藏起来了的"夫人"则在暗处,她随时可能从任意一个方向对小六发起攻击。"夫人"一旦出现,体验者需要立刻操控小六,将手中的镜子照向"夫人",通过镜子反射的光线将其击退。体验者的行动稍有迟缓,便会导致小六战斗失败。《小小梦魇》的游戏空间通过大幅限制体验者的视野和隐藏敌人的行踪,营造了高强度的游戏挑战。

(2) 基于开放空间营造游戏挑战

除狭小空间外,设计师也可基于开放空间营造游戏挑战。此类空间虽然并未限制体验者的逃生范围,但由于开放空间的任何一个方向都随时可能出现敌人,且体验者的视野范围存在局限性,因而,此类空间对体验者的反应速度与及时发现危险的能力提出了较高的要求。《塞尔达传说:王国之泪》的某些敌人与树木的形态十分接近,这些敌人会在体验者探索开放空间的过程中,从体验者身后突然对其发起攻击,如图 4-25 所示;一些隐藏在河流中的敌人,也会在体验者探索开放空间的过程中瞬间向其投掷武器。这些与大自然融为一体的敌人,遍布开放空间的各个位置,体验者在探索开放空间时需要时刻保持警惕,随时准备与突然袭击的敌人战斗。

图 4-24 《小小梦魇》最后一章的游戏空间
（图片来源：游戏截图）

图 4-25 《塞尔达传说：王国之泪》中的树怪
（图片来源：游戏截图）

设计师还可在开放空间中通过浓雾、暴雨、森林等元素，进一步限制体验者的视野，从而强化游戏挑战。《寂静岭》系列的表世界始终沉浸在浓雾中，如图 4-26(a) 所示。《辐射 4》的"轻语岭"MOD 展现出与《寂静岭》系列相似的空间特点，体验者在浓雾笼罩下的枯木森林中探索，如图 4-26(b) 所示。浓雾与枯木在一定程度上限制了体验者的视野，敌人还与枯木的形态十分接近，这种游戏空间营造出了较强的恐怖氛围。

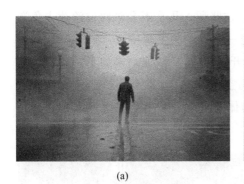

(a)   (b)

图 4-26 《寂静岭 2 重制版》与《辐射 4》的"轻语岭"MOD

(图片来源:游戏截图)

(3)基于对比性空间调整挑战强度

根据游戏心流理论,游戏挑战强度需与体验者的技能水平保持平衡。在游戏渐进的过程中,游戏通常会在一段时间内营造高强度的挑战。而当体验者顺利完成这些游戏挑战后,在接下来的一段时间内,游戏将降低挑战的难度,使体验者释放此前的压力。狭小空间即使仅结合少数障碍物,也能够大幅提升游戏挑战强度,令体验者感到紧张与焦虑;而开放空间提供了最大限度的自由,以减轻体验者的压力,给体验者带来轻松与舒缓之感。设计师可将狭小空间与开放空间衔接,游戏基于狭小空间营造高强度的挑战,而当体验者成功克服高强度的游戏挑战后,即刻进入开放空间,释放此前的压抑情绪。这种对比性空间设计,能有效调控体验者的情绪。

智能移动平台游戏 $Smash\ Hit$ 便采用了对比性空间。该游戏使用第一人称视角摄像机,摄像机沿着游戏空间的 Z 轴持续向前移动,其前方将不断出现各种形态的玻璃,体验者需要点击屏幕发射小球来击碎这些玻璃,摄像机才能顺利地向前移动;一旦摄像机撞上玻璃,游戏便失败了。游戏根据摄像机前行的距离计算体验者的成绩。为了动态调整体验者的情感节奏,$Smash\ Hit$ 通常会在游戏空间的某个区域放置大量的玻璃,以营造高强度的挑战;而通过该区域后,玻璃的数量便会减少,以帮助体验者释放压力。在玻璃密集的高强度挑战区域,游戏通常采用狭小空间,进一步激发体验者的紧张情绪,如图 4-27(a)所示;而在玻璃稀疏的非高强度挑战区域,游戏则通常采用开放空间,使体验者感到轻松与舒缓,如图 4-27(b)所示。这种狭小空间与开放空间组合构成的对比性空间,配合游戏障碍物数量的变化,创造了螺旋式上升的游戏挑战渐进曲线,从而维持和强化人们的心流体验。

狭小空间与开放空间组合构成的对比性空间,在《塞尔达传说:王国之泪》的开场片段也有所体现。游戏的第一幕,塞尔达公主与林克在充满瘴气的幽暗洞穴中探索,该游戏空间内虽然只存在少数敌人,且这些敌人几乎不会对两位游戏主角造成任何威胁,但是幽闭的狭小空间能够营造一定程度的主观挑战,如图 4-28(a)所示。而随着游戏主线剧情的推进,当林克离开洞穴后,游戏立刻来到了"初始空岛"这一无比开阔的空间,体验者操控林克从高空缓缓飘落,直至到达空岛的一片水域,如图 4-28(b)所示。此时,开放空间帮助体验者有效缓解在幽暗洞穴中积累的紧张与压抑之感。

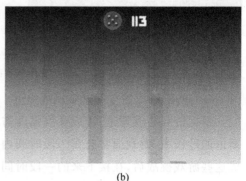

(a) (b)

图 4-27 *Smash Hit* 中的狭小空间与开放空间

(图片来源:游戏截图)

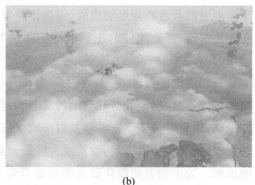

(a) (b)

图 4-28 《塞尔达传说:王国之泪》中的狭小空间与开放空间

(图片来源:游戏截图)

3. 基于时间营造游戏挑战

游戏挑战的类型包括动作技能挑战、心智技能挑战与时间压力挑战。其中,时间压力挑战往往不会独立存在,它通常需要与前两种类型的挑战进行结合。某些动作类游戏要求体验者在较短的时间内消灭大量的敌人,此时体验者便同时面临着动作技能挑战与时间压力挑战。《俄罗斯方块》就是典型的时间压力挑战类游戏,该游戏未限制体验者完成任务的时间,也没有提出消除方块的数量要求,只要方块没有堆积至顶端,游戏便可继续,如图4-29所示。随着游戏时间的推进,从底端积累的方块数量不断增多,同时从顶端出现新方块的频率越来越高,方块掉落的速度也逐渐加快。该游戏挑战要求体验者不断以更快的速度,将新方块旋转并移动至合适的位置,否则方块将很快堆积至顶端。在游戏进行过程中,体验者将感受到越来越强的时间压力挑战。这种时间压力挑战的强度与体验者的游戏成绩成正比——体验者坚持的时间越长、成绩越好,其所面临的时间压力挑战越强。

图4-29 《俄罗斯方块》经典版2023年世界锦标赛决赛

(图片来源:决赛视频)

目前,主流商业游戏主要体现了三种时间压力挑战的营造方式:一是强行限制体验者完成任务的时间,这种方式最为显性、直接;二是通过会对游戏主角造成直接伤害或可能导致游戏失败的"敌人"营造时间压力挑战;三是通过不同体验者的竞争,迫使体验者以更快的速度完成游戏挑战。

消除类游戏《宝石迷阵》系列体现了上述前两种时间压力挑战的营造方式。该系列游戏在界面上显示不同种类、不同颜色的宝石。体验者通过调换相邻两个宝石的位置,将三个及以上相同的宝石连接成一排,从而消除这些宝石。游戏根据体验者消除宝石的数量计算成绩。《宝石迷阵3》包含"经典模式""禅意模式""闪电模式"和"任务模式"四种模式。其中"闪电模式"便以时间压力挑战为核心,该模式要求体验者在一段有限的时间内消除足够多的宝石,提供了"增加5 s"和"增加10 s"两种时间宝石,可通过消除时间宝石延长完成任务的时间。该游戏同样通过文字与图像营造了时间压力挑战,在完成任务的过程中,游戏在界面上方以进度条的形式呈现不断流逝的时间。除此之外,游戏还通过背景音乐不断加快的节奏,进一步强化了时间压力挑战。"闪电模式"的游戏音乐"Lighting"前期与后期的节奏变化十分明显，音乐节奏在后期不断加快，配合所剩无几的游戏时间，使体验者沉浸在紧张与慌张的情绪中。网易云音乐的评论区有体验者留言："越到后面，时间宝石越少，手速和反应力都要跟上，另外，别被音乐节奏带得过于紧张""曲子越来越快，跟着越来越慌""极快的速度！"等。这些评论反映出，不断加快的音乐节奏，能够非常有效地强化游戏的时间压力挑战。

在《宝石迷阵3》的"闪电模式"中，体验者倘若在一局游戏内获得10万分，便可解锁"冰风暴"模式，如图4-30所示。该模式虽然没有通过倒计时直接限制体验者的时间，但宝石区域将不断出现自底向上蔓延的冰柱。当冰柱堆积至顶端时，冰柱所处的一整列宝石都将无法消除。当每一列宝石都被冰柱覆盖时，游戏便宣告失败。体验者能够通过消除冰柱附近的宝石击碎冰柱。"冰风暴"模式通过不断向上蔓延的冰柱营造时间压力挑战，而冰柱便是一种"敌人"形式的障碍物。相较于强行限制体验者完成任务的时间，"敌人"形式的障碍物使游戏挑战的难度更高。例如，体验"闪电模式"时，体验者只需不断消除宝石，无须关注所消宝石所处的位置；而"冰风暴"模式则不仅要求体验者在有限的时间内消除宝石，还要求体验者消除冰柱附近的宝石。因此"冰风暴"具有比"闪电模式"更强的游戏挑战。

图4-30 《宝石迷阵3》"闪电模式"与"冰风暴"

(图片来源：游戏截图)

《三位一体》系列同样通过"敌人"营造时间压力挑战。该游戏"萨瑞克塔"关卡的整个游戏场景都遍布着火焰与岩浆，并且岩浆会以一定速度从底端上涨，游戏主角倘若不能尽快跳跃至游戏场景的顶端，那么将会被岩浆吞没，如图4-31所示。这使得整个逃生过程都沉浸在高强度的时间压力之下。游戏也通过盗贼的画外音"快点！跳到悬崖边上！"与法师的画外音"我们必须到达最高处"对体验者进行了提示。除岩浆外，体验者还面临着随时可能出现的骷髅怪物、从上方掉落的带着尖刺的大球、踩踏时会坍塌的平台等。如此，体验者行进的前方和后方都持续受到"敌人"的威胁，在"后有追兵"的前提下，前方的"敌人"进一步对体验者施加阻力，强化了该关卡的时间压力挑战。

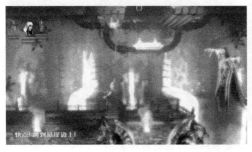 

图 4-31 《三位一体》的"萨瑞克塔"关卡

（图片来源：游戏截图）

《小小梦魇》也在众多关卡通过"前后夹击"的"敌人"营造时间压力挑战。游戏第一章有两个房间的门都通着电，倘若游戏主角小六直接从该房门经过，将触电导致任务失败。体验者需要控制小六将第一个房间的电闸关闭。该电闸关闭后，将在一段时间后自动开启，并继续给这两个房间的门通电，因此，小六必须在电闸自动开启之前，迅速通过这两个房间的门。即使从第一个房间到第二个房间的途中有秋千等众多游乐设施，小六也不能在此耽误时间。游戏第二章要求体验者与长臂怪物对抗，长臂怪物虽然没有视力，但听觉十分灵敏，小六在探索过程中一旦发出声音（如从长臂怪物身边跑过），长臂怪物便会迅速来到声音发出的位置。这一章的多个环节都需要小六在长臂怪物的追击下逃生。在游戏第四章的"客人区域"，肥胖的人形野兽们步履蹒跚地从甲板上走来，坐在餐桌前张着血盆大口无尽地吞食着各种动物的内脏。当小六在餐桌前穿行时，野兽们会立刻发现小六，部分野兽会下桌，在地上爬行追赶小六，如图 4-32 所示。此时体验者必须操纵小六迅速逃离，或者采用一些巧妙的手段避开野兽，否则小六将被野兽毫不留情地吞食。这些野兽随处可见，它们的身形比小六高大数倍，在饥饿的驱使下不断地吞食，并且会在地上扭曲着丑陋的身体快速爬行。游戏通过这些野兽的追击，持续营造高强度的时间压力挑战。

图 4-32 《小小梦魇》中小六被不同敌人追赶的场景

(图片来源：游戏截图)

　　设计师还可创造弹性化的时间压力挑战，以支持体验者制定合理的游戏策略来缓解时间压力。以《塞尔达传说：王国之泪》为例，体验者来到寒冷的雪山时，林克倘若没有装备防寒服装或服用让身体发热的料理，便会因过于寒冷而逐渐丧失体力，如图 4-33(a)所示，当林克的体力值为零时，游戏便宣告失败。体验者能够采用多种方式来克服这一时间压力挑战。第一，体验者可在游戏场景中寻找或购买防寒服装，一旦林克穿上此服装，无论在雪山探索多长时间，都不会损耗体力，如图 4-33(b)所示。第二，游戏场景中的"辣椒"或"暖暖草果"等食材能够使身体发热，体验者可采集此类食材，并烹饪防寒料理，高级别的料理能够支持林克在游戏中的 12 个小时内不受寒气侵蚀。在林克食用防寒料理后，游戏会在界面上通过文字以倒计时的方式显示林克能够不受寒气侵蚀的时间，体验者必须在该时间内完成目标，否则一旦料理失效，林克仍将因寒冷而逐渐丧失体力。体验者可在烹饪充足的防寒料理后进入严寒区域。第三，每当体验者完成四座神庙的挑战后，便可提升林克的体力上限，体验者可在挑战足够多的神庙，确保林克的体力值足够高后，再进入严寒区域。不装备防寒服装或不服用防寒料理，仅仅依靠较高的体力值尚不足以完成任务，但提高体力值仍是一种对抗时间压力挑战的有效方式。《塞尔达传说：王国之泪》与其他几款游戏的不同之处在于，它虽然营造了时间压力挑战，但是其支持体验者通过多种方式来对抗该挑战，不同体验者或同一个体验者在不同的游戏阶段，会因料理数量、防寒服装和体力值的区别，感受到不同程度的时间压力挑战。

　　除通过"敌人"等障碍物营造时间压力挑战外，另一种向人们施加时间压力的方式是体验者之间相互竞争。这种由竞争对手营造的时间压力挑战主要存在于多人竞速类游戏中，即使设计师未要求体验者在一定时间内完成任务，体验者仍将竭尽全力以最快的速度驾驶。这种时间压力挑战在单人竞速类游戏中同样存在。在《极品飞车》系列中，体验者将与游戏内置的其他 NPC 车辆竞争，体验者无论位于

NPC车辆的前方还是后方,都会感受到一定程度的时间压力。为了营造合适的时间压力挑战,游戏采用动态难度调控机制,使体验者与NPC车辆的差距始终保持在一个合适的范围内。倘若NPC车辆遥遥领先于体验者,体验者将在过大的压力下放弃竞争;反之,当NPC车辆远远落后于体验者时,体验者也将因胜券在握而减弱沉浸感。因此,游戏的设计模式是:当体验者处在NPC车辆前方时,NPC车辆也会始终紧跟在体验者身后,体验者稍有不慎便会被NPC车辆超越,如图4-34所示;而当体验者落后于NPC车辆时,NPC车辆也将降慢速度,使体验者拥有超越前方NPC车辆的信心。

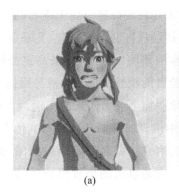

(a)　　　　　　　　　　　(b)

图4-33　《塞尔达传说:王国之泪》中林克未装备防寒服装的状态与穿上羽绒服的状态

(图片来源:游戏截图)

图4-34　《极品飞车:不羁》中主角驾驶的车辆与其他车辆的竞争

(图片来源:Steam平台的游戏宣传视频)

4. 基于叙事内容营造游戏挑战

通过障碍物、空间和时间都能有效营造游戏客观挑战,而游戏的叙事内容则可以营造较强的主观挑战。不少互动式电影游戏会通过叙事内容来营造游戏挑战。《暴雨》在预告片的开头便向观众提出了一个问题:"你愿意为了你的至爱做任何事吗?"游戏通过叙事影像呈现了男主角伊森的目标——拯救失踪的次子肖恩。连环杀人犯则向伊森提出了一系列残忍至极的考验。游戏并未营造高强度的客观挑战,即体验者在完成任务的过程中,实际的操作难度并不高。但是在体验者操控伊森完成这一系列任务的过程中,游戏的叙事内容却给体验者施加了高强度的心理压力,使体验者能够共情伊森的疲惫与痛苦。以在高速公路上逆行的片段为例,体验者仅需按照游戏界面的提示,不断将手柄摇杆推向不同方向,几乎所有体验者都可顺利执行这些操作。但在呈现叙事内容的预制影像中,整条高速公路笼罩在深沉的夜色中,倾盆大雨几乎完全遮挡了体验者的视线。每当游戏界面提示体验者执行下一个动作之前,伊森驾驶的逆行车都险些撞上迎面而来的车辆,如图4-35(a)所示。而当体验者执行该动作后,预制影像中伊森的车辆几乎要与其他车辆相撞,如图4-35(b)所示。整个过程中,游戏呈现的客观挑战难度都是较低的,而叙事内容却让体验者始终沉浸在随时可能发生重大交通事故的极度恐慌中,营造了难度极高的主观挑战。

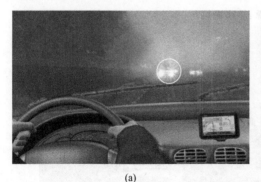

(a) (b)

图 4-35 《暴雨》通过叙事影像营造主观游戏挑战

(图片来源:游戏截图)

在《超凡双生》的"大使馆"片段中,当祖迪进入卫生间后,体验者需要控制祖迪的灵体艾登,前往大使馆的二层盗取机密文件。游戏并未限制体验者完成该任务的时间,然而,倘若体验者花费较长的时间仍未取得进展,或者体验者在大使馆中漫无目的地"转悠",游戏便会通过祖迪的画外音"快点,你不在身边我真的好痛"或"快点,我撑不下去了"给体验者营造时间压力。即便听见了祖迪的画外音,体验者仍然可以在游戏空间中随意探索,这并不会导致游戏任务失败,但祖迪痛苦的声音不禁让体验者感到焦急与担忧。祖迪的画外音不仅是为了营造游戏挑战,而且也展现了游戏角色的背景设定——祖迪与灵体艾登天生便融为一体,每当祖迪控制艾登施展超能力时,祖迪的身体便会受到伤害。当艾登成功盗取了二层的机密文件,祖迪在卫生间抄录艾登看到的文件内容时,一直流着鼻血,如图 4-36 所示。若该任务不幸失败,祖迪会跌跌撞撞地在卫生间的盥洗台洗净面部的血液,同时颤颤巍巍地离开大使馆。此段叙事内容似乎将祖迪的痛苦传递给了体验者,能够有效营造较强的主观挑战。

图 4-36 《超凡双生》的预制影像
(图片来源:游戏截图)

在《勇敢的心:伟大战争》安娜为卡尔治疗的片段中,游戏同样通过叙事内容营造时间压力挑战。躺在病床上的卡尔正在忍受伤痛的折磨,体验者需要操控安娜在医院众多的房间中寻找药箱。在体验者完成任务的过程中,游戏界面上方将不断显示卡尔从轻微的不适到剧烈疼痛,甚至到最后难以忍受的疼痛的预制影像,如图 4-37 所示。体验者寻找药箱的过程并不存在高强度的客观挑战,体验者仅需在医院场景中仔细探索,便能够找到药箱。然而该预制影像却能给体验者施加时间压力,即倘若不能快速找到药箱,卡尔可能无法被及时救回。这使得一个本身并不困难的任务变得令人无比紧张。

图 4-37 《勇敢的心：伟大战争》的预制影像

（图片来源：游戏截图）

4.2.3 不同类型的挑战融合

早期的围棋、象棋，以及现在的《纪念碑谷》系列、《迷室》系列等游戏主要营造心智技能挑战。而大部分格斗类游戏（如《任天堂明星大乱斗》）、赛车竞速类游戏（如《马里奥赛车》系列、《极品飞车》系列）则主要营造动作技能挑战。不过，还有很多游戏作品不仅聚焦于一种类型的游戏挑战，而是将多种类型的游戏挑战进行融合。例如，动作解谜类游戏便是动作类游戏与解谜类游戏融合的产物，此类游戏既包含动作技能挑战，又包含心智技能挑战。不少设计师甚至会将动作技能挑战、心智技能挑战与时间压力挑战全部融合在一款游戏作品中。

《三位一体》系列便是动作解谜类游戏的典型代表。该游戏系列既包含大量的谜题，又具有各种类型的怪物和 Boss。游戏为体验者提供的三个角色——骑士、法师和盗贼。其中，骑士与盗贼分别适合近距离战斗与远距离战斗，而法师则适合用来解谜。游戏在渐进过程中不断向体验者呈现了各种类型的谜题，并且阶段性地要求体验者与敌人进行对抗。而体验者则需要不断在这三个角色之间进行切换，交替地应用动作技能和心智技能来完成游戏呈现的一系列短期目标。《地狱边境》也是如此，在体验者的探索过程中，游戏呈现了大量的难题，这些难题既需要体验者具有细致入微的观察能力和灵活的思维能力，又要求体验者具有敏捷的反应速度和良好的操控能力。

倘若设计师期望设计出富有创意的游戏挑战，那么将不同类型的挑战进行融合是一种有效的方式。《刺客信条：大革命》中的部分游戏任务，便同时考验体验者的动作技能与心智技能。体验者在完成主线剧情的暗杀任务时，需要仔细观察每个区域内守卫的站位与行动范围，并且结合游戏场景中的掩体，思考按照何种路线前进、分别在哪一个掩体处等待、在何种状态下暗杀守卫等。此时体验者既需要应用心智技能进行仔细观察与充分思考，又需要具备灵敏的反应速度，以在恰当的时机准确而迅速地执行暗杀动作。同时，若暗杀失败，体验者还需要与守卫进行正面对抗。在一些动作类游戏中，体验者也并非仅仅应用动作技能便可赢得战斗。例如，《鬼泣》系列的 Boss 战中，体验者需要仔细观察每一个 Boss 的攻击逻辑，在 Boss 攻击技能的冷却时间内对其进行有效的攻击，在 Boss 施放攻击技能时立刻躲避。一些体育类游戏虽然为体验者营造了高强度的动作技能挑战，但同样也支持体验者应用心智技能更为"巧妙"地完成游戏挑战。《极品飞车》系列中体验者行驶的赛道并非只有一条，通过仔细观察与反复探索，体验者能够在行驶至一些特定区域时，拐入其他小路"抄近道"。当遭遇警车的追捕时，体验者也能够使用钉刺带等道具将其阻拦。《马里奥赛车》系列也是如此，在多人模式下，体验者能够采取扔龟壳（图 4-38）等多种手段给其他体验者添加障碍，从而赢得比赛。

图 4-38 《马里奥赛车 8：豪华版》中，体验者可以扔龟壳来阻碍对手
（图片来源：游戏截图）

部分游戏作品将音乐节奏挑战与其他类型的动作解谜挑战相结合，产生了更具创意的游戏挑战设计方案。本书在 2.2 节的节奏交互部分曾分析过的《节奏地牢》与《我的电台》都具备这一特点。智能移动平台《节拍神偷》也是如此，体验者需要根据背景音乐的节奏点击智能手机或平板电脑的屏幕，触发游戏主角向左或向右移动，以绕过巡逻的警察、安灯、活板门等一系列障碍物，如图 4-39 所示。该游戏同时营造了音乐节奏挑战与解谜挑战，体验者不仅需要具备良好的节奏感，还需要仔细观察游戏场景，思考潜行的线路，采用具有创意的方式解开所有的谜题。

图 4-39 《节拍神偷》
(图片来源:游戏截图)

4.3 游戏规则设计

4.3.1 操作规则与结构规则

在现实世界中,人们始终被各种规则约束。在学校,学生必须在上课铃响之前进入教室,直到打下课铃才能离开;马路上,司机看到红灯必须停下,不能酒后驾驶,也不能超载;在公司,老板必须按期给员工发工资,员工也必须按照合同完成相应的任务……人们通过规则建立了社会秩序,人们也依靠规则实现了超大规模的合作共生。对游戏而言,游戏规则也是必不可少的元素。游戏规则与游戏目标一样,是将游戏与普通的嬉戏相区分的元素。它是游戏世界的"法律",规定了体验者能够执行哪些行为、不能执行哪些行为,以及当体验者执行了某些行为后,游戏应予以何种反馈。所有体验者都必须在游戏规则的约束下开展游戏行为。游戏规则是将一款游戏与其他游戏相区分的关键元素。

游戏规则包含操作规则(Operational Rules)与结构规则(Constituative Rules)[①]。操作规则决定了体验者如何与游戏世界交互,是游戏最表层的规则,同时也是游戏具体的、可描述的规则。体验者在开始游戏之前必须学习和掌握操作规则。结构规则是存在于表层规则之下的游戏基本形式结构,这种形式结构并非体验者与游戏世界的具体交互方式,而是一组逻辑关系与数学结构,结构规则是抽象的。以《部落冲突》为例,在攻打他人的部落时,体验者点击手机或平板电脑的屏幕,使不同种类的士兵从部落的不同位置对他人的部落发起进攻。在对自己的部落规划布局时,体验者通过滑动屏幕将防御武器与资源生产型建筑物拖拽至不同的位置,如图4-40(a)所示。这些具体的操作方式均取决于游戏的操作规则;而该游戏中每一种士兵的生命值、伤害值、战斗逻辑,每一种防御武器的生命值及战斗逻辑,如图4-40(b)所示。每一种资源生产型建筑物的生产速度,都取决于游戏的结构规则。再以《植物大战僵尸》计算机版为例,体验者通过鼠标单击屏幕上方的道具栏选择植物,将光标移动至游戏场景中,再次点击鼠标左键种下植物,这一交互方式取决于游戏的操作规则;而每一种植物的生命值、防御逻辑,以及每一种僵尸的行动速度、攻击力与战斗逻辑,都取决于游戏的结构规则。每当体验者进入一款新的游戏时,游戏通常都会通过新手教学动画的方式,帮助体验者学习游戏的操作规则。

(a) (b)

图 4-40 《部落冲突》的操作规则与结构规则

(图片来源:游戏截图)

4.3.2 输入媒介决定操作规则

根据游戏心流理论可知:"良好的控制性"与"即刻的反馈"都是构成心流体验

---

① SALEN K, ZIMMERMAN E. Rules of Play: Game Design Fundamental [M]. Cambridge, Massachusetts: The MIT Press, 2003: 130.

的必备要素。游戏操作规则决定了现实世界的体验者如何与游戏世界的角色或物品交互,因此,操作规则的设计将直接影响体验者的沉浸感。良好的操作规则将使体验者感到游戏易于控制,从而更深入地沉浸于虚拟世界;反之,体验者会觉得游戏操作难、不好控制,在学习与掌握操作规则的过程中消耗大量的时间,无法集中精力克服虚拟世界的游戏挑战。纵观数字游戏的发展历程,设计师一直在寻找游戏机制的复杂性与操作规则的简易性之间的平衡点。目前应用市场中游戏的内容规模不断扩大,体验者在游戏世界中能够执行的行为愈发丰富多样,游戏的操作规则也越来越复杂。然而为了维持和强化体验者的沉浸感,设计师又需要尽可能简化操作规则,使得体验者能够以最快的速度理解和掌握操作规则。

操作规则与游戏的输入、输出媒介紧密相关。目前主流的游戏平台包括计算机、智能移动平台(智能手机与平板电脑)、游戏主机(如 PlayStation 系列、Xbox 系列、Nintendo Switch、Nintendo Wii)、虚拟现实设备(如 HTC Vive、Pico)等。这些主流游戏平台的输入媒介与输出媒介,几乎决定了此类平台上的游戏的操作规则,甚至决定了该平台上游戏的类型。

1. 计算机游戏的操作规则

计算机的主要输入媒介为键盘与鼠标。计算机游戏的操作方式也主要在于点击鼠标以及按下键盘的不同按键。计算机键盘具有数字键、方向键、功能键等不同种类的按键,适合用来处理一些复杂的操作。计算机显示器面积较大,适合展示大量的数据。基于计算机的上述特性,不少计算机平台的大型多人在线角色扮演游戏,会在游戏界面上显示众多信息,并要求体验者执行各种类型的复杂操作。《剑侠情缘网络版叁》的游戏界面充斥着各种按钮与弹窗,体验者需要通过鼠标单击不同的按钮来给角色"捏脸"、给角色装备服装与道具、精炼武器等,如图 4-41 所示。计算机键盘横排数字按键中的每一个按键都对应一个角色技能,甚至还有的角色技能的触发需要体验者组合按下多个按键。在游戏过程中,体验者需要不断点击鼠标、按下计算机键盘的不同按键,来控制游戏主角执行战斗、与其他角色对话、与宠物互动等各种类型的动作。

计算机游戏甚至已经形成了一套常规的操作规则,不用特意说明,经验丰富的体验者便能直接按此规则进行操作。一般而言,方向键用来控制游戏主角朝不同方向移动,这在二维横版卷轴游戏中体现得尤为突出。体验者可通过"←""→"键控制《超级马里奥兄弟》中的马里奥向左、向右移动,控制《俄罗斯方块》中的方块向左、向右移动。三维第三人称动作类游戏的操作规则,通常是按下键盘的"W""A""S""D"键控制游戏主角移动,拖拽鼠标控制跟随摄像机的视角,这在《鬼泣》系列、《刺客信条》系列、《古墓丽影》系列(图 4-42)等游戏中都有所体现。数字键可用来触发游戏主角的不同技能,或者使用物品栏中的不同物品。在《哈利波特:魔法觉醒》中,每一张卡牌都对应了数字键的一个按键,在紧张的战斗过程中,体验者可通过按下不同的数字键快速选择某张卡牌、释放某个技能。

图 4-41 《剑侠情缘网络版叁》的游戏界面
(图片来源:网络平台)

图 4-42 《古墓丽影:崛起》计算机版操作规则
(图片来源:游戏截图)

2. 智能移动平台游戏的操作规则

智能移动平台的输入媒介与输出媒介均为触摸屏,这使其具备相较于计算机与游戏主机更易于掌控的交互方式。智能移动平台的显示器面积通常较小(除超大屏平板电脑外),因而此类游戏通常不会在界面上显示过多的信息,游戏的操作方式也主要集中在点击屏幕与滑动屏幕上。如《水果忍者》支持体验者通过滑动屏幕切开水果,如图 4-43 所示;《切绳子》支持体验者通过滑动屏幕切断吊着糖果的绳子等。《模拟人生:畅玩版》的操作方式也主要集中于点击屏幕与滑动屏幕两个部分:体验者通过点击屏幕选择游戏场景中的可交互物品,并在弹窗中选择体验者期望执行的行为;滑动屏幕时,体验者可以控制游戏主角朝不同方向移动和旋转摄像机的拍摄机位与视角。

图 4-43 《水果忍者》的游戏界面
(图片来源:游戏截图)

还有很多智能移动平台游戏支持体验者通过手机陀螺仪进行操作,这种操作规则在赛车竞速类游戏中十分常见。很多结合增强现实技术(Augmented Reality,AR)的智能移动平台游戏也会结合陀螺仪进行操作。体验者通过摆动或转动手机,从不同的视角和位置观察游戏对象。不少智能移动平台游戏还纳入了与计算机游戏、游戏主机游戏类似的操作规则。此类游戏要求体验者横屏操作,游戏界面的左下角具有与游戏主机手柄摇杆功能相同的按钮,体验者可拖拽该按钮以控制游戏主角在三维场景中进行移动,游戏界面的右下角显示多个按钮,每个按钮代表游戏主角的一种技能,体验者通过按下这些按钮可以触发不同的角色技能。《王者荣耀》便采用这种操作方式,如图 4-44 所示。

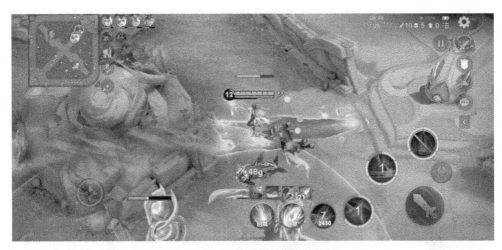

图 4-44 《王者荣耀》的游戏界面

（图片来源：App Store 的游戏宣传视频）

3. 游戏主机游戏的操作规则

游戏主机是人们专门用来体验游戏的设备，其输入媒介体现了该平台游戏最为常见的操作规则。目前占有较大市场份额的游戏主机主要包括由日本索尼公司推出的 PlayStation 系列、由美国微软公司推出的 Xbox 系列，以及由日本任天堂公司推出的 Nintendo Switch。观察这几款游戏主机的手柄，不难发现它们具有很大的相似性：手柄左右两侧各具有一个摇杆和四个按钮，这四个按钮按照"上下左右"的方位分布，如图 4-45 所示。Xbox Series X 和 Switch Pro 手柄中，右侧四个按钮显示的字符甚至都是相同的，这两个手柄左侧的四个按键也都被安置在十字键中。手柄的硬件结构决定了该平台游戏的操作规则。上述这几个游戏主机平台的游戏的操作规则主要是：左侧摇杆控制游戏主角的移动，右侧摇杆控制跟随摄像机的机位与视角，手柄右侧的四个按键主要用来触发游戏主角的不同动作（如攻击敌人、跳跃、与 NPC 对话等），手柄左侧的四个按键用来与游戏界面中的元素交互（如调取背包中的不同物品、选择不同的武器等）。

PlayStation 系列主机游戏的一个常见体验场景是体验者坐在客厅的沙发上，盯着挂在墙壁上的显示器玩游戏。计算机游戏一般只支持体验者在家中或办公室等固定场所进行游玩。Nintendo Switch 打破了这一限制，它提供了多种类型的操作规则，以支持体验者根据自己的需求，在不同的情境下进行游戏。该游戏主机体型小巧，采用触摸屏显示游戏画面，且内置陀螺仪。体验者可通过点击、滑动屏幕，或者将主机朝不同的方向移动或倾斜进行游戏交互。不仅如此，Switch 主机还配有 Joy-Con 手柄。Joy-Con 与 PlayStation、Xbox 系列游戏主机的手柄的不同点在于;PlayStation、Xbox 系列游戏主机的手柄是一个整体、无法拆开;而 Joy-Con 有两个手柄,这两个手柄既能够被拼装成一个整体,又可被拆分为左右两个部分单独使用。Switch 主机最多可同时连接四个 Joy-Con 手柄,而每名体验者可分别操控其中一个手柄体验游戏,因此,Switch 主机游戏最多支持四名体验者在一个空间中进行游戏。

图 4-45　部分游戏主机的手柄

（图片来源:网络平台）

　　Switch 主机的硬件特性支持体验者在多种情境下开展游戏,如图 4-46 所示。第一,体验者可将两个 Joy-Con 手柄分别安装在 Switch 主机触摸屏的两侧,将主机携带外出,在上下班通勤时或在出差旅途中进行游戏。第二,在家庭环境中,体验者可将 Switch 主机放置在底座内,将底座与电视机等大屏显示器连接,将左右两个 Joy-Con 手柄拼装成一个手柄,坐在客厅沙发上或计算机桌前体验单人游戏。第三,体验者将 Switch 主机连接至大屏显示器后,每个游戏参与者携带一个 Joy-Con 手柄,可进行多人游戏。在输入媒介交互方式方面,Switch 在一台游戏主机上融合了多种类型的输入媒介交互方式;在游戏类型方面,Switch 覆盖了单人游戏、多人游戏,以及硬核游戏、轻量游戏;在游戏体验情境方面,Switch 兼容安静的室内环境与嘈杂的室外环境。因此,Switch 取得了市场规模巨大、影响力颇深的辉煌成就。

图 4-46　Nintendo Switch 游戏主机的使用场景

(图片来源:Nintendo Switch 官方宣传视频)

4. 虚拟现实设备游戏的操作规则

不同于计算机、智能移动平台和游戏主机,虚拟现实设备是一种高度沉浸式的游戏外设。正如本书在第 3 章中提出的虚拟现实电影的特征,戴上虚拟现实头戴式显示器后,体验者的视野范围只包含虚拟世界,因而此类设备能够实现视觉沉浸效果。除此之外,虚拟现实设备游戏的操作规则也与其他平台的游戏有所不同,此类游戏通常会采用特殊的游戏输入媒介,使体验者在现实空间中执行的行为与在虚拟世界中执行的行为保持一致,从而大幅降低操作规则的学习成本,如图 4-47 所示。一些虚拟现实赛车竞速类游戏,会为体验者配备模拟驾驶设备,包括方向盘、油门、刹车踏板、换挡器等零件。相较于在计算机平台上,体验者只可通过按下键盘按键控制车辆的方向与速度,使用模拟驾驶设备将使体验者的操作更为直观,也使体验者能够更深入地沉浸在游戏世界中。在一些第一人称射击游戏中,体验者手持体感枪,在虚拟现实全向跑步机上探索游戏空间。相较于在游戏主机平台上,通过手柄的摇杆控制游戏主角移动,体感交互使体验者更易于理解和掌握游戏的操作规则。

图 4-47　虚拟现实设备游戏

(图片来源:HTC Vive 官方宣传视频)

4.3.3　游戏规则的呈现方式

倘若体验者不能学会操作规则,便无法触发游戏机制;倘若体验者无法掌握结构规则,将无法制定克服游戏挑战的策略。因此,游戏需要清晰地呈现游戏规则。

1. 通过文字和图像呈现游戏规则

文字是一种高效的游戏规则呈现方式。在《使命召唤 19:现代战争 2》中,倘若体验者向平民或友军开枪,游戏将在界面中心通过文字显示"我们绝不容忍你杀伤友军",如图 4-48(a)所示,以及"绝不允许你杀伤平民 不要乱开枪",如图 4-48(b)所示。

(a)　　　　　　　　　　　　　(b)

图 4-48　《使命召唤 19:现代战争 2》通过文字呈现游戏规则

(图片来源:游戏截图)

沙盒游戏、开放世界游戏、模拟类游戏等通常支持体验者在游戏场景中开展大量不同类型的活动,因而这几种类型的游戏也往往具有相对复杂的游戏规则。为了帮助体验者快速掌握游戏机制的触发方式,以及游戏深层的逻辑规则与数学模型,设计师可采用文字等较为显性的方式来呈现游戏规则。《塞尔达传说:王国之泪》通过将文字与图像相结合的方式,显示手持控制器中每个按键对应的功能,如图 4-49 所示。譬如按键"A"对应"行动",按键"Y"对应"攻击"等,这些信息能够在游戏的系统页面查看。当体验者在神庙中初次学习战斗技能时,游戏也会在界面的中心,通过文字显示触发特殊战斗行为的具体操作方式。譬如按住"ZL"按键注视敌人,在将左摇杆横向推移的同时按下"X"键跳跃,便能够躲避敌人的攻击。当体验者控制林克与虚拟物品交互时,林克一旦靠近某个 NPC,游戏界面便会通过图像显示按下手柄的"A"键与 NPC 对话;当林克靠近食材或武器时,游戏界面同样会通过图像显示按下手柄的"A"键拾取物体。这种文字与图像相结合的方式,能帮助体验者较为轻松地掌握游戏的操作规则。

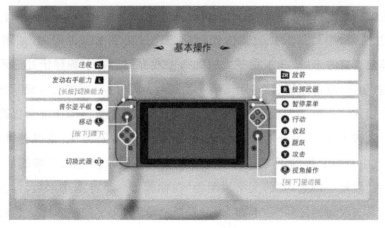

图 4-49 《塞尔达传说:王国之泪》通过文字与图像呈现操作规则
(图片来源:游戏截图)

文字与图像同样适合用来呈现游戏的结构规则,这种设计方式在策略类游戏中十分常见,因为此类游戏通常具有复杂的结构规则。对于桌面卡牌类游戏而言,文字甚至是呈现游戏结构规则的唯一方式。在桌面卡牌游戏《三国杀》中,每一张武将牌都在卡牌左上角的位置显示该角色的生命值,同时卡牌的下方会通过一段文字说明来描述该角色的特殊技能,如图 4-50 所示。"曹操"卡牌的文字说明为"每当你受到一次伤害后,你可以获得对你造成伤害的牌。";"甄姬"卡牌的文字说明为"你可以将一张黑色手牌当【闪】使用或打出"。在游戏过程中,所有的游戏参与者都需要认真研读卡牌上的文字说明,方可理解游戏极为复杂的结构规则。

图 4-50　桌面游戏《三国杀》通过文字呈现结构规则

（图片来源：卡牌照片）

通过文字呈现结构规则的设计方式，在数字化的卡牌游戏中同样盛行。《哈利波特：魔法觉醒》中每张卡片的结构规则都是通过文字予以说明的，如图 4-51 所示。当体验者查看卡牌"马尔福三人组"时，游戏界面会在卡牌详情处显示该卡牌的生命值、伤害、攻击间隔、攻击距离等一系列数值，同时会通过文字显示该卡牌的具体攻击模式："……三人组会一起攻击该目标，且攻击和移动速度会提高。三人中任意一人被击败后，另外两人会逃跑，退出战场。"《炉石传说：魔兽英雄传》也是如此，游戏中每张卡牌的下方都会通过一段文字说明来描述该卡牌的战斗逻辑。例如，卡牌"战地医师老兵"的文字说明为"在你施放一个神圣法术后，你将召唤一个 2/2 并具有吸血的医师"。卡牌"火炮长斯密瑟"的文字描述为"战吼：将你的奥秘变形为 3/3 的士兵。士兵死亡后，奥秘将复原"。

除文字与图像外，部分卡牌类游戏也会采用动画呈现结构规则。以《部落冲突：皇室战争》为例，当体验者需要查看某张卡牌的详情时，游戏界面将在该卡牌角色形象的下方显示三个页面：最左侧页面通过动画显示该卡牌角色的攻击效果；中间页面则通过文字呈现卡牌的总伤害值、每秒伤害值、生命值、攻击速度、攻击目标、移动速度和射程等，还会显示出升至下一级后这些数值的变化；最右侧页面通过文字说明来描述该卡牌的效果，譬如"巨人"卡牌对应的文字说明为"巨人行动缓慢，但是耐击打。他专门攻击建筑，是名副其实的人肉攻城器！"。《部落冲突：皇室战争》的结构规则呈现模式如图 4-52 所示。

图 4-51 《哈利波特:魔法觉醒》通过文字呈现结构规则

(图片来源:游戏截图)

图 4-52 《部落冲突:皇室战争》结合动画与文字呈现结构规则

(图片来源:游戏截图)

在策略类游戏中,非卡牌类型的游戏也适合通过文字诠释结构规则。当体验者在《部落冲突》中查看某个兵种的详情时,游戏界面将弹出新的窗口,并在弹窗中通过文字说明描述该兵种的结构规则,如图 4-53 所示。例如,"法师"角色的详情页面将显示该角色的每秒伤害值、生命值、训练费用和训练时间等数值,同时会说明其攻击偏好、伤害类型、攻击目标、所需空间和移动速度。"天使"角色的详情页面还会显示该角色对部队的每秒恢复值、对英雄的每秒恢复值等。

图 4-53 《部落冲突》通过文字呈现结构规则

(图片来源:游戏截图)

在《植物大战僵尸》的植物图鉴中,文字不仅能够描述每种植物的攻击模式,还能表现该植物的"性格特点"。仙人掌的角色描述为"仙人掌很'刺儿',但是她的刺下隐藏着颗温柔的心,充满着爱和善良";冬瓜的角色描述则为"算我一份!没人比我厉害!我就是你要的人!来啊!等啥啊?要的就是这个!",如图 4-54 所示。如此,文字不仅是一种高效的结构规则呈现方式,同样还能够增添游戏的趣味性。

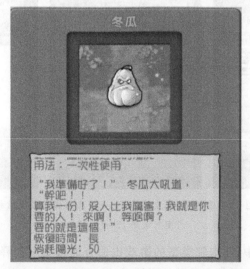

图 4-54 《植物大战僵尸》通过文字呈现结构规则

(图片来源:游戏截图)

除策略类游戏外,在创作其他类型的游戏时,设计师也可通过文字来呈现游戏的结构规则。在《塞尔达传说:王国之泪》中,体验者能够采集多种多样的食材,并且通过搭配不同的食材烹饪出不同的料理或药水。当体验者在道具栏中选择某种食材时,游戏也会通过文字显示该食材应如何与其他种类的食材搭配,从而创造特殊的料理。例如,当体验者选择"霍拉布林的爪子"时,游戏界面将显示"打倒霍拉布林后获得的爪子,拥有装到箭头上就能增加攻击力的特性,如果和虫子一起煮,也可以做药",如图 4-55 所示。

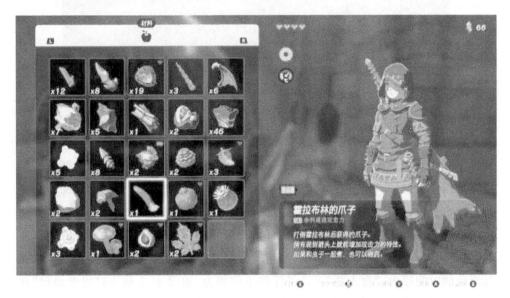

图 4-55 《塞尔达传说:王国之泪》通过文字与图像呈现结构规则

(图片来源:游戏截图)

2. 通过动画呈现游戏规则

文字虽然是一种常见且有效的游戏规则呈现方式,然而其较为抽象,体验者只能够通过文字对操作规则或结构规则形成一个相对初步且粗浅的理解。体验者一般需要在完成游戏任务的过程中,通过观看虚拟角色的动画的方式来获得对游戏规则的直观感受,从而真正理解和掌握游戏规则。对于操作规则而言,体验者通常需要根据文字说明,在输入媒介上执行不同的操作,并且观看虚拟角色的动画,来判断自己的操作方式是否正确。例如,在《鬼泣》系列中,体验者通常需要连续地按下手柄上的不同按键,才能触发游戏主角的特殊战斗技能,如图 4-56 所示。在体验者按下手柄按键的过程中,游戏将展示游戏主角在战斗过程中的动画,该动画可以帮助体验者判断自己是否成功地触发了游戏主角的战斗技能。

图 4-56 《鬼泣 4:特别版》通过文字结合动画呈现操作规则

(图片来源:游戏截图)

体验结构规则较为复杂的策略类游戏时,观看不同游戏角色的动画,同样是体验者学习游戏结构规则的关键。每当体验者在《植物大战僵尸》中解锁了新类型的植物与僵尸后,都能够在植物图鉴与僵尸图鉴中,通过文字初步了解它们的防御逻辑与攻击逻辑,并且在实际的游戏过程中,通过观察该植物与僵尸对抗过程的动画,充分理解并掌握二者的结构规则。例如,当"食人花"的前方出现僵尸时,"食人花"便会将僵尸一口吞噬,但是需要消化较长的时间,才可恢复至正常防御状态,在其消化的时间段内,"食人花"不具备任何防御能力,如图 4-57 所示;"报纸僵尸"在默认状态下会携带一张报纸并以较为缓慢的速度前进,而当其报纸被击破时,"报纸僵尸"会立刻以较快的速度向前进攻。

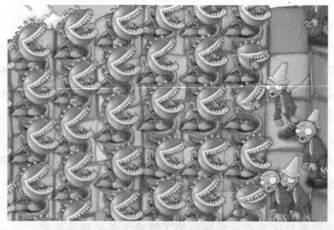

图 4-57 《植物大战僵尸》中的"食人花"

(图片来源:游戏截图)

《部落冲突》与《部落冲突：皇室战争》也是如此。在《部落冲突：皇室战争》中，体验者在查看卡牌的详情时，游戏默认通过动画来展示该卡牌角色的战斗逻辑。只有体验者主动滑动屏幕，游戏才会切换为通过文字来描述该卡牌的结构规则。在《部落冲突》中，当体验者在攻打他人的部落或者当他人在攻打体验者自己的部落时，体验者通过观察每个兵种与防御武器的攻防动画，便可真正理解游戏的结构规则。例如，当同时释放了"巨人"与"弓箭手"这两种类型的士兵时，体验者便可通过角色动画非常明显地发现，"弓箭手"的移动速度相较于"巨人"更快；而继续观察一段时间即可发现，"弓箭手"的生命值较低，无法在战场上支撑较长的时间，而"巨人"虽然行动缓慢，但是能够抵御敌人较强的攻击。

在探索类游戏中，游戏世界并非没有边缘。当体验者到达游戏世界边缘并且试图继续向前探索时，游戏也能够通过特殊的角色动画呈现游戏世界的边界，以提示体验者不能继续向前探索。例如，《风之旅人》虽然创造了看似广袤无垠的开放世界，但该游戏世界实际上是存在边界的。倘若游戏主角到达了游戏世界的边缘，游戏场景便会通过强劲的大风将其吹回，通过游戏主角无法顶风前行的动画，体验者便可知晓无法继续向前探索。而在《塞尔达传说》系列中，倘若林克来到悬崖峭壁的位置，游戏并不会通过文字等形式显性地提示体验者此处危险，体验者仍旧能够操控林克跳下悬崖。当林克从峭壁上掉落后，游戏会播放一小段其正常掉落的动画（这与在游戏允许的探索范围内，体验者控制林克从高空跳落的动画相同），而随后林克便会发出"啊……"的叫喊声，如此游戏宣告失败。当游戏重新开始时，林克会趴在方才掉落之前的位置，并逐渐站起来。倘若林克长时间在水中，当体力耗尽时，游戏也会播放林克溺水挣扎的动画，如图 4-58 所示。这一系列游戏角色的动画能够呈现出游戏世界的边界，以及游戏场景中的危险区域。

图 4-58 《塞尔达传说：王国之泪》中林克溺水动画

（图片来源：游戏截图）

数字游戏 创意设计

开放世界游戏通常支持体验者与众多的虚拟物品互动、开展丰富多样的游戏行为。体验者与虚拟物品交互时，游戏也能够通过动画展现每一个虚拟物品的结构规则。以《塞尔达传说：王国之泪》为例，体验者在开放世界探索时，能够遇见飞禽、狐狸、野猪、虫子（蜻蜓、萤火虫等）、鱼等多种类型的野生动物，体验者可猎杀这些动物以获得肉质食材。这些食材可被林克直接食用，也可被烹饪成等级更高的料理。在猎杀这些动物时，游戏并不会通过文字等形式将具体的捕猎方式显示出来，而是会通过动画来说明每种动物的习性。例如，狐狸有时会在地上蜷成一团休息，倘若林克直接奔向狐狸，警觉的狐狸会迅速起身逃跑。倘若林克在较远的位置射箭，狐狸也会被惊吓得逃跑。而如果林克以蹲姿躲避在草丛中，并缓慢地靠近狐狸，在距离狐狸较近的位置射箭，体验者便可成功猎杀狐狸，获得禽肉。不同动物的结构规则存在一定相似性，一旦体验者成功猎杀了某种动物，便能够以类似的方法猎杀其他动物。再如，当游戏场景中有野马漫步，林克能够驾驭这些野马，使它们成为自己的坐骑。倘若林克直接奔向野马，野马将以更快的速度逃跑。假如野马发现林克站立在自己的身后，它甚至会向林克踢腿使其受伤，此时体验者便可模仿猎杀动物的方法，使林克以蹲姿缓慢移动至野马的身后，之后再一跃而上。除此之外，体验者还可控制林克将野马喜爱的苹果或胡萝卜等食物抱在怀中并逐渐靠近野马，倘若野马没有逃跑，便可给野马投喂食物，使其对林克产生好感。如此，体验者也可较为轻易地驯服野马。同样的方式也可被用来驯服熊和梅花鹿等其他动物。在游戏过程中，游戏主角与物品交互时的动画，是体验者学习游戏中虚拟对象结构规则的重要方式，如图 4-59 所示。

模拟类游戏通常支持体验者操控种类与数量较多的游戏对象。在《模拟人生》系列中，随着游戏等级的提升，体验者将控制数量愈来愈多的虚拟角色。《辐射：避难所》也是如此，体验者在不断扩大避难所规模的同时，也将不断增加避难所成员的数量。体验者同样需要通过各个游戏角色与物品的交互动画，来学习复杂的游戏结构规则。在《模拟人生：畅玩版》中，为了满足虚拟角色的各项基本生理、心理需求，体验者每天都需要操控各个虚拟角色与冰箱、咖啡机、电话机、淋浴间、马桶等物品进行互动。体验者通过单击游戏界面的按钮，选择虚拟角色与物品的交互行为，如"吃冰箱""快速淋浴"等。当体验者选择好虚拟角色与物品的交互行为后，虚拟角色便会走向该物品，并展示相应的交互动画。倘若虚拟角色无法与这些物品交互（如体验者将淋浴间安置在了一个死角，导致虚拟角色无法走进淋浴间），虚拟角色便会站在原地并做出一个无法抵达的手势。通过对这些角色动画进行观察，体验者便能够理解虚拟角色与物品的交互规律。

图 4-59 《塞尔达传说：王国之泪》中林克驯服不同的动物
（图片来源：网络平台体验者录制的驯服动物视频）

与《模拟人生：畅玩版》不同，《辐射：避难所》的虚拟角色并非完全由体验者控制，不同的游戏角色会自动进行交互。倘若一个男性角色和一个女性角色共处一间房间，并且两人的距离较近，一段时间后，这两名角色便会开始交谈（体验者能够观看到他们交谈的动画）。倘若这两个角色彼此感觉良好（角色之间的好感度由游戏的随机系统确定），那么他们会一边交谈一边手舞足蹈，随后还会拥抱，如图 4-60 所示。该过程的角色动画，能够展现出不同虚拟角色在社交方面的结构规则。

3. 通过叙事影像呈现游戏规则

设计师可采用文字、图像、动画、叙事影像等多种方式来呈现游戏规则，使游戏规则的展现方式更为丰富，从而满足不同类型体验者的喜好和需求。通过叙事影像展现游戏规则，将使体验者更为深入地融入游戏世界，在探索游戏环境、理解剧情内容的过程中自然而然地明确游戏规则，从而在不打断游戏节奏的前提下获取必要的信息。叙事内容展现了故事情节的发展与游戏角色的成长。通过叙事影像传达游戏规则，能够让体验者在了解规则的同时，建立与游戏角色的情感连接。相较于阅读烦琐的规则说明,叙事影像能够让游戏规则的呈现更加生动,使游戏规则更易于理解。

图 4-60 《辐射:避难所》通过动画呈现游戏规则

(图片来源:游戏截图)

上文分析了《风之旅人》与《塞尔达传说:王国之泪》如何通过动画来表明游戏世界的边界。《超凡双生》的游戏空间同样具有边界,并且该游戏采用了叙事影像来提示体验者何处可以探索、何处不可以探索。以该游戏的"大使馆"片段为例,当体验者操控祖迪寻找"一个安静的地方"时,游戏只允许祖迪在大使馆一层的宴会厅探索。倘若体验者控制祖迪来到楼梯处,并期望由此走向二楼时,如图 4-61(a)所示,游戏将播放一段预制影像。在该预制影像中站在楼梯边的工作人员将伸手阻拦祖迪,并说道:"抱歉,女士,这里是禁区,只有使馆工作人员才能进入。"如图 4-61(b)所示。该影像播放完毕后,祖迪将自动转身即背对楼梯,走向一层宴会厅的中心区域。这种游戏规则的呈现方式将体验者的探索过程与叙事内容融为一体。

通过叙事内容呈现游戏规则的方法,在《塞尔达传说:王国之泪》中也具有广泛的应用。在海拉鲁大陆监视城堡的部分场景,林克能够拾取放置在桌边的武器、桌上的道具或食物等;而在一些特殊的房间或户外区域,林克则不能与这些物品互动。无论游戏是否支持林克拾取这些物品,只要靠近了它们,游戏都会在界面上显示按下"A"键"拿起",如图 4-62(a)所示。倘若林克所处的区域不支持拾取这些物品,一旦体验者按下了手柄的"A"键,物品附近的 NPC 便会立刻通过对话阻止林克。例如,在监视城堡的某个房间,当林克试图拿起桌上的左纳尼乌姆时,NPC 洛贝利便会说道:"这是乔舒亚用来调查深穴的工具!No touching!别随便乱碰!"如

图 4-62(b)所示。游戏的叙事影像既呈现了游戏规则,又体现了 NPC 洛贝利的性格特点——对话时喜欢夹杂着英语。此外,NPC 洛贝利台词中的"调查深穴"四个字还使用了红色进行显示,促使体验者进一步与洛贝利对话,进而了解 NPC 乔舒亚准备调查地下洞穴的计划(该计划也是游戏的主线任务之一)。

图 4-61 《超凡双生》通过叙事影像呈现游戏规则

(图片来源:游戏截图)

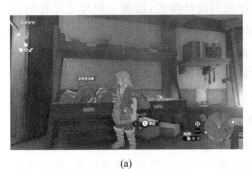

图 4-62 《塞尔达传说:王国之泪》通过叙事影像呈现游戏规则

(图片来源:游戏截图)

4.3.4 从玩具到游戏的设计

"上手易,精通难"几乎成为评价一款游戏的重要标准,其中"上手易"意味着游戏具有简单易用的操作规则,而"精通难"则是指游戏营造了高强度的挑战[1]。目

---

[1] JUUL J, NORTON M. Easy to Use and Incredibly Difficult: On The Mythical Border between Interface and Gameplay[C]//Proceedings of the 4th International Conference on Foundations of Digital Games. Orlando Florida. ACM, 2009: 107-112.

数字游戏 创意设计

前,主流的商业游戏通常采用体验者普遍习惯的操作规则,譬如计算机平台的三维动作类游戏,支持体验者通过键盘的"W""A""S""D"按键控制游戏主角移动;运行于 Xbox 或 PlayStation 主机的游戏,则是支持体验者通过推动手柄左侧的摇杆控制游戏主角行走,推动右侧摇杆控制摄像机的视角。游戏操作规则的设计目标是使体验者最高效率地与游戏世界沟通,输入媒介主要被设计为一种工具,因此,体验者与输入媒介交互过程的游戏性通常会被忽略。

但输入媒介除作为一种体验者与游戏世界沟通的工具外,它还是一种游戏性的来源。试想一下,当体验者购买了一台全新的 Xbox 手柄时,体验者家中的孩子在不知手柄为何物的前提下,也可能会将手柄拿在手中不厌其烦地推动摇杆并按下各种按键。此时手柄在一个孩子眼中是一个玩具,而不仅仅是一种用来体验数字游戏的工具。事实上,游戏的输入媒介自身便具有一定游戏性,只是当人们强化了其功能属性后,其游戏价值便逐渐被人们忽略。在商业游戏设计领域,设计师主要关注的内容为虚拟世界的建构,选择最为高效的输入媒介,并制作体验者普遍习惯的操作规则,这也使得操作规则愈发一成不变。

不过,设计师可以打破这一固有的操作规则设计模式,选择一种与之互补的设计思路——从玩具到游戏的设计。这种思路首先是思考如何创造富有游戏性的输入媒介,使输入媒介如玩具一般吸引体验者;其次才是思考如何使输入媒介进一步从玩具延伸至虚拟世界的游戏,利用游戏对玩具的可玩性进行拓展。除"使输入媒介服务于游戏内容"外,还可以反过来"让游戏内容服务于作为玩具的输入媒介"。以智能移动平台游戏《埙》为例,该游戏通过智能手机模拟乐器陶笛,如图 4-63 所示。这款游戏的输入媒介虽然是一种主流的游戏设备——智能手机,但该游戏并未采用最为常见的智能手机操作方式——点击屏幕、滑动屏幕,而是要求体验者将手机倒过来使用,对准手机的麦克风吹气,并同时按下手机屏幕上的按钮来"吹奏"陶笛。体验者可以使用手机自由地吹奏任何一首自己喜欢的乐曲,甚至可以创作新的曲子。这使手机这一电子设备成为如同陶笛一般有趣的玩具。而《埙》的游戏内容则进一步放大了该"电子陶笛"的可玩性,通过游戏目标、游戏挑战等元素,使体验者有目的、有挑战地演奏一首完整的乐曲,享受与输入媒介交互过程的游戏性体验。

不少商业游戏并未采用主流的游戏外设,而是为游戏量身定制了特殊的输入媒介,这种特殊的输入媒介可被视为一种玩具,其自身便具有足够的观赏性或可玩性,使体验者与输入媒介交互的过程更为有趣。例如,运行于智能移动平台的主流节奏类音乐游戏,通常要求体验者根据背景音乐的节奏点击屏幕。与此不同,部分音乐游戏则采用真实乐器的模拟器作为输入媒介。《太鼓达人》支持体验者使用真实太鼓的模拟器进行游戏,如图4-64(a)所示。这种特殊的输入媒介能够提升体验者与输入媒介交互过程中的趣味性。《吉他英雄》系列也是如此,该系列游戏支持体验者使用真实吉他的模拟器进行游戏,如图4-64(b)所示。上述游戏将乐器本身或乐器的模拟器作为输入媒介,相较于主流的游戏输入媒介,营造了更为独特的游戏性体验。

图4-63 智能移动平台音乐游戏《埙》
(图片来源:游戏宣传图片、宣传视频)

(a)　　　　　　　　　　　　　　(b)

图4-64 《太鼓达人》的太鼓与《吉他英雄》系列的游戏电吉他
(图片来源:网络平台)

再以任天堂玩具(Nintendo Labo)系列为例,该系列充分体现了"从玩具到游戏"的设计理念。该玩具系列的Variety Kit套装共包含钢琴、遥控装置、钓鱼竿、小房子和摩托车这五个玩具,如图4-65所示。每个玩具都匹配了一套特殊的硬纸壳,体验者需要按照说明书将硬纸壳进行折叠和组装。纸壳玩具制作完毕后,体验者需要将

Switch 主机嵌入该纸壳玩具中,并基于 Joy-Con 手柄的运动感应装置与红外线摄像机进行游戏。体验者需要花费较长的时间进行实体玩具的制作,而 Switch 主机中的游戏,则是对实体玩具的拓展与升级。在体验钢琴游戏时,体验者需要将纸壳拼装成一个小型的三角钢琴,在每一个钢琴键的背面贴上反光片,将 Switch 主机嵌入纸壳钢琴中。Switch 主机通过 Joy-Con 手柄的红外线摄像机捕捉被按下的琴键,并通过 Switch 主机发出乐音。体验者未启动 Switch 主机中的音乐游戏时,该纸壳钢琴已是一个精美的玩具;开启 Switch 主机中的音乐游戏后,体验者需要根据游戏背景音乐的节奏,按下相应的琴键,此时体验者会感受到更强的游戏挑战,体验者与纸壳钢琴的互动也从"玩玩具"升级成了"玩游戏"。如此,Nintendo Labo 打破了主流商业游戏中"操作规则服务于游戏内容"的设计模式,促使设计师将更多视线聚焦于制作有趣的输入媒介上,并通过虚拟世界的游戏内容延伸与拓展现实世界中玩具(输入媒介)的可玩性,从而带给体验者一种全新的游戏体验。

图 4-65　Nintendo Labo
（图片来源:产品宣传视频）

4.4　游戏机制设计

4.4.1　游戏机制的概念

在众多的游戏元素中,游戏机制可谓是最难界定的元素之一。"机制"一词的内涵通常指机器的构造和工作原理,包括机体的构造、功能和相互关系,自然现象的物理、化学规律,以及一个工作系统中不同组织之间相互作用的过程和方式。而游戏设计领域中游戏机制的概念则包含广义与狭义两个层面。广义的游戏机制沿用"机制"的概念,可被理解为游戏各组件、模块和元素之间的作用方式及游戏性的生成机理。《游戏机制：高级游戏设计技术》一书的作者，便从广义的角度探讨游戏机制的设计模式，即将游戏机制界定为游戏核心部分的规则、流程及数据。它们定义了游戏活动如何进行、何时发生什么事、获胜和失败的条件是什么。并且作者将游戏机制划分为物理机制、战术机动机制、内部经济机制、社交互动机制与渐进机制这五种类型。[①] 广义的游戏机制几乎涵盖了游戏中的任意一个元素，4.1 节至 4.3 节讨论的游戏目标、游戏挑战与游戏规则，都属于游戏性生成流程的重要组成部分，因此都属于广义游戏机制的范畴。

狭义的游戏机制可以从动词的角度理解，是指体验者为了实现游戏目标、克服游戏挑战而在游戏世界中必须执行、反复执行的游戏行为[②]。《超级马里奥兄弟》的游戏机制包括左右移动与跳跃——这是体验者在控制马里奥实现游戏目标和克服所有游戏挑战的过程中必须执行的动作。《汪达与巨像》的游戏机制则包括跑步、跳跃、骑马、攀爬、射箭、(用剑)刺穿等。其中，跑步、攀爬与骑马是汪达在开放世界中探索时必须执行的动作，而跑步、攀爬、射箭与(用剑)刺穿则是汪达在与石像对抗的过程中反复执行的战斗动作。游戏机制既可以是单一的动作，也可以是一系列动作的集合。《极品飞车》系列的游戏机制可被理解为踩油门(或刹车)、加氮气、转动方向盘等所有驾驶动作的组合，因为这些动作并非按照某个序列依次发生，而是在一个时间段内同时触发。

"动作"在动作技能挑战类游戏中与在心智技能挑战类游戏中存在一定区别。动作技能挑战类游戏的游戏机制可被理解为游戏主角执行的显性动作，例如，《超级马里奥兄弟》中马里奥的移动和跳跃。而在心智技能挑战类游戏中，相较于游戏主角执行的显性动作，体验者在脑海中不断发生的心智活动才更为重要。以围棋游戏为例，相较于"体验者将棋子摆放在棋盘的某个格子处"这一显性的肢体动作，体验者脑海中不断发生的计算、预测与推理行为才使围棋游戏更加有趣。因此，心智技能挑战类游戏的游戏机制可被理解为体验者进行的隐性思维活动。

狭义的游戏机制直接刻画了一款游戏的具体游玩方式，这是游戏性最直接的来源，也是体验者最关注的内容之一。4.4.2 小节和 4.4.3 小节将从狭义层面探讨游戏机制的创意设计方法。

---

① ADAMS E, DORMANS J. 游戏机制：高级游戏设计技术[M]. 石曦, 译. 北京：人民邮电出版社, 2014：1-6.
② SICART M. Defining Game Mechanics[J]. Game Studies, 2008, 8(2)：1-14.

4.4.2 四种游戏机制

游戏机制是体验者在游戏世界中反复执行的行为。游戏机制的内容对游戏性具有直接的影响。当一款游戏具有十分丰富的游戏机制，且支持体验者在游戏世界中执行各种各样的行为时，它能够在一定程度上吸引体验者参与游戏。不过，游戏机制是克服游戏挑战的手段，体验者必须消耗时间与精力来学习每一种游戏机制的触发方式，以便在遇到游戏挑战时，能够在恰当的时机触发合适的游戏机制来克服游戏挑战。倘若体验者未能掌握游戏机制的触发方式，便可能无法顺利地克服游戏挑战，进而造成一些损失（例如，与敌人战斗失败可能导致游戏主角生命值或体力值下降，或导致游戏背包内资源的损耗等），这种损失会在一定程度上给体验者带来挫败感。但挫败感未必会中断体验者的沉浸状态，不少体验者都十分享受动作类游戏中与 Boss"屡战屡败"的过程。体验者在游戏挑战中失败存在两种可能：一是体验者能够掌握游戏机制的触发方式，因游戏挑战系数较高而失败；二是体验者难以掌握游戏机制的触发方式，即使游戏挑战的难度并不高，体验者还是无法克服游戏挑战。这两种任务失败的情境截然不同，一般情况下，设计师需要尽可能避免后者情况的发生。因此，设计师需要帮助体验者以较低的成本来掌握游戏机制，同时游戏需要营造高强度的游戏挑战，目的是使体验者不断磨炼自己的游戏技能。

游戏设计师 Daniel Cook 曾经在 2007 年发表文章 *The Chemistry of Game Design*，他使用化学中的"原子"来比喻游戏中体验者需要学习的每一个技能[1]。《游戏机制：高级游戏设计技术》的作者在书中再次对"技能原子"的概念进行了说明，并详述了技能树的"宽度"与"深度"：倘若一款游戏的技能树较宽，那么代表游戏中体验者需要学习的技能是相互独立的；相反，倘若一款游戏的技能树较深，那么说明体验者需要学习的技能相互之间存在关联（假如体验者需要先学习 A 游戏机制，才能够再学习 B 游戏机制，即 B 游戏机制是 A 游戏机制的升级或拓展，那么这两个游戏机制之间存在关联）[2]。一般情况下，倘若一款游戏在关卡渐进的过程中不断拓宽技能树，即不断引入与此前游戏机制不存在关联的全新机制，那么体验者学习游戏机制的成本和难度会更高；而倘若体验者只是需要在此前已掌握的游

---

[1] DANIEL C. The Chemistry of Game Design[EB/OL]. (2007-07-19)[2024-06-28]. https://www.gamedeveloper.com/design/the-chemistry-of-game-design.

[2] ADAMS E, DORMANS J. 游戏机制：高级游戏设计技术[M]. 石曦，译. 北京：人民邮电出版社，2014：225-227.

戏机制的基础上,将游戏技能进行进一步的延伸,那么游戏机制的学习成本则会相对较低。作者提出的"技能原子"与本小节讨论的游戏机制在概念上存在一定共性,均体现了体验者在克服游戏挑战时需要执行的某种行为。因此,本小节也采用"宽度"与"深度"来描述游戏机制的特性。"宽度"与"深度"这两个维度构成了游戏机制的四个象限:第一象限为高宽度、高深度,典型案例如《塞尔达传说:王国之泪》;第二象限为低宽度、高深度,典型案例如《超级马里奥兄弟》;第三象限为低宽度、低深度,典型案例如《俄罗斯方块》;第四象限为高宽度、低深度,典型案例如《迷室》。每一个象限的游戏机制都具有一定的独特性,如图4-66所示。

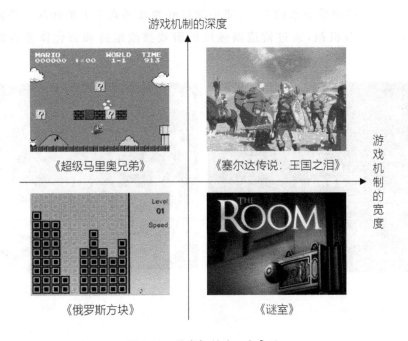

图 4-66　游戏机制的四个象限

1. 低宽度、低深度

"低宽度、低深度"是指体验者在游戏中能够执行的动作类型较少,并且体验者无法通过一种游戏机制克服多种类型的游戏挑战。《俄罗斯方块》《吃豆人》《打砖块》《祖玛》《贪吃蛇大作战》等大量经典游戏都具有这个特点,如图4-67所示。此类游戏的特点为"上手易、精通难",其游戏机制、游戏挑战、游戏规则与游戏目标都简单易学,游戏主要通过难度不断提升的游戏挑战来营造游戏性。《俄罗斯方块》的游戏机制支持体验者移动和旋转方块,即使游戏进程不断推进、游戏时间持续增加,游戏也不会引入新的游戏机制。该游戏的规则同样较为简单,当游戏界面中某个横排被方

数字游戏 创意设计

块完全填满时,该横排的方块会被消除,所有在该横排上方的方块将会下移一行,当方块堆积至游戏界面的顶端时,游戏失败。该游戏的游戏目标只有一个——避免方块堆积至界面顶端。《俄罗斯方块》的游戏挑战也仅限于一种类型,即游戏界面的顶端会不断随机地出现新方块,并且新方块出现的频率会增加,掉落的速度也会不断加快。简单的游戏核心元素,几乎使每一个体验者都能够迅速迈入《俄罗斯方块》的门槛,而永无止境的游戏挑战且其强度的不断提升,使体验者在享受游戏乐趣的同时,不断追求更高的游戏成绩并不断磨炼自己的游戏技能,以体验持续进步的成就感。《打砖块》也是如此,该游戏的游戏机制主要体现在向左或向右移动木板,用木板接住并反弹掉落下来的小球,使小球打碎游戏场景上方的砖块。该游戏呈现了简单的游戏机制,通过营造高强度的游戏挑战维持和强化体验者的沉浸状态。

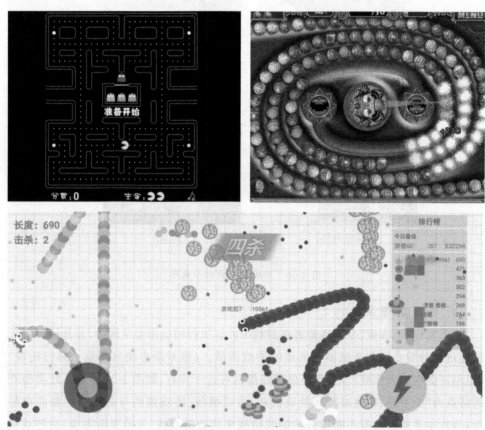

图 4-67 《吃豆人》、《祖玛》与《贪吃蛇大作战》
(图片来源:游戏截图)

2. 低宽度、高深度

"低宽度、高深度"是指体验者在游戏中能够执行的动作类型较少,而这些少量的动作却能够克服多种类型的游戏挑战,《超级马里奥兄弟》是此类游戏的典型。该游戏的游戏机制简单易学,体验者仅需控制马里奥左右移动和跳跃即可。游戏场景包含蘑菇墙、金币墙等道具,以及沟渠、食人花、栗宝宝、诺库龟、锤子兄弟、飞鱼等多种类型的障碍物,且每一个道具与障碍物都伴有相应的结构规则。这使得《超级马里奥兄弟》相较于《俄罗斯方块》与《打砖块》等游戏,具有更加复杂的游戏挑战与游戏规则。不过,触发马里奥移动与跳跃这两个基本的动作,就能够吃蘑菇、收集金币、跨过沟渠、跃过食人花、消灭怪物,从而克服所有类型的游戏挑战,如图 4-68 所示。游戏通过这种方式,支持体验者快速学习并掌握游戏机制的触发方式,从而使体验者在简单的操作中体验丰富多样的游戏乐趣和不断变化的游戏节奏,增强了游戏的吸引力和可玩性。

图 4-68 《超级马里奥兄弟》中马里奥通过跳跃克服不同类型的挑战

(图片来源:游戏截图)

3. 高宽度、低深度

"高宽度、低深度"是指体验者在游戏中能够执行的动作类型较多,并且体验者无法通过一种动作克服多种类型的游戏挑战。《迷室》系列等很多解谜类游戏的游戏机制具有这种特性,游戏呈现了大量的谜题,每一个谜题的解决方案都截然不同,体验者解开每一个谜题时需要执行的动作也是不同的。这一点与上文分析的《超级马里奥兄弟》的游戏机制存在很大差异。体验者在《超级马里奥兄弟》中能够通过移动与跳跃这两个基本动作与大量游戏对象交互,从而克服多种类型的游戏挑战。而《迷室》的每一个谜题都对应了一组特殊的游戏动作,且解开每一个谜题时做出的动作,在下一个谜题处便不适用。图 4-69(a)的谜题要求体验者在木箱的密码处滑动四个滚轮,只有这四个滚轮显示的图形正确时,才能打开木箱下方的门得到一把钥匙。图 4-69(b)的谜题要求体验者将四把钥匙分别旋转至不同的位置,并使每一把钥匙的轮廓与背景图案的线条吻合。图 4-69(c)显示了一个盖子上带有拼图游戏的盒子,盒盖中间存在一个可旋转的圆盘,圆盘内外布满了不同走向的轨道,体验者需要旋转圆盘,并拖动盒盖上的小球在轨道上移动。只有将小球从圆盘的左边移动至最右边,才能够打开盒子。图 4-69(d)的谜题要求体验者跟弹一遍钢琴自动弹奏的旋律。解开这四个谜题时,体验者执行的动作分别为"滑动四个滚轮""旋转四把钥匙""旋转盒子中央的圆盘、拖动小球移动"及"按下钢琴键"。这四组动作截然不同,并且每一组动作只对其对应的谜题有效。此类游戏在渐进的过程中,不断引入全新的谜题,每一个谜题都形成了一种新的挑战、呈现了新的操作规则与结构规则,并且此类游戏要求体验者触发新的游戏机制解谜。这使得游戏机制、游戏挑战与游戏规则都在游戏渐进的过程中不断丰富、拓展,而体验者也需要不断学习新的游戏机制、理解新的游戏规则、克服新的游戏挑战。

4. 高宽度、高深度

"高宽度、高深度"是指体验者在游戏中能够执行的动作类型较多,一种动作可被用来克服多种类型的游戏挑战,体验者甚至还可基于少数的游戏动作衍生更多的游戏行为。此类游戏具有较高的自由度,《塞尔达传说:王国之泪》是此类游戏的典型。在该游戏中体验者能够执行多种动作,林克在游戏世界中几乎"无所不能"。在空间探索方面,体验者能够执行行走、奔跑、潜行、跳跃、攀爬、游泳、滑翔等动作。在战斗方面,体验者能够执行携带武器近身攻击、投掷武器、射箭、盾牌防御、盾反攻击等动作。在使用弓箭进行远程攻击时,体验者还能够将不同的物品装配在箭矢上,从而产生不同的攻击效果。除此之外,林克还具有四大特殊技能——"究极手""通天术""余料建造"和"倒转乾坤"。其中,"究极手"是该游戏最具特色的动作,该动作支持体验者抓取一定距离内的物品,移动或旋转该物品,并将该物品与另一件物品组装,从而形成全新的物品。游戏提供了电风扇、轮子、不倒翁、飞行翼、弹簧、热气球、激光发射器、喷火器、小舟、船帆、木板、岩石等各式各样的物品供体验者组装。有的体验者将轮子、电风扇、方向控制器、弹簧、热气球、喷火器组装成陆空两用型交通工具,有的体验者创造出能够喷射火焰和激光的巨型机器人和重型坦克。组装后的道具将遵照物理机制及零件的特殊性进行运动。例如,热气球在受热后产生上升力,木制轮子被冰冻后会因动摩擦因数减小而提升移动速度,装配了船帆的小舟会根据水流的方向与风向移动,而弹簧则能够为掉落的物品减震,等等。这些由体验者自由组装形成的新型物品,衍生了全新的游戏机制,如图4-70所示。林克能够在天空中飞行的同时喷射火焰,在陆地上一边快速行驶一边朝敌人发射激光,在陡峭的崖壁上驾驶机车向上爬行……游戏设计师并未限制游戏机制的数量与类型,只要求体验者掌握基本游戏机制的触发方式,并支持体验者通过组合不同类型的物品,创造无穷无尽的游戏机制。

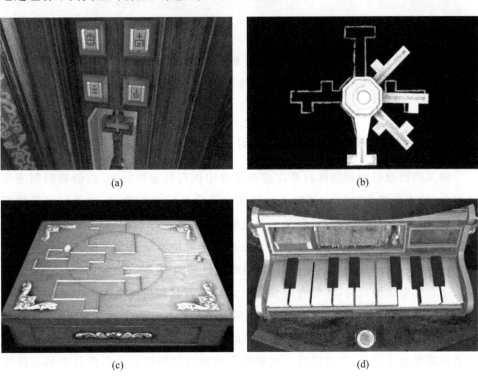

图 4-69 《迷室》的四个谜题

(图片来源:游戏截图)

图 4-70 《塞尔达传说:王国之泪》支持体验者通过组装物品形成全新的交通工具与武器
(图片来源:网络平台体验者录制的游戏实时演示视频)

4.4.3 基于操作规则设计游戏机制

狭义的游戏机制是指体验者在游戏世界中执行的虚拟行为,故游戏机制通常被视为"独立于媒介"的[①]。体验者在现实世界中执行的行为,一般被归为操作规则。目前,大部分跨平台游戏存在一个现象——在不同平台的游戏版本中,游戏角色执行的虚拟行为完全一致,但体验者在现实世界中开展的实际操作动作却大相径庭。即跨平台游戏的操作规则不同,但游戏机制相同。以《地狱边境》为例,在计算机平台体验该游戏时,体验者需要按下计算机键盘的按键来控制游戏主角移动和跳跃。在 Xbox 游戏主机上,体验者则需要推移手柄左侧的摇杆、按下手柄右侧的按键,才能控制游戏主角移动和跳跃,如图 4-71 所示。而在智能移动设备上,体验者则需要点击屏幕、滑动屏幕。这种跨平台游戏的特性在众多作品中都有所体现。例如,在 Xbox、PlayStation 或 Nintendo Switch 游戏主机上体验《勇敢的心:伟大战争》时,体验者需要推移主机手柄摇杆控制游戏主角移动。而在计算机平

---

① ADAMS E,DORMANS J.游戏机制:高级游戏设计技术[M].石曦,译.北京:人民邮电出版社,2014:4.

台,体验者则需要按下计算机键盘的方向键。在不同的游戏平台中,体验者的实际操作行为具有显著的区别。但是不同平台游戏版本中游戏主角执行的行为,以及游戏关卡结构、游戏叙事内容均完全一致。

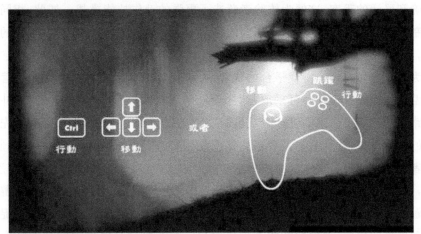

图 4-71 《地狱边境》使用不同输入媒介时的操作规则

(图片来源:游戏截图)

上述跨平台游戏的特性,体现了一个被广大体验者认为"理所当然"的设计理念——相较于现实世界中体验者的实际操作行为,游戏虚拟世界的内容设计更为重要。在游戏设计过程中,设计师将视线重点聚焦于虚拟世界的建构,优先设计游戏机制,后设计操作规则。在将游戏部署至不同的平台上时,设计师在确保游戏虚拟世界不变的前提下,只需修改游戏的操作规则。这种设计理念已经体现在了主流的游戏引擎中。以 Unity 引擎为例,倘若设计师首先完成了计算机平台游戏版本的研发,并且将操作规则设定为通过按下计算机键盘的不同按键,控制游戏主角执行不同的行为。随后在将该作品跨平台发布至智能移动平台时,Unity 将自动在游戏界面上生成按钮,以对应计算机键盘的按键。即 Unity 将根据智能移动设备的交互方式自动修改游戏的操作规则。

"先设计游戏机制,后设计操作规则"的设计理念,将操作规则视为连接游戏世界与现实世界的桥梁。然而这在一定程度上忽略了实际操作行为对游戏综合体验的影响。本书在 4.3 节明确了输入媒介自身的游戏价值,并探讨了从玩具到游戏的设计思路。即便设计师主要将游戏性建立在虚拟世界中,也不可忽略操作规则与游戏机制之间相辅相成的关系。否则,将相同的游戏机制与不同的操作规则相结合,可能导致一款游戏虽然在某个平台上营造出了优良的游戏性,但在另一个平台沦为失败之作。以《地狱边境》为例,该游戏拥有逼真的物理效果,游戏谜题对体验者的动作技能提出了极高的要求,游戏机制的触发时机、可交互物品放置的位置、游戏主角跳跃的地点必须被控制在一个精准的范围内,否则极易导致游戏主角死亡。在计算机平台进行该游戏时,体验者能够通过键盘按键精准地触发游戏机制。然而,在智能移动平台上,体验者通过滑动屏幕无法达到像操控计算机键盘那般精确和灵活的程度,这便为体验者营造了更强的动作技能挑战。如此,相同的游戏机制、相同的关卡设计在结合不同的操作规则时,会营造出不同难度系数的游戏挑战,而这便会导致不同平台游戏的综合体验有所不同。

为了充分发挥每个游戏平台的优势,并确保游戏在不同平台上均能够营造充足的游戏性体验。设计师可采取与"先设计游戏机制,后设计操作规则"互补的设计思路,即"基于操作规则设计游戏机制"。在游戏创作过程中,设计师应首先明确游戏的运行设备,并且基于该设备的操作规则特点,设计虚拟世界的游戏机制,使体验者能够更加轻易地掌握游戏机制的触发方式。以智能移动平台的《水果忍者》为例,该游戏平台最为常见的操作方式是点击与滑动屏幕,而"切水果"这一游戏机制的触发方式也恰恰是点击与滑动屏幕,如图 4-72(a)所示。游戏精准地捕捉体验者滑动屏幕的位置,进而判断能否切碎水果。游戏机制与操作规则具有高度的一致性,这使得游戏机制的触发方式能够被体验者迅速学习与理解。不仅如此,《水果忍者》的计算机版本、虚拟现实版本,同样体现了游戏机制与操作规则的一致性。计算机版本的《水果忍者》要求体验者滑动鼠标来"切水果",而虚拟现实平台的游戏版本则要求体验者挥动手柄来"切水果"。无论在哪个游戏平台,《水果忍者》都能够确保体验者迅速理解游戏机制的触发方式。《愤怒的小鸟》也具有相同的特点。该游戏的首个版本发布于智能移动平台,游戏机制是拉弹弓发射小鸟撞击反派绿猪。而触发该游戏机制的方式则是滑动屏幕,体验者在屏幕上滑动的距离代表"拉弹弓"的幅度,如图 4-72(b)所示。智能移动平台"滑动屏幕"的操作规则,与《愤怒的小鸟》中"拉弹弓"的游戏机制同样具有高度的一致性。

(a) (b)

图 4-72 《水果忍者》与《愤怒的小鸟》

(图片来源:游戏截图)

再以虚拟现实设备 HTC Vive 为例,该设备的手柄正面包含一个圆形的触控板,并且在该触控板的上下两侧均存在一个按钮,手柄的背面还包含一个扳机键,如图 4-73 所示。握住该手柄时,体验者能够轻易地扣动扳机键,该手柄的操控方式非常适合用来模拟射击。HTC Vive 平台的不少游戏作品都融入了射击元素,体验者在扣动手柄的扳机键时,便能够直接触发游戏世界的射击动作,如图 4-74 所示。由于体验者在现实世界中操控手柄的真实动作,与游戏主角在游戏世界中执行的虚拟动作几乎完全一致,因而,此类游戏的游戏机制触发方式,能够迅速被体验者学习与掌握。

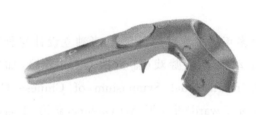

图 4-73　HTC Vive 手柄

（图片来源：网络平台）

图 4-74　HTC Vive 平台的射击游戏

（图片来源：HTC Vive 宣传视频）

第 5 章　游戏创作实践——
　　　　以音乐游戏《摇篮曲》为例

　　结合多年的游戏理论研究,作者独立设计与研发了一款基于 MIDI 键盘的计算机音乐动作解谜游戏《摇篮曲》(Lullaby),如图 5-1 所示。该游戏在 The Eleventh International Symposium of Chinese CHI 国际会议中获创新奖(Innovation Award)并参展 Art Gallery,获第 11 届未来设计师·全国高校数字艺术设计大赛一等奖、第 17 届中国好创意暨全国数字艺术设计大赛一等奖、中国高校影视学会 2022—2023 年度影视作品推优活动暨第十三届"学院奖"三等奖,在第八届教育游戏作品展示交流活动中获"五星游戏"(最高奖项)称号,参展 ChinaVisap'23 艺术可视化与可视分析大会艺术项目,如图 5-2 所示。设计学顶级会议 ACM Conference on Human Factors in Computing Systems 的评审意见是:"The game looks (& sounds) fascinating, and I think this could be inspiring to a lot of audio-minded researchers within the CHI community."。这款游戏的概念设计、关卡设计、程序编写、美术设计等部分均由作者独立完成。

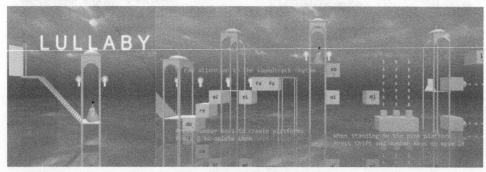

图 5-1　《摇篮曲》的游戏主场景
(图片来源:游戏截图)

游戏创作实践——以音乐游戏《摇篮曲》为例 第 5 章

《摇篮曲》是一款音乐横版动作解谜游戏。与传统横版动作解谜游戏的不同之处在于,它需要体验者通过演奏音乐创造平台、移动平台。这些平台支持游戏主角移动和跳跃。游戏通过子弹、漩涡、传送门等元素营造一系列空间谜题,体验者需要思考应当在何处创造平台、移动平台,才可避开危险,最终抵达游戏场景最右侧的目标处。(游戏演示视频见 https://www.bilibili.com/video/BV1sM4y1q7ah/?spm_id_from=333.999.0.0)

图 5-2 结合 MIDI 键盘体验《摇篮曲》和 ChinaVisap'23 艺术展现场

(图片来源:游戏演示照片)

5.1 游戏机制设计

《摇篮曲》属于横版动作解谜游戏与音乐游戏的融合。横版动作解谜游戏的游戏机制通常包含两个部分:一是游戏主角的移动和跳跃,二是游戏主角具备的一些特殊技能。以《三位一体》系列为例,三个游戏主角都能够在游戏场景中移动和跳跃。除这两项基本动作外,法师能够创造立方体箱子,并使物体悬浮;盗贼能够拉弓射箭;骑士能够使用剑和盾进行近距离战斗,这部分游戏机制属于游戏主角的特殊技能。《摇篮曲》的游戏机制也可被分为两个部分:一是移动、跳跃,这部分游戏机制属于游戏主角的基本技能,与其他很多横版动作解谜游戏相似;二是游戏主角能够通过演奏音乐创造平台、移动平台、移动传送门,并且利用传送门进行传送,这部分游戏机制属于游戏主角的特殊技能。

本书第 2 章曾经对音乐的几个重要属性——音色、音高、响度、节奏等进行了分析。在设计《摇篮曲》与音乐相关的游戏机制时,作者针对现存音乐游戏进行了充分的调查。如 2.2 节所述,目前基于节奏属性进行游戏设计的案例十分常见,而基于音高属性设计游戏机制的案例甚少。于是在本次创作中,作者重点结合音高设计游戏核心机制。本节内容可参考作者发表的论文《基于乐器交互性与音乐性的游戏机制设计框架——以〈摇篮曲〉创作实践为例》[1]。

5.1.1 基于音高设计游戏机制

在《摇篮曲》中，体验者能够通过 MIDI 键盘或计算机键盘演奏出不同音高的乐音，演奏乐音的同时能够触发三种游戏机制。

① 一种游戏机制是于游戏主角的正前方，在与乐音音高对应的位置创造一个立方体平台，如图 5-3 所示。例如，当体验者弹奏 C1 音时，游戏将在游戏主角前方的最底端创造一个立方体平台；当体验者弹奏 G1 音时，游戏将在游戏主角的前方自底向上的第五个立方体的高度处创造一个平台。

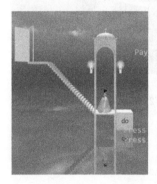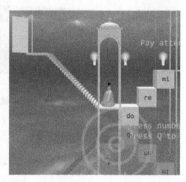

图 5-3　弹奏 C1 音，弹奏 G1 音与连续弹奏 C1、D1、E1
（图片来源：游戏截图）

② 游戏场景中的部分立方体平台能够被横向或纵向移动，当游戏主角位于这些平台上时，体验者便可通过演奏乐音将该平台一次性向左、向右、向上或向下移动一个固定的距离，如图 5-4 所示。可移动的平台都包含一个初始音高符号。倘若体验者在一个初始音高为 E1 的可被横向移动的平台上演奏 F1 音，那么该平台将一次性向右移动一格，如图 5-4(a)和图 5-4(b)所示；倘若体验者在一个初始音高为 A1 的可被纵向移动的平台上演奏 E1 音，那么该平台将向下移动三格，如图 5-4(c)和图 5-4(d)所示。

③ 传送门是游戏空间中的可交互物体之一，也是谜题的重要组成部分。部分传送门被设计为可移动的。当游戏主角处于传送门对应的"耳朵"形状物体上时，便可通过演奏音乐移动传送门，如图 5-5 所示。移动传送门的传送方式与移动平台完全相同。

---

[1] 陈柏君,黄心渊.基于乐器交互性与音乐性的游戏机制设计框架——以《摇篮曲》创作实践为例[J].装饰,2021(5):98-101.

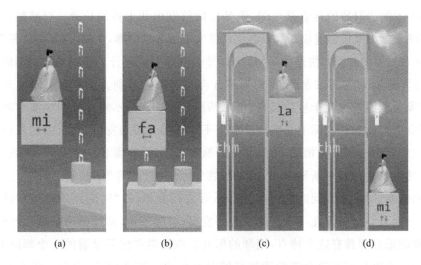

图 5-4　体验者通过演奏音乐移动立方体平台

（图片来源：游戏截图）

图 5-5　体验者通过演奏音乐移动传送门

（图片来源：作者录制的游戏全流程演示视频）

5.1.2　基于时间持续性设计游戏机制

时间持续性是指声音持续时间的长短。音乐学通常使用"短音"和"长音"来描述乐音的时间持续性。大多数乐器能够发出时间长短不一的乐音，有些乐器发出的声音普遍属于短音，如定音鼓、木琴、竖琴等；而有些乐器的特点即为创造悠扬的长音，如小提琴、小号、萨克斯管、长笛等。有些以发出短音为主的乐器也能够创造长音，例如,演奏者踩踏钢琴的延音踏板时,钢琴便能够发出几十秒的长音。而弓拉弦鸣乐器、气鸣乐器等擅长创造长音的乐器也能够实现短音的演奏,例如,在演奏小提琴时,演奏者在短暂的时间内快速拉琴弓,小提琴便能够发出短音。仔细分析钢琴的长音与小提琴的长音时,不难发现,这两种声音存在本质的区别。虽然在踩踏延音踏板时,钢琴也能够发出几十秒的长音,但踩踏板后的长音是不能够被钢琴演奏者控制的,听众听到的乐音实际上是在演奏者按下琴键的一瞬间发出,而后续的长音是该声音在音箱中的回音。相反,通过小提琴演奏长音时,演奏者需要持续地揉弦和拉琴弓,才能确保声音不断地发出。因此,在"短音"与"长音"的基础上,作者使用两个新的概念,对具有不同时间持续性的乐音进行分类,即"时刻性乐音"和"持续性乐音"。前者是指乐音在一个时刻或瞬间发出,膜鸣乐器、弹拨弦鸣乐器、大部分键盘乐器的乐音都具有这个特点,钢琴的乐音只在演奏者按下琴键的一个瞬间发出,古筝的乐音也只有在演奏者拨动琴弦的时刻发出。与之相反,后者的乐音并非在一个瞬间发出,而是在演奏者持续演奏的时间段内不断发出的,弓拉弦鸣乐器、木管乐器、铜管乐器的乐音都属于这个类型,小提琴的乐音在一个时间段内会持续受到演奏者揉弦和拉琴弓的影响。时刻性乐音的质量和效果只能够在某一个时刻被演奏者控制,而持续性乐音的效果则在某一时间段内持续性地受到演奏动作的影响。

演奏时刻性乐音时,演奏者只需在一个瞬间做出演奏动作。而演奏持续性乐音时,演奏者却需要在声音发出的时间段内不间断演奏。事实上,这两种不同的特性不仅仅存在于乐器演奏中,游戏机制也具备时间持续性这一属性。在《游戏机制:高级游戏设计技术》中,Adams 和 Dormans 曾提出"离散机制"与"连续机制"的概念。"现代游戏倾向于通过精确地模拟物理机制来创造出流畅、连续的游戏流程,在这种情况下,将一个游戏物体左右移动半个像素就可能产生巨大的影响。为最大限度保证精确性,游戏在计算物理机制时需要精确到若干位小数,这就是我们所说的连续机制。与此相反,游戏的内部经济规则通常是离散的,用整数来表示。在内部经济中,游戏的元素和动作常常属于一个有限集合,无法进行任何过渡转变,例如你在游戏中通常没法得到半个增益道具,这就是离散机制。"[1]

还有一些研究者提出了与"离散机制"和"连续机制"相似的概念,研究者 Sedig 等曾将游戏机制的时间持续性描述为"An action with discrete flow occurs instantaneously in time and/ or is punctuated over time. An action with continuous flow occurs over a span of time in a fluid manner … consider again

---

[1] ADAMS E,DORMANS J. 游戏机制:高级游戏设计技术[M]. 石曦,译. 北京:人民邮电出版社,2014:8.

Tower of Hanoi with manual agency. With discrete flow, the player could click on a disk to select it, and then click on the target peg to move it to that location. With continuous flow, the player could click and drag a disk from one peg to another."[①]这段话的意思是指,一个具有离散性的动作是在一个瞬间发生的,在一段时间内会发生一系列断断续续的动作(而不是发生一套连续的动作)。而一个具有连续性的动作则会在一段时间内流畅地发生。以汉诺塔游戏为例,体验者单击一个盘子,接着单击一个目标的柱子并将该盘子移动到目标柱子上,这种机制属于离散机制;而如果体验者在单击一个盘子后需要拖动鼠标将其移动到另一个柱子上,那么这种机制便属于连续机制。《俄罗斯方块》中的"旋转方块"属于典型的离散机制,而《超级马里奥兄弟》中马里奥的行走和跳跃、《极品飞车》系列中车辆的"漂移"等都属于连续机制。

将乐音的时间持续性与游戏机制的连续机制、离散机制进行对比,不难发现时刻性乐音与离散机制十分相似,而持续性乐音和连续机制存在一致性。时刻性乐音的演奏动作属于离散性动作,这种动作适合触发游戏的离散机制;而持续性乐音的演奏动作则属于连续性动作,这种动作适合触发游戏的连续机制。在《节奏地牢》中,体验者需要配合背景音乐的节奏按下计算机键盘以触发游戏主角的移动,在体验者按下键盘的一瞬间,游戏主角将一次性向某个方向行走一个固定距离,这种机制便属于离散机制,如图5-6(a)所示。而在《危险节奏》中,体验者按下方向键控制飞机在游戏场景中移动。体验者按下按键后,飞机并非一次性移动一个固定的距离,而是会在体验者按键的过程中进行连续而精确的移动,如图5-6(b)所示。因此,《危险节奏》的游戏机制属于连续机制。

 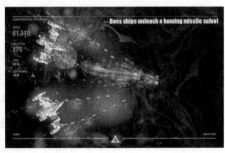

(a)　　　　　　　　　　　　　　(b)

图 5-6　《节奏地牢》的离散机制与《危险节奏》的连续机制

(图片来源:Steam 平台的游戏宣传图片)

---

① SEDIG K, PARSONS P, HAWORTH R. Player-Game Interaction and Cognitive Gameplay: A Taxonomic Framework for the Core Mechanic of Videogames[J]. Informatics, 2017, 4(1):4-28.

数字游戏 创意设计

《摇篮曲》的游戏机制包含两个部分：一是游戏主角的移动和跳跃，该机制的触发与其他主流横版动作解谜游戏相同，与音乐演奏不存在关联，因此被设计为连续机制，如图5-7所示；二是游戏主角创造平台、移动平台和移动传送门，该游戏机制要求体验者通过演奏音乐触发，由于《摇篮曲》采用了木琴音色作为体验者弹奏的乐音，而木琴的乐音属于时刻性乐音，因此创造平台、移动平台和移动传送门都被设计为离散机制。当游戏主角创造平台时，这个过程将在体验者弹奏乐音的一个瞬间完成。而当游戏主角移动平台和移动传送门时，平台和传送门也会在体验者弹奏乐音的时刻一次性移动一个固定距离。如此，体验者弹奏的音乐与触发的游戏机制在时间持续性上保持一致。

图5-7 《摇篮曲》的开场片段要求体验者学习移动与跳跃这两种基本操作
（图片来源：游戏截图）

作者面向百余名体验者进行了深度访谈。结果表明，《摇篮曲》中体验者通过弹奏不同音高的乐音创造平台、移动平台这一游戏机制能够创造新颖而独特的游戏体验。当作者向体验者提问"《摇篮曲》最吸引您的地方是？"时，体验者的回答包括"将乐理知识结合音效通过游戏进行趣味化表达与教学""将音符和游戏主角的运动结合起来的设定有趣""音效和画面风格优美，创造音符的方式比较新颖""将音阶和创造台阶进行了融合""把音阶具象化了，很有创意"等。甚至有的体验者反馈"我以前从来没有见过这种类型的游戏交互方式，我觉得非常有创意！"

此外，少数体验者提出自己能够轻易理解和掌握纵向移动平台的游戏机制，但横向移动平台的游戏机制则难以理解。对于纵向移动的平台而言，音阶高度与立方体平台的高度直接对应。当体验者弹奏 E1 音时,立方体平台顶面的 Y 轴坐标一定是立方体高度的三倍;而当体验者弹奏 A1 音时,立方体平台顶面的 Y 轴坐标一定是立方体高度的六倍。对于横向移动的平台,音阶高度将影响立方体平台在 X 轴上的坐标。然而,立方体平台在 X 轴上的坐标与音阶的关系是"相对"的,游戏空间中右侧立方体的音符并非比左侧立方体的音符更高。体验者在横向移动立方体平台时,只是以该平台当前的音符为基准,通过弹奏更低或更高的音符,将平台从当前位置向左或向右移动。由于游戏首先呈现了纵向移动的平台,向体验者隐性传达出平台 Y 轴坐标与音阶的直接对应关系,因此,在后续呈现横向移动的平台时,部分体验者难以理解平台 X 轴坐标与音阶的对应关系。但由于只有少数体验者存在横向移动平台机制的学习困难,大部分体验者都能够顺利理解并掌握该机制的触发方式,因此游戏仍然保留了该游戏机制。不过,体验者的这一反馈给未来的游戏迭代提供了重要参考。

5.2　操作规则设计——将乐器作为玩具

本书在第 4 章探讨游戏规则的创意设计方法时,曾提出从玩具到游戏的设计思路。设计师不仅可将输入媒介作为体验者与游戏世界沟通的桥梁,还能够以设计玩具的思路设计输入媒介,强化体验者在现实世界中与输入媒介交互时的游戏性。在创作《摇篮曲》的过程中,作者挖掘了乐器的玩具属性。亚里士多德曾说"大多数人练习音乐以获得快乐"[1]。本书在第 1 章探讨游戏教育属性的部分时,也曾分析过"演奏乐器"中的"演奏"与"玩"在英语的多种语境中的含义是相同的。因此,作者基于乐器的演奏方式,设计了音乐游戏的操作规则。

作者针对应用市场中的音乐游戏与音乐教育软件进行研究与归纳,发现基于乐器演奏方式的游戏输入媒介及操作规则设计模式主要涵盖三类。第一,直接将真实乐器作为输入媒介。以钢琴教育软件《简单钢琴》为例,体验者需要将智能手机或平板电脑放置于钢琴谱架上,智能移动设备将实时捕捉体验者演奏的乐音,并通过软件程序判断体验者的演奏是否正确,如图 5-8 所示。第二,使用真实乐器的模拟器作为输入媒介。以 Midi 键盘为例,该键盘并非乐器。部分 Midi 键盘必须与计算机主机连接,并且在计算机上安装软件、挂载音源,计算机软件通过捕捉体验者在 Midi 键盘上按下按键的信号播放相应声音。虽然 Midi 键盘的发声原理与真实乐器有很大区别,但高品质 Midi 键盘拥有与真实钢琴完全相同的按键数量

---

[1]　ARISTOTLE. Politics——Books Ⅶ and Ⅷ [M]. USA:Oxford University Press,1998.

(88个按键)与外观形态(每个按键的宽度都与真实钢琴完全相同),Midi 键盘的按键反馈也与真实钢琴存在较高的相似性。因此,即使是与模拟器进行交互,体验者也能够在一定程度上感受到演奏真实乐器的快乐,甚至可能营造超越真实乐器的游戏性。例如,当体验者在软件中挂载了多种音色的音源时,体验者便能够通过 Midi 键盘演奏小提琴、长号、笛子等多种音色的乐音。目前,不少游戏采用了真实乐器的模拟器作为输入媒介,例如,游戏《吉他英雄》系列采用了手持模拟吉他,《太鼓达人》则使用太鼓的模拟器作为输入媒介。第三,使用能够模拟真实乐器的主流游戏控制器作为输入媒介。例如,游戏《埙》便体现了该设计模式,体验者通过在手机麦克风处吹气,以及在手机屏幕上按下不同的按键,模拟真实陶笛的演奏。

图 5-8 《简单钢琴》的使用场景

(图片来源:App Store 的宣传图片)

在创作《摇篮曲》时,为贯彻从玩具到游戏的设计理念,并将乐器的玩具属性引入游戏,作者采用了能够模拟真实钢琴的 Midi 键盘作为输入媒介。同时,为了使游戏具有更强的普适性,《摇篮曲》同时支持体验者通过计算机键盘进行操作。由于计算机键盘的按键数量远远少于钢琴和 Midi 键盘,因此,作者将游戏机制的触发范围锁定在中央 C 调区间,即游戏仅支持体验者演奏该区间的乐音。计算机键盘横排数字键中的 1~8 恰好对应简谱的 C1、D1、E1、F1、G1、A1、B1、C2 这八个音符,游戏采用横排数字键作为体验者创造平台、移动平台、移动传送门这一核心游戏机制的触发按键。为了将移动平台与创造平台相区分,当体验者在长按右侧 Shift 键的同时按下数字键,游戏将触发移动平台或移动传送门的游戏机制;而当体验者未按 Shift 键时按下数字键,游戏则会触发创造平台游戏机制。同时,针对游戏主角的行走和跳跃,游戏采用主流横版动作解谜游戏中,最为体验者所熟悉的方向键作为触发按键。为了支持体验者删除曾经创造的平台，游戏采用距离横排数字键较近的"Q"键作为删除平台按键。使用计算机键盘的游戏操作规则如图 5-9 所示。

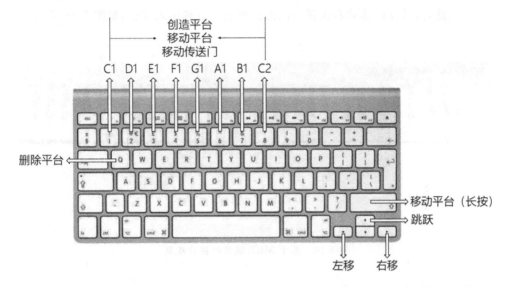

图 5-9　基于计算机键盘的操作方式

针对基于 Midi 键盘的游戏操作规则，将 Midi 键盘中央 C 调区间的按键作为创造平台、移动平台与移动传送门的触发按键。按下这些按键时，游戏将播放与该按键对应的乐音。这一操作规则也能够最大化 Midi 键盘对钢琴的模拟。首先，当体验者需要移动平台或移动传送门时，游戏要求体验者同时弹奏由 D2、F2 和 A2 构成的和弦，对应计算机键盘的 Shift 键。不过，在基于计算机键盘进行游戏时，体验者仅需按下 Shift 键单个按键，而在 Midi 键盘上却需要同时按下三个按键。这种操作规则设计方案是为了将钢琴演奏的玩具属性充分引入音乐游戏，因为在弹奏和弦的同时连续弹奏多个不同的单音，是一种十分常见的钢琴演奏技法。然后，针对游戏主角的移动和跳跃，Midi 键盘高音区中的 ♯C2、♯F2 和 ♯C3 分别对应游戏主角的向左移动、跳跃和向右移动。如此，基于 Midi 键盘的操作规则与基于计算机键盘的操作规则形成了较为直接的对应关系。♯C2 位于 ♯C3 的左侧，而 ♯F2 则位于 ♯C2、♯C3 的中间，这三个按键的相对位置与计算机键盘中"←""→"和"↑"三个方向键的相对位置是相同的。最后，针对删除平台这一游戏机制，游戏采用低音区的一个单音作为触发按键。使用 Midi 键盘的游戏操作规则如图 5-10 所示。

无论采用 Midi 键盘还是计算机键盘进行游戏，体验者都需要使用右手控制游戏主角的移动和跳跃，使用左手弹奏不同音高的乐音来创造平台、移动平台或移动传送门。对游戏主角的控制与音乐演奏这两大游戏核心机制，分别由右手和左手来触发。并且，由于 Midi 键盘与计算机键盘这两类键盘对应的游戏操作规则较为一致，因此，游戏支持体验者按照自己的意愿自由选择输入媒介，如图 5-11 所示。

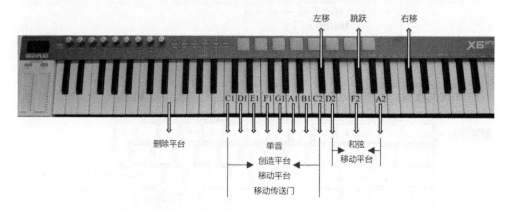

图 5-10　基于 MIDI 键盘的操作规则

图 5-11　展会现场，体验者可自由选择使用计算机键盘或 Midi 键盘进行游戏
（图片来源：展会现场照片）

在测试过程中，作者对体验者进行仔细观察和深度访谈，发现相较于计算机键盘，Midi 键盘可大幅提升游戏的吸引力。在参展 ChinaVisap'23 艺术可视化与可视分析大会艺术项目时，工作人员甚至直接去除了计算机键盘，他们认为该游戏最具创意之处便在于采用 Midi 键盘作为输入媒介。而几乎所有的体验者在看到 Midi 键盘时，也都会惊讶于该游戏能够支持与传统计算机键盘截然不同的游戏交互方式，并立刻尝试按下 Midi 键盘以观察游戏的反馈效果。对于具有钢琴或电子琴学习经历的体验者，《摇篮曲》呈现了一种新型的"音乐-游戏"融合方式。然而，对于不具备键盘乐器学习基础的体验者而言，Midi 键盘则新增了一种类型的游戏挑战：体验者需要努力辨认出众多琴键中，哪些琴键能够触发游戏机制，即在 88 个琴键中分辨出中央 C 调区间，这对从未接触过键盘乐器的体验者而言是一项高强度的挑战。针对这一问题，展会工作人员在能够触发游戏机制的按键上贴上了标

注。即便如此,该游戏要求体验者右手弹奏和弦,左手弹奏单音,这对从未接触过键盘乐器的体验者而言仍是一项较强的动作技能挑战。部分从未接触过键盘乐器,却具有丰富游戏经验的体验者,会在短时间内尝试 Midi 键盘后主动更换为使用计算机键盘。而一旦使用他们所熟悉的计算机键盘,体验者们便能够迅速掌握游戏操作规则并顺利推进游戏进程。

5.3　游戏挑战设计

大部分动作解谜游戏,都同时具备较强的动作技能挑战与心智技能挑战。而在不同的游戏关卡或区域,这两种挑战的强弱程度会有所不同。《三位一体》系列中,游戏在部分区域呈现较多的谜题,主要营造心智技能挑战。同时,游戏也会在其他一些区域通过大量敌人营造动作技能挑战。两种挑战的此起彼伏能够对体验者的情绪进行隐性调控。在《摇篮曲》中,动作技能挑战与心智技能挑战共同存在于游戏的全流程中,而相较于动作技能挑战,该游戏的心智技能挑战更为突出。

《摇篮曲》的游戏挑战以基于空间的心智技能挑战为主。游戏空间包含水体、可被移动的立方体平台、亭子、子弹、漩涡、传送门等多种类型的物品,其中水体、子弹、漩涡构成了游戏的挑战元素,即当游戏主角掉落至水中、被子弹击中、被卷入漩涡,都将导致游戏失败。体验者创造的平台能够被子弹击碎,游戏主角无法依靠创造平台穿越子弹区域。只有游戏空间中可被移动的平台才能够抵挡子弹的袭击。游戏通过视觉刺激,将体验者创造的平台与可被移动的平台进行了区分:前者为浅灰色,后者是粉红色。在游戏渐进过程中,体验者将面临一系列空间谜题,需不断思考应当在何处创造平台、将平台移动至何处、将传送门移动至何处,才能够控制游戏主角从游戏空间的最左侧不断向右侧前行。

为了不断维持和强化体验者的心流状态,游戏设计了两种类型的空间谜题,在游戏渐进过程中,这两种类型的空间谜题交替出现。一种谜题仅支持有限的解决方案。如图 5-12 所示,该区域充斥着向不同方向射出的子弹。该谜题一共支持三种解谜路径,体验者只能按照其中一种方法解开谜题。第二种属于开放性谜题,游戏空间不包含子弹、漩涡等障碍物,而是向体验者呈现一片"空荡荡"的水域。体验者能够按照任何一个旋律演奏音乐,只要创造了足够多的平台,便能够通往下一个目的地。在该开放性谜题区域,体验者还能够演奏自己熟悉的曲目,如《小星星》或《生日歌》等,如图 5-13 所示,也可以实验性地创作一些旋律。第一种空间谜题的挑战性更强,但提供给体验者的自由度较低;第二种空间谜题的挑战性较弱,但自由度很高。这两种谜题的交替出现对体验者的情绪进行隐性调控。

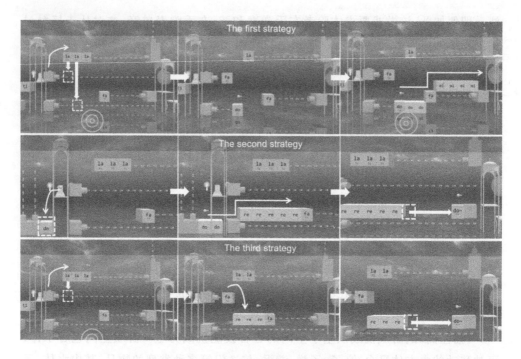

图 5-12　仅支持有限解决方案的空间谜题

图 5-13　开放性谜题区域，体验者演奏《小星星》和《生日歌》

（图片来源：游戏截图）

　　除基于空间谜题营造心智技能挑战外，游戏还融入了音乐节奏挑战——游戏将在全流程中循环地播放背景音乐。该背景音乐具有较为显著的节奏，体验者必须按背景音乐的节奏按下按键，才可顺利演奏出乐音，同时创造平台、移动平台或移动传送门。否则，即使体验者按下了按键，游戏机制也不会被触发。这种将音乐节奏挑战与动作解谜挑战相结合的设计模式，与《节奏地牢》《我的电台》《节拍神偷》等游戏存在一定共性。为了测试究竟何种形式的游戏挑战能够更为充分地营造游戏性,作者创作了两个版本的《摇篮曲》:一个版本仅包含空间谜题挑战,另一个版本同时包含空间谜题挑战与节奏挑战。

为了辅助体验者更好地克服节奏挑战,游戏增添了节奏可视化的设计方案。一个蓝色涟漪视觉符号在游戏界面下方居中的位置,随着背景音乐节奏不断动态显现,实现背景音乐节奏的可视化。当体验者演奏音乐时,一个粉色涟漪视觉符号将在游戏界面的右下方显现,这是对体验者演奏节奏的可视化提示。当体验者匹配背景音乐节奏进行演奏时,蓝色涟漪与粉色涟漪将同步显现,如图 5-14 所示。相反,倘若体验者的操作未能匹配背景音乐的节奏,那么两种涟漪显现的时机将有所不同。该视觉元素辅助体验者更为精准地捕捉背景音乐节奏。节奏的可视化设计在两个版本的游戏中都存在。

图 5-14　蓝色涟漪与粉色涟漪

(图片来源:游戏截图)

通过与体验者的交流,作者进一步明确了游戏挑战与游戏类型的关联——体验者通常根据游戏挑战的形式界定游戏所属的类型。针对不具备音乐节奏挑战的版本,部分体验者会将其界定为横版动作解谜游戏而非音乐游戏。他们认为空间谜题挑战与音乐并不存在直接关联。在充满噪声的展会现场,即便体验者无法清晰地聆听背景音乐,也能够顺利进行游戏。这便说明在不存在节奏挑战的游戏版本中,音乐仅属于"次级刺激"而非"基本刺激"("基本刺激"与"次级刺激"的概念详见本书第 2 章)。而针对具备音乐节奏挑战的版本,所有的体验者都认为该游戏属于音乐游戏。因为在克服空间谜题挑战的过程,游戏要求体验者严格遵照背景音乐的节奏来触发游戏机制。此时音乐并非"次级刺激",而是"基本刺激"。不过,当体验者将游戏界定为音乐游戏时,并非就意味着游戏存在更强的游戏性(游戏创作的主要目的在于最大化地营造游戏的游戏性,而非刻意将游戏锁定为某个类型)。两个版本的对照实验结果表明,不具备节奏挑战的版本更受体验者欢迎。因为基于空间谜题的游戏已营造了较强的心智技能挑战,倘若体验者还须按符合背景音乐的节奏触发游戏机制,便会给体验者带来过多的挫折感。体验者的反馈给未来的游戏迭代指引了方向:倘若游戏具备音乐节奏挑战,便需适当降低空间谜题的挑战强度,将节奏挑战置于游戏挑战的核心地位;倘若游戏不具备音乐节奏挑战,便能够在游戏渐进过程中逐渐强化空间谜题的挑战强度,甚至不断引入更多的谜题元素,创造更加丰富多样的空间谜题。无论将游戏设定为何种类型,设计者始终需要突出游戏挑战的"主旋律"。

在测试过程中,作者还发现了一个有趣的现象:《摇篮曲》的创作初衷仅仅是塑造一款纯娱乐游戏,然而部分体验者却认为它具有教育意义。本书在第1章曾经探讨过游戏的多重属性,并提出教育属性是游戏的本质属性之一,并非只有被冠以"教育游戏"称谓的游戏才具有教育价值。教育属性与娱乐属性并非相互排斥、相互对立。恰恰相反,这二者能够充分融合并共处于一款游戏作品当中。《摇篮曲》的实证研究结果也映衬了这一点。第一,游戏机制与游戏挑战有效传达了音乐基础知识。部分体验者反馈游戏能够"训练对音阶的敏感程度",并提升"对节奏的掌控感""对乐感和音阶的认识"等。第二,游戏有效激发了体验者对音乐创作和键盘乐器演奏的学习兴趣。部分体验者认为该游戏"激发了我对弹奏键盘乐器的兴趣"以及"体验到了创作音乐的愉悦感"等。不少体验者在结束游戏后,期望游戏能够记录下自己在解谜过程中演奏的音乐,从而与其他体验者分享。第三,部分体验者反馈"关卡似乎暗示着一些哲理",游戏让他们领悟到"欲速则不达,遇到问题时换个视角、换个方向",以及"解决问题也是创造知识的过程,相比于结果,要更加关注过程"等道理。

5.4 感官刺激设计与幻想世界创造

大部分音乐游戏充满激烈的游戏挑战,营造令人无比兴奋的游戏氛围。这一点在节奏类音乐游戏中尤为突出。为了营造与此不同的游戏氛围,《摇篮曲》的感官刺激与幻想世界的设计初衷,都是为了给体验者带来安静与平和的感受。本书在第2章探讨游戏色彩设计的部分,曾提出蓝色是理性的色彩,能够为体验者带来宁静的感受。因此,《摇篮曲》采用浅蓝色作为游戏的主色调。黄色是蓝色的对比色,为了在游戏场景中凸显游戏主角,帮助体验者迅速锁定游戏主角的位置,将游戏主角的衣着设置为浅黄色。在听觉刺激方面，采用瑜伽冥想风格的音乐作为不断循环播放的游戏背景音乐。该音乐并不具备明显的旋律，其主要目的在于营造宁静的氛围。这种风格的音乐能够帮助体验者专注和沉浸于游戏的虚拟世界。正如在《每日瑜伽》APP中，无论是在体能训练还是禅修冥想的训练过程中，教学视频都以宁静而优美的音乐作为背景音乐，以帮助体验者将意识集中于呼吸。

在游戏空间设计方面，本书在第 2 章中曾详细探讨了狭小空间与开放空间的情绪唤起和氛围营造效果。为了最大限度地帮助体验者尽快进入松弛的状态，游戏采用漫无边际的大海与天空构成的开放空间作为游戏主场景。同时，将水面设置为镜面效果，该效果能够清晰而完整地反射水面旁的建筑物，这使得游戏的空间范围被进一步放大，如图 5-15 所示。此外，一切与谜题无关的物体都被清除，游戏空间仅保留交互过程中必须涉及的物体，创造极简风格的开放空间。

图 5-15 《摇篮曲》结尾片段的开放空间

(图片来源：游戏截图)

《摇篮曲》的研发历时一年半完成，其中经历了数次重要迭代，最初版本与当前效果存在极大的差异。在最初版本中，游戏是第三人称控制类动作解谜游戏，游戏主角能够在三维场景中自由探索，摄像机则以跟镜头的方式追踪在游戏主角身后。游戏虽然也以大海和天空构成的开放空间作为主场景，但是游戏并未采用明亮的浅蓝色作为主色调，整个游戏空间笼罩在深沉的黑夜中，水面上漂浮着深红色的玫瑰花。游戏空间的大部分区域都是空荡荡的，体验者需要通过不断创造平台来探索未知的区域。游戏采用 Xbox 游戏主机的手柄作为输入媒介，当体验者按下手柄的"↑"键和"↓"键时，游戏主角将在当前位置所代表音符的基础上，弹奏音阶高一级或低一级的乐音，而游戏也将同步在游戏主角所处平台的上方或下方创造一个立方体平台（这一游戏机制与当前版本中通过弹奏不同音高的乐音来创造平台存在一定相似性，但是当前版本仅支持体验者弹奏八个音符，而在最初的版本中，由于体验者通过按下手柄的方向键创造平台，因此游戏并未限制音符的范围）。

事实上，通过弹奏不同音高的乐音来创造平台这一游戏机制险些被作者弃用。

但在针对初版游戏进行用户体验测试时,不少体验者便表现出了对该机制的强烈兴趣,因此作者才将其保留。针对感官刺激与角色控制,大部分体验者认为在黑暗的游戏空间中,基于自由度较大的第三人称角色控制器,体验者无法清晰地观察和判断自己创造的立方体所处的位置。针对这两方面的反馈,作者将游戏空间由黑夜转换为白天,并且采用了大海与天空默认的浅蓝色作为游戏主色调。为了使体验者更加直观地判断立方体平台的高度,游戏将摄像机视角锁定为侧视角。在降低摄像机控制的自由度,并确保摄像机始终能够拍摄到游戏主角左右两侧的空间后,体验者能够较为清晰地观察游戏空间,并将精力集中于解谜过程。

参 考 文 献

[1] HUIZINGA J.游戏的人[M].多人,译.杭州:中国美术学院出版社,1998.
[2] JULL J. Half-real:Video Games between Real Rules and Fictional Worlds[M].Cambridge, Massachusetts:The MIT Press, 2011.
[3] ADAMS E,DORMANS J.游戏机制:高级游戏设计技术[M].石曦,译.北京:人民邮电出版社,2014.
[4] SALEN K, ZIMMERMAN E. Rules of play:Game Design Fundamental[M].Cambridge, Massachusetts:The MIT Press, 2003.
[5] KOSTER R.快乐之道——游戏设计的黄金法则[M].姜文斌,等译.上海:上海文艺出版总社,2005.
[6] KANT I.论优美感和崇高感[M].何兆武,译.北京:商务印书馆,2001.
[7] CAMPBELL J.千面英雄[M].黄珏苹,译.杭州:浙江人民出版社,2022.
[8] TOTTEN C. Architectural Approach to Level Design[M]. Florida:CRC Press, 2014.
[9] ARISTOTLE.Politics—Books Ⅶ and Ⅷ[M]. USA:Oxford University Press,1998.

附录　游戏列表

注:按照游戏名称拼音字母顺序排列

《爱丽丝:疯狂回归》,*Alice:Madness Returns*,Spicy Horse Games,2011
《艾尔登法环》,*Elden Ring*,From Software,2022
《奥日与黑暗森林》,*Ori and the Blind Forest*,Moon Studios GmbH,2015
《半条命2》,*Half-life 2*,Valve Software,2004
《宝石迷阵3》,*Bejeweled 3*,PopCap Games,2010
《暴雨》,*Heavy Rain*,Quantic Dream,2010
《蝙蝠侠:阿卡姆疯人院》,*Batman:Arkham Asylum*,Rocksteady Studios,2009
《波西亚时光》,*My Time At Portia*,重庆帕斯亚科技有限公司,2019
《部落冲突》,*Clash of Clans*,Supercell,2012
《部落冲突:皇室战争》,*Clash Royale*,Supercell,2016
《不要停下来!八分音符酱》,休むな!8分音符ちゃん,Freedom-Crow,2017
《长号冠军》,*Trombone Champ*,Holy Wow Studios LLC,2022
《超凡双生》,*BEYOND:Two Souls*,Quantic Dream,2013
《超级马里奥兄弟》,*Super Mario Bros.*,Nintendo,1985
《超阈限空间》,*Superliminal*,Pillow Castle,2020
《吃豆人》,*Pac-Man*,株式会社バンダイナムコホールディングス,1980
《刺客信条:奥德赛》,*Assassin's Creed Odyssey*,Ubisoft,2018
《刺客信条:大革命》,*Assassin's Creed:Unity*,Ubisoft,2014
《刺客信条:叛变》,*Assassin's Creed Rogue*,Ubisoft,2014
《刺客信条:起源》,*Assassin's Creed Origins*,Ubisoft,2017
《刺客信条:枭雄》,*Assassin's Creed Syndicate*,Ubisoft,2015

《刺客信条 2》, *Assassin's Creed II*, Ubisoft, 2009

《刺客信条 3：解放》, *Assassins Creed III：Liberation*, Ubisoft, 2012

《刺客信条 4：黑旗》, *Assassin's Creed IV：Black Flag*, Ubisoft, 2013

Disorder, 网易（杭州）网络有限公司, 2019

Dragon Box Numbers, Kahoot DragonBox AS, 2015

《打砖块》, *Breakout*, Atari, 1976

《捣蛋猪》, *Bad Piggies*, Rovio, 2012

《帝国时代 3：亚洲王朝》, *Age of Empires III The Asian Dynasties*, Big Huge Games、Microsoft, 2007

《地平线：零之曙光》, *Horizon Zero Dawn*, Guerrilla Games, 2017

《底特律：成为人类》, *Detroit：Become Human*, Quantic Dream, 2018

《地狱边境》, *Limbo*, Playdead Studios, 2010

《俄罗斯方块》, *Tetris*, Pajitnov A & Pokhilko V, 1984

《菲斯》, *Fez*, Kokoromi, 2012

《飞扬的小鸟》, *Flappy Bird*, Dong Nguyen, 2013

《愤怒的小鸟》, *Angry Birds*, Rovio Entertainment Ltd., 2009

《愤怒的小鸟 VR：猪之岛》, *Angry Birds VR：Isle of Pigs*, Resolution Games, 2019

《风之旅人》, *Journey*, Thatgamecompany, 2012

《弗洛伦斯》, *Florence*, Mountains, 2018

《辐射 4》, *Fallout 4*, Bethesda Game Studios, 2015

《辐射：避难所》, *Fallout Shelter*, Bethesda、Behaviour Interactive, 2015

Guitar! by Smule, Smule, 2013

《孤岛惊魂 6》, *Far Cry 6*, Ubisoft, 2021

《古墓丽影》, *Tomb Raider*, Core Design, 1994

《古墓丽影：暗影》, *Shadow of the Tomb Raider*, Eidos, 2018

《古墓丽影：崛起》, *Rise of the Tomb Raider*, Crystal Dynamics, 2015

《古墓丽影：周年纪念》, *Tomb Raider：Anniversary*, Crystal Dynamics, 2007

《古墓丽影 2》, *Tomb Raider II*, Core Design, 1997

《古墓丽影 9》, *Tomb Raider*, Crystal Dynamics, 2013

《古树旋律》, *Deemo*, 雷亚游戏, 2013

《光环》, *Halo*, Bungie Studios, 2001

《光环：无限》, *Halo Infinite*, 343 Industries, 2021

《光·遇》,Sky:Children of the Light,Thatgamecompany,2019

《鬼泣4》,デビルメイクライ4,CAPCOM,2008

《鬼泣4:特别版》,デビル メイ クライ4 スペシャルエディション,CAPCOM,2015

《鬼泣5》,デビルメイクライ5,CAPCOM,2019

《哈利波特:魔法觉醒》,Harry Potter:Magic Awakened,网易游戏,2021

《航海王:热血航线》,深圳市中手游网络科技有限公司、北京朝夕光年信息技术有限公司,2021

《合金弹头》,メタルスラッグ,SNK Playmore,1996

《合金装备5:幻痛》,Metal Gear Solid V:The Phantom Pain,KONAMI,2015

《合金装备5:原爆点》,Metal Gear Solid V:Ground Zeroes,Kojima Productions,2014

《和平精英》,腾讯光子工作室群,2019

《黑暗之魂》,DARK SOULS,From Software,2011

《花》,Flower,Bluepoint Games、Thatgamecompany,2009

《画中世界》,Gorogoa,Buried Signal,2017

《荒野大镖客2》,Red Dead Redemption 2,Rockstar Games,2018

《魂斗罗》,Contra,Konami,1987

Inside,Playdead Studios,2016

《集合啦!动物森友会》,あつまれ どうぶつの森,Nintendo,2020

《寂静岭》,サイレントヒル,Konami,1993

《寂静岭2》,サイレントヒル2,Konami,2001

《纪念碑谷》,Monument Valley,Ustwo Games,2014

《纪念碑谷2》,Monument Valley 2,Ustwo Games,2017

《极品飞车:不羁》,Need For Speed:Unbound,Criterion Games,2022

《极品飞车:复仇》,Need For Speed:Payback,Ghost Games,2017

《极品飞车:热度》,Need For Speed:Heat,Ghost Games,2019

《极品飞车:最高通缉》,Need For Speed:Most Wanted,Electronic Arts,2005

《简单钢琴》,Simply Piano,JoyTunes,2015

《剑侠情缘网络版叁》,金山软件公司西山居工作室,2009

《匠木》,成都东极六感信息科技有限公司,2020

《僵尸末日》,DayZ,Bohemia Interactive,2018

《节拍神偷》,*Beat Sneak Bandit*,Simogo AB,2012

《节奏地牢》,*Crypt of the NecroDancer*,Brace Yourself Games,2015

《节奏空间》,*Beat Saber*,Beat Games,2018

《镜之边缘》,*Mirror's Edge*,EA DICE,2008

《坎巴拉太空计划》,*Kerbal Space Program*,Squad、Flying Tiger Entertainment,Inc.,2013

《看火人》,*Firewatch*,Campo Santo,2016

《扣哒世界》,*CodeCombat*,CodeCombat Inc.,2013

《蜡笔物理学》,*Crayon Physics Deluxe*,Kloonigames、Petri Purho,2009

《雷曼:传奇》,*Rayman Legends*,Ubisoft,2013

《恋与制作人》,恋とプロデューサー～EVOL×LOVE,芜湖叠纸网络科技有限公司,2017

《猎天使魔女》,ベヨネッタ,プラチナゲームズ株式会社,2009

《炉石传说:魔兽英雄传》,*HearthStone：Heroes of Warcraft*,Blizzard Entertainment,2013

《马克思佩恩3》,*Max Payne 3*,Rockstar Games,2012

《马里奥赛车8:豪华版》,マリオカート8 デラックス,Nintendo,2017

《梦幻花园》,*Gardenscapes*,Playrix,2016

《梦幻西游》,网易游戏,2003

《迷室》,*The Room*,FireProof,2013

《谜之音乐盒》,*Musaic Box*,KranX Productions,2008

《蔑视》,*Scorn*,Ebb Software,2022

《命运2》,*Destiny 2*,Bungie,2017

《模拟城市:我是市长》,*SimCity Buildlt*,Electronic Arts,2017

《模拟人生:畅玩版》,*The Sims：FreePlay*,Electronic Arts,2011

《模拟人生4》,*The Sims 4*,Maxis Software,2014

《奇迹暖暖》,*Miracle Nikki*,苏州叠纸网络科技有限公司,2015

《倩女幽魂2》,网易游戏,2016

《请出示文件》,*Papers Please*,3909 LLC,2013

《去月球》,*To the Moon*,Freebird Games,2011

《全境封锁》,*Tom Clancy's The Division*,Ubisoft,2016

《全境封锁2》,*Tom Clancy's The Division 2*,Ubisoft,2019

Rocksmith+,Ubisoft,2021

Royal Kingdom,Dream Games,2023

Royal Match,Dream Games,2021

《任天堂明星大乱斗》,ニンテンドウオールスター！大乱闘スマッシュブラザーズ,株式会社ハル研究所,1999

Smash Hit,Mediocre AB,2013

《赛博朋克2077》,*Cyberpunk 2077*,CD Projekt RED,2020

《塞尔达传说：旷野之息》,ゼルダの伝説 ブレス オブ ザ ワイルド,Nintendo,2017

《塞尔达传说：王国之泪》,ゼルダの伝説 ティアーズ オブ ザ キングダム,Nintendo,2023

《塞尔达无双：灾厄启示录》,ゼルダ無双 厄災の黙示録,Omega Force,2020

《三国杀》,杭州边锋网络技术有限公司,2009

《三位一体》,*Trine*,Frozenbyte,2009

《三位一体3：权力圣器》,*Trine 3：The Artifacts of Power*,Frozenbyte,2015

《三位一体4：梦魇王子》,*Trine 4：The Nightmare Prince*,Frozenbyte,2019

《三位一体5：发条阴谋》,*Trine 5：A Clockwork Conspiracy*,Frozenbyte,2023

《神秘海域4：盗贼末路》,*Uncharted 4：A Thief's End*,Naughty Dog,2016

《生化危机2》,バイオハザード2,CAPCOM,1998

《生化危机2：重制版》,バイオハザード RE：2,CAPCOM,2019

《生化危机7：恶灵古堡》,バイオハザード7 レジデント イービル,CAPCOM,2017

《时空幻境》,*Braid*,Number None,2008

《失落的食谱》,*Lost Recipes*,Schell Games,2022

《使命召唤19：现代战争2》,*Call of Duty：Modern Warfare 2*,Activision,2022

《史诗过山车》,*Epic Roller Coasters*,B4T Games,2018

《水果忍者》,*Fruit Ninja*,Halfbrick Studios,2010

《她的故事》,*Her Story*,Sam Barlow,2015

《太鼓达人》,太鼓の達人,BANDAI NAMCO GAMES Inc.,2001

《贪吃蛇大作战》,武汉微派网络科技有限公司,2016

《糖果传奇》,*Candy Crush Saga*,King,2014

《泰拉瑞亚》,*Terraria*,Re-Logic,2011

《跳舞的线》,*Dancing Line*,Cheetah Mobile Inc,2016

Woodo,Yullia Prohorova,2022

《汪达与巨像》,*Shadow of the Colossus*,Sony Computer Entertainment,2005

《未完成的天鹅》,*The Unfinished Swan*,Santa Monica Studio & Giant Sparrow,2012

《危险节奏》,*Beat Hazard*,Cold Beam Games,2010

《文明6》,*Sid Meier's Civilization Ⅵ*,Firaxis Games,2016

《我的电台》,*Inside My Radio*,Seaven Studio,2015

《我的世界》,*Minecraft*,Mojang Studios,2009

《巫师3:狂猎》,*The Witcher 3:Wild Hunt*,CD Projekt Red,2015

《侠盗猎车手4》,*Grand Theft Auto Ⅳ*,Rockstar North,2008

《侠盗猎车手5》,*Grand Theft Auto Ⅴ*,Rockstar North,2013

《小小梦魇》,*Little Nightmares*,Tarsier Studios,2017

《小小梦魇2》,*Little Nightmares Ⅱ*,Tarsier Studios,2021

《新超级马里奥兄弟U豪华版》,*New スーパーマリオブラザーズU デラックス*,Nintendo,2019

《星际争霸Ⅱ:虚空之遗》,*StarCraft Ⅱ:Legacy of the Void*,Blizzard Entertainment,2015

《熊猫博士识字》,成都跃趣软件有限公司,2019

《血源诅咒》,*Bloodborne*,From Software,2015

《埙》,*Ocarina*,Smule,2008

《伊始之地》,*Terra Nil*,Free Lives,2023

《音灵》,*INVAXION*,Nanjing AQUATRAX,2018

《阴阳师》,网易移动游戏,2016

《音乐世界》,*Cytus*,雷亚游戏,2012

《勇敢的心:伟大战争》,*Valiant Hearts:The Great War*,Ubisoft,2014

《元神》,上海米哈游天命科技有限公司,2020

《粘粘世界》,*World of Goo*,2D Boy,2008

《这是我的战争》,*This War of Mine*,11 Bit Studios,2014

《指挥家:大师班》,*Maestro:the Masterclass*,Double Jack,2023

《质量效应:仙女座》,*Mass Effect:Andromeda*,BioWare,2017

《植物大战僵尸》,*Plants vs. Zombies*,PopCap Games,2009

《祖玛》,*Zuma*,Popcap Games,2004

《最后生还者》,*The Last of Us*,Naughty Dog,2013

后　　记

《数字游戏创意设计》的创作过程是我对游戏创意的深刻探索和重新思考。游戏作为一种艺术形式，其核心在于创意，只有具备新颖独特的创意，游戏才能在众多作品中脱颖而出。本书总结了一些行之有效的创意设计方法，希望能给广大游戏设计师提供一些灵感和帮助。

2010年，我有幸进入中国首个开设游戏设计专业的大学，开始了对游戏设计的系统性学习。这段学习经历为我打下了坚实的理论基础，也激发了我对游戏创意的无限热情。在过去的十多年里，我深入参与了游戏技术的研发和游戏设计理论的研究。从最初的学习者到如今的实践者，这一路上我经历了无数的挑战与成长。在独立游戏《摇篮曲》的创作过程中，每一次新的尝试都是对自我的超越。我要感谢那些在游戏创意上给予我灵感的人们，感谢那些在游戏设计领域不断创新的前辈与同行们，是你们的卓越创意激发了我不断探索的热情。特别感谢那些喜爱《摇篮曲》的体验者们，你们的热情和反馈是我坚持创作的动力。

创意是无止境的，在数字游戏创意设计的道路上，我永远不会停下探索的脚步。让我们一同在游戏创意的世界中尽情挥洒智慧和才华，共同创造更多精彩的数字游戏作品！